现代公民法律实用丛书

百姓身边的法律服务 MODERN CIVIL LAW 常用法律常识速查速用

（应用版）

新劳动法实用案例

徐运全／主编

增强法律观念·提高维权意识

内蒙古人民出版社

图书在版编目(CIP)数据

新劳动法实用案例/赵怡编著. -呼和浩特:内蒙古人民出版社,2016.7

(现代公民法律实用丛书/徐运全主编)

ISBN 978-7-204-14206-4

Ⅰ.①新… Ⅱ.①赵… Ⅲ.①劳动法-基本知识-中国 Ⅳ.①D922.5

中国版本图书馆CIP数据核字(2016)第184341号

现代公民法律实用丛书·新劳动法实用案例

主　　编 徐运全
编　　著 赵　怡
责任编辑 马燕茹
责任校对 陈宇琪
责任监印 王丽燕
封面设计 宋双成
出版发行 内蒙古人民出版社
地　　址 呼和浩特市新城区中山东路8号波士名人国际B座
网　　址 http://www.nmgrmcbs.com
印　　刷 北京龙跃印务有限公司
开　　本 710mm×1000mm　1/16
印　　张 16.25
字　　数 237千
版　　次 2016年9月第1版
印　　次 2016年9月第1次印刷
印　　数 1—7000册
书　　号 ISBN 978-7-204-14206-4/D·291
定　　价 35.00元

如发现印装质量问题,请与我社联系。联系电话:(0471)3946120

目　录
CONTENTS

劳动与劳动合同 …… 1

《劳动法》与《劳动合同法》的增加条款 …… 1

劳动合同 …… 2

劳动合同的种类 …… 3

劳动合同的内容 …… 4

无效劳动合同 …… 5

劳动合同解除 …… 6

集体合同 …… 8

劳动合同法实施后签合同要点 …… 10

劳动合同中对劳动报酬的约定 …… 14

试用期内劳动合同的解除 …… 15

劳动者的承担违约责任 …… 15

无效劳动合同 …… 16

什么是“支付令” …… 16

无固定期劳动合同的解除 …… 17

用人单位不得解除劳动合同的情形 …… 17

单位不与劳动者签订书面劳动合同的惩罚 …… 18

合同到期的续签 …… 18

提前解除劳动合同 …… 18

劳动与劳动争议 …… 20

劳动争议 …… 20
劳动者如何应对违章指挥 …… 22
劳动者如何保留证据 …… 22
特殊工种的提前退休 …… 23
怀孕期间的劳动合同解除 …… 23
法定医疗期限 …… 23
延长工作时间支付加班费 …… 23
离职补偿金 …… 24
如何应对拖欠工人工资 …… 24
学徒工因工致残待遇 …… 24
工伤私了后如何获得赔偿 …… 25
工伤医疗待遇 …… 25
工伤护理费及伤残待遇 …… 26
因工死亡丧葬补助金、抚恤金的计算 …… 27
因工死亡抚恤金 …… 28
非法用工伤亡的一次性赔偿 …… 28
工伤认定的申请 …… 29
临时工的工伤申请 …… 30
完全丧失劳动能力人员的退休 …… 31
申请劳动仲裁和投诉 …… 31
下班途中交通事故的工伤认定 …… 31
15 年临时工的辞退维权 …… 32
女同志的产假和哺乳期 …… 32
什么是“五险一金” …… 32
工作时间和休息、休假 …… 33
农民工工伤待遇 …… 33

职工事假、探亲假、婚丧假期间的工资待遇 …… 34
社会保险 …… 34
境外就业 …… 35
裁员 …… 36
加班加点工资的计算 …… 37
无效劳动合同 …… 38
侵害劳动者合法权益的法律责任 …… 39
失业保险 …… 43
患病医疗期内工资 …… 44
哪些情况属于工伤 …… 45
申请工伤认定的程序 …… 46
工伤期间享受的保险待遇 …… 46
公司拖欠工资应对 …… 47
公司克扣工资应对 …… 48
企业减发工资应对 …… 50
职业病 …… 50

劳动争议解决途径 …… 51

劳动争议解决办法 …… 51
工会在劳动争议中的作用 …… 52
劳动争议的处理 …… 52
变更劳动合同 …… 53
终止劳动合同 …… 54
解除劳动合同 …… 54
辞退违纪职工 …… 55
劳动争议调解 …… 55
劳动争议调解程序 …… 57
工伤待遇 …… 57

申请仲裁 …… 58
劳动争议处理机构 …… 58
劳动争议仲裁 …… 59
劳动争议仲裁委员会 …… 60
劳动争议当事人的权利 …… 61
仲裁代理 …… 62
劳动争议仲裁申诉书 …… 63
劳动争议仲裁答辩书 …… 63
劳动争议的诉讼程序 …… 64
劳动争议诉讼条件 …… 64
劳动争议的判决 …… 66
劳动争议裁定 …… 66
强制执行 …… 67
起诉状 …… 67
答辩状 …… 68

举案说法 …… 70

签订无固定期限劳动合同纠纷案 …… 70
遭辞退女工智讨工资案 …… 71
工伤私了协议反悔案 …… 72
职工上班途中车祸身亡工伤认定案 …… 74
送货时发生交通事故责任纠纷案 …… 75
劳动待遇行政不作为案 …… 76
劳动合同纠纷案 …… 78
员工带走商业秘密纠纷案 …… 79
医疗保险纠纷案 …… 81
法定节假日加班纠纷案 …… 83
扣发退休金纠纷案 …… 84

劳累过度引发疾病身亡赔偿案 …… 85
员工缺勤纠纷案 …… 86
工伤后私了协议无效案 …… 87
工伤认定纠纷案 …… 88
人身损害赔偿争议案 …… 90
恶意串通签订假劳动合同案 …… 93
非本职工作工伤认定案 …… 95
雇佣关系纠纷案 …… 97
临时工搬运途中受伤责任纠纷案 …… 98
社会保险费缴费基数争议案 …… 100
劳动报酬附条件纠纷案 …… 103
加班费索赔案 …… 105
试用期内工伤待遇争议案 …… 107
劳动中发生伤残事故赔偿争议案 …… 107
因工致残享受伤残津贴争议案 …… 113
未签订劳动合同引发工伤争议案 …… 116
工作中发生交通事故赔偿案 …… 119
保险待遇争议案 …… 126
不服劳动工伤认定诉讼案 …… 130

附 录 …… 135

劳动法 …… 135
劳动合同法 …… 148
中华人民共和国劳动争议调解仲裁法 …… 165
失业保险条例 …… 174
工伤保险条例 …… 179
工伤认定办法 …… 192
社会保险费征缴暂行条例 …… 195

工伤保险经办业务管理规程(试行) …………………………………… 200
职业病诊断与鉴定管理办法 ………………………………………………… 217
中华人民共和国职业病防治法 ……………………………………………… 228
违反和解除劳动合同的经济补偿办法 …………………………………… 246
工资支付暂行规定 …………………………………………………………… 248

劳动与劳动合同

《劳动法》与《劳动合同法》的增加条款

《劳动合同法》规定的劳动合同必备条款与《劳动法》相比，增加了以下内容：

（1）增加了用人单位的名称、住所和法定代表人或者主要负责人，劳动者的姓名、住址和居民身份证或者其他有效身份证件号码等条款。这些内容是劳动关系双方主体的基本情况，应当在劳动合同中明确。

（2）增加了工作地点条款。原因是实践中劳动者的工作地点可能与用人单位住所地不一致，有必要在订立劳动合同时予以明确。

（3）增加了工作时间和休息休假条款。原因是为了在法定标准基础上，进一步明确该劳动者具体的工作时间和休息休假安排。

（4）增加了社会保险条款。强化了用人单位和劳动者的社会保险权利义务意识。

（5）增加了职业危害防护的条款。《职业病防治法》规定：用人单位与劳动者订立劳动合同时，应当将工作过程中可能产生的职业病危害及其后果、职业病防护措施和待遇等如实告知劳动者，并在劳动合同中写明，不得隐瞒或者欺骗。《劳动合同法》增加职业危害防护的必备条款与《职业病防治法》以上规定有效衔接。

在现实生活中，劳动者相比用人单位来说是弱势，在签订合同时供劳动者表达意见、进行选择的空间非常小。从这个角度来说，《劳动合同法》增加必备条款的内容更有利于保护劳动者的利益。

劳动合同

劳动合同是劳动者与用人单位确立劳动关系、明确双方权利和义务的协议。

劳动合同的形式是一种协议。根据劳动合同，劳动者须在一定期间内为用人单位进行工作，用人单位负责提供劳动条件和工作报酬。劳动者通过劳动获得的收益来维持自己的生存和履行法定的赡养、抚养和扶助义务。用人单位通过支付报酬来换取职工的劳动力以取得利润。这样在劳动合同中以劳动付出和劳动报酬互为条件。

劳动合同的主体是劳动者和用人单位。劳动者包括：与在中国境内的企业、个体经济组织建立劳动合同关系的职工和与国家机关、事业组织、社会团体建立劳动合同关系的职工，不包括与国家机关、事业组织、社会团体没有建立劳动合同关系的公务员和其他工作人员。用人单位包括：

（1）在中国境内的企业单位，如国有企业、集体企业、私营企业、联营企业、外商投资企业、外国公司在我国的分支机构、股份制企业等；

（2）国家机关、事业单位、社会团体等与劳动者订立了劳动合同的单位；

（3）个体工商户、个体承包经营户等个体经济组织。

劳动合同是规范劳动者与用人单位之间确立劳动关系，明确双方权利和义务的协议。劳动者与用人单位签订劳动合同时，应注意以下事项：

（1）签约单位要合法

在签订劳动合同时，应仔细察看企业是否经过工商部门登记以及企业注册的有效期限。否则，所签订的劳动合同是一份无效合同。劳动合同应依法订立，只有主体合法、内容合法、形式合法、程序合法的劳动合同才能产生法律效力。

（2）合同双方要平等

在劳动合同订立的过程中，劳动者与企业之间的法律地位是平等的。只有做到地位平等，才能使所订立的劳动合同具有公正性。

（3）合同要采取书面形式

劳动合同都有一定的期限，而且劳动关系非常复杂，涉及诸多内容。采取书面形式使权利义务明确具体，有利于合同的履行。一旦发生争议，也有据可查，便于争议的解决。

（4）合同要详细具体

劳动合同要准确、清楚、明白易懂，否则就可能在劳动执行过程中产生误解或曲解，从而带来不必要的争议，也为合同争议的处理带来困难。

劳动合同的种类

根据不同的标准，可以将劳动合同划分为不同的种类：

（1）根据订立合同的目的来划分，劳动合同可分为以下几种：

①录用合同。录用合同是指用人单位以长期雇佣劳动者为目的而订立的劳动合同，一般在招收新职工或续签劳动合同时使用。②聘用合同。聘用合同是录用合同的一种，主要适用于用人单位招聘在职和非在职劳动者中有特定技术的人员为专职或兼职的技术专业人员或管理人员等。③借调合同。借调合同是指借调单位、被借调单位与被借调人员之间，约定将某人调到另一单位从事短期性工作，并确立各方权利和义务关系所签订的劳动合同。

（2）根据合同的期限来划分，劳动合同可分为：

①有固定期限的劳动合同。是指明确约定有效起止日期的劳动合同，合同约定的期限届满，劳动合同即告终止。这是一种使用范围最广泛的劳动合同。②无固定期限的劳动合同。是不约定合同终止日期的劳动合同。劳动者与用人单位的劳动关系在劳动者的法定年龄内和用人单位的存续期限内，无限期的存续，只有在符合法定或约定的合同解除条件时，劳动关系才终止。这种合同一般使用于技术性强、涉及尖端科学技术、军事工业等需要保守秘密的行业。③以完成一定工作为期限的劳动合同。这种合同不规定合同的具体终止时间，在合同约定的工作完成后，合同自然终止。

劳动合同的内容

劳动合同的内容，是劳动者与用人单位之间设定劳动权利与劳动义务的具体规定。其内容直接涉及劳动者与用人单位的切身利益。

劳动合同的内容以条款的形式体现出来。根据条款内容是否为劳动合同所必需，可将其分为必备条款和补充条款两部分。

（1）必备条款

必备条款是劳动合同必须具备的内容，欠缺了必备条款，劳动合同就不能成立。必备条款中，有一些是有法律、法规规定的劳动合同当事人必须遵循的法定内容，也有一些是由劳动合同当事人协商议定的内容。根据《劳动法》第十九条的规定，劳动合同必须具备以下条款：

①合同期限。主要写明合同的有效时间起于合同生效之时，终于合同终止或解除之时。②工作内容。主要写明劳动者为用人单位提供的劳动，是劳动者应当履行的主要义务。关于劳动岗位、劳动任务等内容，都应当在合同中加以明确。③劳动保护和劳动条件。主要写明用人单位应当为劳动者提供的劳动安全卫生条件和生产资料条件等内容。④劳动报酬。主要写明劳动报酬的形式、构成、标准等内容。⑤劳动纪律。劳动者应当遵守劳动的纪律，表明劳动者同意接受用人单位依法制定的劳动纪律。⑥合同终止条款。主要写明劳动合同在法定终止条件之外的哪些情况下可以或应当终止的内容。⑦违约责任。主要写明违反劳动合同的劳动者和用人单位应如何承担责任的内容，不仅包括关于依法承担违约责任的抽象规定，而且还包括关于在合法范围内承担和免除责任的具体约定。

（2）补充条款

补充条款也叫约定条款，它不是劳动合同成立必须具备的条款。缺少补充条款，劳动合同依然能够成立。劳动合同当事人可以在充分协商一致的基础上，对具体劳动关系中的问题，有针对性地约定必备内容以外的其他内容，作为劳动合同的补充。补充条款的内容不得违背法律的有关规定。常见的补充条款内容主要有：关于试用期的约定，关于保密、禁止同业竞争的约定，关于第二职业的约定等。

劳动合同应当以书面形式订立，即直接使用书面文字形式表达和记载当事人经过协商达成的一致意见，确定权利义务关系。书面形式的劳动合同一般都有固定的格式，订立合同时，当事人应当按照格式书写。

无效劳动合同

劳动合同经法定机关依法确认无效的，其法律后果是：该合同自订立时起就没有法律约束力。

无效劳动合同自订立时起就不能作为确定当事人劳动权利和劳动义务关系的依据，无效合同和无效条款引起的事实劳动关系应予终止，当事人可依据有关法律、法规重新确立劳动关系，或者依法重新商定合同条款。劳动者如果未得到或者未全部得到劳动法规、劳动政策、集体合同、内部劳动规则所规定标准的物质待遇，用人单位应按照该标准予以补偿。

劳动合同被确认无效，还会导致特殊的法律后果：

（1）双方当事人终止劳动权利义务关系，互相返还对方的财物，用人单位向劳动者收取的保证金或扣押的证件等物品，应当返还给劳动者；劳动者使用的单位的劳动保护用品，应当返还给用人单位。

（2）劳动合同全部无效而用人单位对此有过错的，如果双方都具有主体资格，劳动者要求重新订立劳动合同的，在终止事实劳动关系的同时，用人单位应与劳动者依法订立劳动合同。

（3）劳动合同被确认无效后，给一方当事人造成实际损失的，由有过错的一方负责赔偿。双方都有责任的，各自承担相应的责任。用人单位使用童工，会导致对童工安置、治疗和赔偿的责任，以及承受行政处罚甚至刑事处罚的责任。

（4）如果劳动合同双方当事人故意订立了损害国家利益和社会公共利益的劳动合同，如走私，制造、贩卖毒品等，有关部门有权将非法物品收缴国库，触犯其他法律的，要依法予以处罚。

劳动合同解除

劳动合同的解除，是指劳动合同订立后，尚未全部履行前，由于某种原因导致劳动合同一方或双方当事人提前消灭劳动关系的法律行为。

劳动合同的解除具有如下特点：

（1）解除劳动合同是在劳动合同依法订立后而尚未履行完毕之前。在一般情况下，劳动合同只有在劳动者和用人单位双方都履行了自己的义务后才告终止，而合同的解除是在双方当事人都未完全履行合同的情况下终止。

（2）解除的应是合法有效的劳动合同。无效劳动合同从订立时起就没有法律效力，也就不存在解除的问题。

（3）解除劳动合同是基于双方当事人的意思表示。双方当事人就解除劳动合同协商一致，是解除劳动合同的唯一条件。劳动合同是劳动者与用人单位协商一致的结果，如果一方当事人或双方当事人不愿意继续保持这种劳动关系，共同提出或经另一方同意，劳动合同可以解除。只要当事人没有提出解除合同，劳动合同就可以继续存续下去。

（4）解除劳动合同是提前终止双方当事人的劳动权利义务关系。双方当事人之间已形成的劳动权利义务关系导致的法律后果继续有效，但双方当事人之间的权利义务关系在解除合同时即告终止，不再继续。

（5）解除劳动合同包括法定解除和协商解除两种。法定解除只指出现国家法律、法规或合同规定的可以解除劳动合同的情况时，不需双方当事人一致同意，合同效力可以自然或单方提前终止。协商解除，是指劳动合同订立后，双方当事人因某种原因，在完全自愿的基础上，协商一致，合意解除劳动合同，提前终止劳动合同的效力。

依法解除劳动合同对于维护劳动者自由择业权和用人单位的用人自主权，促进劳动者之间、用人单位之间在平等条件下的自由竞争具有积极意义。

劳动合同的解除，既可以由双方当事人协商，也可以由一方当事人提出。由一方当事人提出解除劳动合同的，必须符合法律、法规规定的条件。根据《劳动法》第二十五条、第二十六条、第二十七条规定，用人单位可以解除劳动合同的情况有以下几种：

劳动者有下列情形之一的，用人单位可以解除劳动合同：

（1）劳动者在试用期间被证明不符合录用条件。在试用期内，用人单位与劳动者的劳动权利义务关系处于一种不完全确定的状态，如果劳动者的身体、年龄、工作能力、文化程度、个人专业、职业道德、品德修养等不符合录用条件的，或是经试用期培训后仍不能胜任其工作岗位要求的，用人单位在征得本单位工会同意后，有权依法解除劳动合同。

（2）劳动者严重违反劳动纪律或者用人单位规章制度。如，严重违反劳动纪律，影响生产、工作秩序的；服务态度很差，经常与顾客吵架或损害消费者利益的；不服从正常调动的；贪污、盗窃、赌博等不够刑事处分的。

（3）劳动者严重失职，营私舞弊，对用人单位利益造成重大损害的。如，因玩忽职守而造成事故；泄露或出卖商业秘密等。只要有具体的失职或舞弊行为，并且该行为给用人单位的利益造成重大损害，用人单位就可以解除劳动合同。

（4）劳动者被依法追究刑事责任。被依法追究刑事责任，是指劳动者被人民法院判处管制、拘役、有期徒刑、无期徒刑、死刑和罚金、剥夺政治权利、没收财产等刑罚和被人民法院免于刑事处分的。此外，根据劳动部的有关规定，劳动者被人民法院判处拘役、3 年以下有期徒刑的，用人单位可以解除劳动合同；劳动者被劳动教养的，用人单位可以依据劳动者被教养的事实，解除与该劳动者的劳动合同。

上述解除劳动合同的情况，用人单位可以不支付劳动者经济补偿金。

有下列情形之一的，用人单位可以解除劳动合同，但是应当提前 30 日以书面形式通知劳动者：

（1）劳动者患病或者非因工负伤，医疗期满后，不能从事原工作也不能从事由用人单位另行安排的工作的。这里所说的医疗期，是指劳动者根据其工龄等条件，依法可以享受的停工医疗并发给病假工资的期间，而不是劳动者伤病治愈所需的实际期间。如果劳动者医疗期满后缺乏或丧失劳动能力，无法继续履行劳动合同，用人单位可以解除劳动合同。

（2）劳动者不能胜任工作，经过培训或者调整工作岗位，仍不能胜任工作的。这里的不能胜任工作，是指不能按要求完成劳动合同中约定的劳动任务。

(3) 劳动合同订立时所依据的客观情况发生重大变化，致使原劳动合同无法履行。这里所说的客观情况，是指发生不可抗力或出现导致劳动合同全部或部分无法履行的情况。

用人单位在上述各种情况下解除劳动合同时，必须提前通知劳动者，并应当按照国家有关规定，给予劳动者一定的经济补偿。

劳动合同的续签：

(1) 劳动合同期限届满或其他的法定、约定终止条件出现，任何一方要求续订劳动合同，应当提前30日向对方发出《续订劳动合同通知书》，并及时与对方进行协商，依法续订劳动合同；

(2) 续订劳动合同，如原劳动合同的主要条款已有较大改变，双方应重新协商签订新的劳动合同；如原劳动合同的条款变动不大，双方可以签订《延续劳动合同协议书》，并明确劳动合同延续的期限及其他需重新确定的合同条款；

(3) 续订劳动合同后，用人单位应将双方重新签订的劳动合同或《延续劳动合同协议书》(附原劳动合同) 一式两份，送有管辖权的劳动鉴证机构进行鉴证，并到社会保险经办机构办理社会保险延续手续。

集体合同

集体合同是指为规范劳动关系，由工会或职工代表代表全体职工与企业行政部门根据法律、法规的规定，就职工劳动报酬、工作条件、工作时间、休息休假、劳动安全卫生及社会保险福利等事项，在平等协商的基础上签订的意思表示一致的书面协议。集体合同以全体劳动者的共同利益为中心内容。它可以更有效地维护劳动者的合法权益，充分发挥工会等劳动者组织的职能，监督制约用人单位，完善劳动法制。

集体合同与劳动合同相比，有以下不同：

(1) 合同当事人不同。集体合同的一方当事人为工会或职工代表。

（2）订立合同的目的不同。订立集体合同的主要目的是要为确立劳动关系设定标准；订立劳动合同的主要目的是为了确立具体的劳动关系。

（3）集体合同以集体劳动关系中劳动者的共同权利和义务为内容，可能涉及劳动关系的各个方面，比较复杂，也可能涉及劳动关系的某个方面，劳动合同以单个劳动者的权利和义务为内容，一般包括劳动关系的各个方面，具备法律规定的所有必备条款。

（4）合同的适用范围不同。集体合同适用于企业的全体职工，体现全体职工的集体意志和意愿。劳动合同适用于劳动者个人，体现劳动者个人的意志和意愿。

（5）合同的效力不同。集体合同对签订合同的用人单位及其所在团体的附属单位和工会所代表的全体劳动者都具有法律效力，集体合同的效力高于劳动合同的法律效力。劳动合同对单个的用人单位和劳动者具有法律效力，企业签订劳动合同要以集体合同为依据，劳动合同的条款标准，不能低于集体合同的规定。

集体合同具有劳动法规和劳动合同无法取代的功能，具体表现为：

（1）订立集体合同可以更好地维护职工的合法权益。劳动法所规定的劳动者的利益标准属于最低标准，按照这一标准对劳动者进行保护，是法律所要求的最低水平，集体合同的订立是保障劳动者获得高于法定最低标准的手段。通过集体合同可以对劳动者利益作出高于法定最低标准的约定，从而更好地维护劳动者的合法权益。

（2）订立集体合同能够科学地协调用人单位与劳动者的关系。《劳动法》关于用人单位与劳动者关系的规定是一般性和原则性的，而劳动合同带有一定的随意性。通过集体合同，可以在一定范围内就劳动者利益和劳动关系协调的共性问题作出约定，科学地解决劳动者与用人单位的关系。它使用人单位的管理权与劳动者的主人翁地位有机地结合在一起，有利于劳动关系的稳定和发展。

（3）订立集体合同有利于劳动者参与用人单位的民主管理。集体合同是用人单位民主化管理的重要形式。合同的签订、内容、形式、执行等要经过全体职工的讨论或在职工代表大会主持下进行，能够提高劳动者对用人单位民主管理的关心和支持。

(4) 集体合同有利于发挥工会的作用。工会是劳动者利益的代表，负有维护劳动者合法权益的责任。工会组织代表劳动者与用人单位就劳动条件、劳动报酬、工作时间、劳动安全卫生、福利待遇等问题进行谈判并签订集体合同，是维护劳动者合法权益的重要形式和手段，能够使工会更有效、充分地发挥职能。

(5) 订立集体合同可以有效地弥补劳动合同的不足。工会代表全体劳动者签订集体合同，可以改善单个劳动者在劳动关系中的地位，避免劳动者受到歧视，使劳动者与用人单位平等协商，平等地享有权利和承担义务，避免劳动者被迫接受不合理条款。

劳动合同法实施后签合同要点

1. 除非全日制用工外一律签订书面合同

《劳动合同法》中将劳动合同种类细化为：固定期限、无固定期限、以完成一定工作任务为期限、劳务派遣、非全日制用工的劳动合同五类。

特别提醒：除了非全日制用工，不必非得签订书面合同外，其他合同形式均需签订书面合同，而且针对本应签订书面劳动合同但自用工之日起，超过一个月不满一年，企业不签书面合同的情况，劳动者有权要求企业每月支付两倍的工资作为赔偿；当应签而未签劳动合同的情况满一年后，将视为“企业与该劳动者间已订立无固定期限劳动合同”。

2. 企业提供工作服不得向员工索要押金

用人单位违反规定，以担保或者其他名义向劳动者收取财物的，由劳动行政部门责令限期退还劳动者本人，并以每人500元以上2000元以下的标准处罚；给劳动者造成损害的，应承担赔偿责任。

特别提醒：在用工过程中，如果工作服是必须穿着的，应当视为企业给员工提供的劳动条件之一，而没有理由向员工索取费用，收取员工押金作为工作服费的做法显然是不合法、不合理的。劳动者需要学会对企业如此收取押金的行为说“不”。

3．试用期最高不超六个月具体规定看合同期限

《劳动合同法》规定，当劳动者合同期限在1年以内时，试用期最多不超过1个月；当劳动者合同期限满1年而在3年以内时，试用期最多不超过2个月；只有在合同期限达到3年或者直接签订无固定期限劳动合同时，企业才有权设定2个月以上6个月以下的试用期。

试用期不得低于企业所在地的最低工资标准、不得低于合同约定工资的80%、在劳动合同对于工资约定不明确的情况下试用期工资不得低于本单位相同岗位最低档工资。

特别提醒：求职者、尤其应届生求职者们注意，劳动合同期限不满3个月时，不能约定试用期；同一劳动者同一企业间只能约定一次试用期；在遭遇“超长”试用期时，劳动者有权要求用人单位以劳动者试用期满月工资为标准，按已经履行的超过法定试用期的期间向劳动者支付赔偿金。

4．无固定期限劳动合同不等于“铁饭碗”

《劳动合同法》规定：“连续签两次固定期限劳动合同；本企业工龄10年以上；企业改制时本企业工龄10年以上，且距法定退休年龄不到10年；用工满一年企业不予签书面劳动合同”条件的员工均将成为企业应该签订无固定期限劳动合同的对象，而且只要员工提出或者同意续订、订立劳动合同的，就应当订立无固定期限劳动合同，除非员工提出订立固定期限劳动合同。”

特别提醒：《劳动合同法》中所指的“连续订立两次固定期限劳动合同”的次数应自该法实施后起算；而“连续工作满10年”则不受此限，应按照劳动者实际在该单位连续工作的年限计算。

5．新法前签订合同员工违约照赔违约金

在一些经济发达城市，部分企业特别是国有企业，为吸引人才，通常使用为劳动者解决户口作为前提条件，规定短则5年，长则8年甚至10年的服务期。如果劳动者在服务期未满时辞职，将背负高额违约金。以约定高额违约金来限制员工流动的手段，在《劳动合同法》实施后将不再奏效：除了两种特殊情况，多数员工一般将不承担违约金责任。

两种法定的违约金特例分别是：

（1）公司支付培训费用并约定了服务期限后，员工在约定的服务期内主

动离职的，应当赔偿违约金；

（2）在违反竞业限制责任或保密义务时，员工也应承担违约金责任。

特别提醒：1 月 1 日后，除以上两种特例外，企业不得与劳动者约定由劳动者承担的违约金。但为了保证与之前订立的劳动合同稳定衔接，《劳动合同法》对于过渡期劳动合同的实施仍做出特别规定：“本法施行前已依法订立且在本法施行之日存续的劳动合同，继续履行。”过渡期间，未到期合同的违约金条款仍执行，劳动者跳槽仍需谨慎而行。

6. 企业不缴社保员工可解除合同

当前，由于现阶段我国各地社会保险缴费比例和支付水平存在“差价”。于是，某些位于经济较发达地区的企业，为了降低用工成本，逃避用工地较高的缴纳基数和缴费比例，对非本地户籍工采取发放现金“社保补贴”，或鼓励此类员工在户籍地自交社保的方式。这种“社保补贴”，表面上使员工每月到手的现金增加了，实则损害了员工的长期利益，增大了其劳动风险。2008 年后，企业如此违规操作很有可能“赔了夫人又折兵”。

社会保险新增为劳动合同的法定必备条款，要求企业在劳动合同中写清为劳动者缴纳社会保险金的详细情况。其次，如果企业不为员工缴纳社保，员工可随时与之解除劳动合同，并且有权利要求企业支付经济补偿金。

特别提醒：用人单位不缴社保，是严重损害劳动者切身利益的行为。根据规定，员工因企业不缴纳社保而解除劳动合同时，在获经济补偿金的基础上，还可要求企业做出赔偿，在当地社保政策范围内，补缴其所欠的社会保险金。

7. 增加支付经济补偿金有最高额限制

《劳动合同法》在需支付经济补偿金情形上的新亮点是：固定期限的劳动合同到期不能续签，企业就应该支付员工经济补偿金。

《劳动合同法》同时又规定：“劳动者月工资高于用人单位所在直辖市、设区的市级人民政府公布的本地区上年度职工月平均工资 3 倍的，向其支付经济补偿的标准按职工月平均工资 3 倍的数额支付，向其支付经济补偿的年限最高不超过 12 年。”这就降低了高薪员工解除劳动合同时的经济补偿金标准。

特别提醒：《劳动合同法》实施后，符合该法规定的上述情形，应该支付经济补偿金的，经济补偿年限自1月1日起计算；劳动者在掌握经济补偿金支付原则时应牢记，除劳动者自身有过错或不想续签，用人单位解除或终止劳动合同都应支付经济补偿金。

8. 合同解除未提前30天告知需额外支付一个月工资

《劳动合同法》与《劳动法》都规定，以下三种情况时，用人单位解除劳动合同时，应提前30日书面告知劳动者：

（1）劳动者在医疗期满不能从事原工作或另安排的工作；

（2）劳动者不能胜任工作，

（3）经培训或调整仍不胜任；

在这三种情况下，如果企业不能提前一个月通知员工欲解除劳动合同，所应支付给员工的应该是：劳动者一个月的工资+经济补偿金。

特别提醒：注意区分各种“金”的不同。“额外支付劳动者一个月工资”在性质上属于代通知金，是在企业不能提前一个月通知员工欲解除劳动合同的情况下，对将解除合同员工的一种赔偿；而经济补偿金，是法定的用人单位支付的，为了保证劳动者在失业后的一段时间内的生活来源的一种保障；两者性质不同，不能混淆。

9. 双方解约企业须出具离职证明

《劳动合同法》将解除劳动合同后，劳资双方仍要履行的相应义务、及违反义务所应承担的责任做出了明确规定：双方解除劳动关系时，用人单位须出具离职证明，并在15日内将劳动者档案和社保关系转出，不得扣押劳动者档案或其他物品；劳动者须按约定进行工作交接。用人单位不出具离职证明给劳动者带来损害的，要承担赔偿责任；扣押劳动者档案等物品的，由劳动行政部门责令限期退还劳动者本人，并以每人500元以上2000元以下的标准处以罚款；给劳动者造成损害的，也应承担赔偿责任。

特别提醒：由于用人单位经济补偿金的支付是以劳动者办理工作交接为前提条件的，而劳动者未获离职证明，又将酝酿日后的求职风险。因此，为了最大程度上保全劳动者应得利益，提出辞职后“人间蒸发”的行为，损人不利己，万万不可取。

10. 劳务派遣员工待遇获得提高

为了让劳务派遣员工享受正式员工的同等待遇，《劳动合同法》对于规范劳务派遣用工做出了长达11条的规定。

特别提醒：被派遣劳动者，为了在劳务派遣用工中维护自身合法权益，至少注意以下7点：

（1）在劳务派遣公司的选择上，应与具有合法资质，注册资本不少于50万的公司。

（2）劳务派遣公司与派遣员工签订的劳动合同，期限不能少于2年，派遣员工没工作时，派遣公司也要以所在地最低工资标准按月支付报酬。

（3）派遣员工不用向劳务派遣公司、实际用工单位支付任何派遣费用。

（4）被跨地区派遣的员工，其劳动报酬和劳动条件，按用工单位所在地的标准执行。

（5）本着同工同酬的原则，实际用工单位应当向派遣员工支付加班费、绩效奖金，提供与工作岗位相关的福利待遇。

（6）派遣员工在实际用工单位连续工作的，同样适用该单位的工资调整机制。

（7）实际用工单位不得使用派遣员工向本单位，或者所属单位进行再次派遣。

劳动合同中对劳动报酬的约定

《劳动合同法》第十八条规定："劳动合同对劳动报酬和劳动条件等标准约定不明确，引发争议的，用人单位与劳动者可以重新协商；协商不成的，适用集体合同规定；没有集体合同或者集体合同未规定劳动报酬的，实行同工同酬；没有集体合同或者集体合同未规定劳动条件等标准的，适用国家有关规定。"

由此可以看出，如果因劳动合同的关键条款约定不明引发了争议，《劳动合同法》还提出了指引性的解决办法。这在一定程度上也减少劳动争议的仲裁、诉讼解决压力，无论对于劳动者权益的保障，还是缓解司法部门因讼累造成的工作压力方面，都是大有裨益的。

试用期内劳动合同的解除

在试用期中，除非劳动者发生以下情形之一，否则，用人单位不得解除劳动合同：

（1）在试用期间被证明不符合录用条件的；

（2）严重违反用人单位的规章制度的；

（3）严重失职，营私舞弊，给用人单位造成重大损害的；

（4）劳动者同时与其他用人单位建立劳动关系，对完成本单位的工作任务造成严重影响，或者经用人单位提出，拒不改正的；

（5）因以欺诈、胁迫的手段或者乘人之危，使对方在违背真实意思的情况下订立或者变更劳动合同的情形致使劳动合同无效的；

（6）被依法追究刑事责任的；

（7）劳动者患病或者非因工负伤，在规定的医疗期满后不能从事原工作，也不能从事由用人单位另行安排的工作的；

（8）劳动者不能胜任工作，经过培训或者调整工作岗位，仍不能胜任工作的。此外，即使劳动者符合上述情形之一，用人单位需要在试用期与劳动者解除劳动合同的，应当向劳动者说明理由。

劳动者的承担违约责任

违约金作为承担违约责任的主要形式，一向是用人单位绑住劳动者的“紧箍咒”。

但按照《劳动合同法》的规定，在用人单位和劳动者的劳动合同约定中，严格限定了违约金的约定条件，规定单位只有在“培训服务期”和“竞业限制”这两种情形下，才能设定违约金。

也就是说，除非劳动者在约定的培训服务期满前离职，或违反了保密协议、竞业限制的约定，否则劳动者无需向单位支付任何违约金。因此，《劳动合同法》实施之后，如果在不属于《劳动合同法》规定的需承担违约责任的两种情况下，劳动者提出辞职，是无需向用人单位支付违约金的，想炒老板鱿鱼的劳动者尽可以“挥一挥衣袖不留下一分血汗钱了”。

无效劳动合同

所谓无效劳动合同，是指所订立的劳动合同不符合法定条件，不能发生当事人预期的法律后果的劳动合同。

按照《劳动法》的规定，劳动合同的无效应由劳动争议仲裁机构或者法院确认。

此前劳动部在《关于贯彻执行＜中华人民共和国劳动法＞若干问题的意见》中规定“劳动合同的无效由法院或劳动争议仲裁委员会确认，不能由合同双方当事人决定”。

按照《劳动合同法》的规定，在用人单位和劳动者对劳动合同的无效或者部分无效有争议的，交由劳动争议仲裁机构或者人民法院确认。

而对于双方无争议的无效合同或者无效的合同条款，是否必须由上述机关进行确认，《劳动合同法》并未作出明确的、强制性的规定。

什么是“支付令”

“支付令”一词来源于我国的《民事诉讼法》，该法第一八九条规定：债权人请求债务人给付金钱、有价证券，符合两个条件就可以向有管辖权的基层人民法院申请支付令。

这两个条件是：

（1）债权人与债务人没有其他债务纠纷；

（2）支付令能够送达债务人。

“支付令申请书”应当写明请求给付金钱或者有价证券的数量和所根据的事实、证据。“支付令”是债权人向法院申请讨回债务的最简便的方法。

对于一些事实清楚的欠薪案件，劳动者申请支付令解决，较之通过传统的途径——申请仲裁、起诉、上诉等，既提高了效率又节省了司法资源。

《劳动合同法》赋予劳动者申请支付令的权利，相比《劳动法》更具操作性，将更有力地维护劳动者的工资报酬权。

无固定期劳动合同的解除

一些职工认为，签了“无固定期劳动合同”就等于进了“保险箱”，单位不能以任何理由解除劳动合同，可以高枕无忧干到退休了，这是错误的想法。

根据《劳动合同法》规定，严重违反用人单位的规章制度，用人单位就可以解除劳动合同，这其中当然也包括无固定期的劳动合同。因此，签了“无固定期劳动合同”的职工也要遵守单位的规章制度。一旦严重违反了单位的规章制度，同样会被用人单位解除无固定期的劳动合同。

用人单位不得解除劳动合同的情形

《劳动合同法》第四十二条规定：劳动者有下列情形之一的，用人单位不得依照本法第四十条、第四十一条的规定解除劳动合同：

（1）从事接触职业病危害作业的劳动者未进行离岗前职业健康检查，或者疑似职业病病人在诊断或者医学观察期间的；

（2）在本单位患职业病或者因工负伤并被确认丧失或者部分丧失劳动能力的；

（3）患病或者非因工负伤，在规定的医疗期内的；

（4）女职工在孕期、产期、哺乳期的；

（5）在本单位连续工作满十五年，且距法定退休年龄不足五年的；

（6）法律、行政法规规定的其他情形。

单位不与劳动者签订书面劳动合同的惩罚

《劳动合同法》规定，用人单位自用工之日起超过一个月不满一年未与劳动者订立书面劳动合同的，应当向劳动者每月支付二倍的工资；用人单位违反本法规定不与劳动者订立无固定期限劳动合同的，自应当订立无固定期限劳动合同之日起向劳动者每月支付二倍的工资。因此，单位如果未依法与劳动者订立劳动合同，除应向劳动者支付其应得的工资以外，还需再支付一倍的工资作为对劳动者的补偿。

合同到期的续签

根据《中华人民共和国劳动合同法》的规定，除用人单位维持或者提高劳动合同约定条件续订劳动合同，劳动者不同意续订的情形外，依照本法第四十四条第一项规定终止固定期限劳动合同的；用人单位应当支付经济补偿金。本法施行之日存续的劳动合同在本法施行后解除或者终止，依照本法第四十六条规定应当支付经济补偿的，经济补偿年限自本法施行之日起计算；本法施行前按照当时有关规定，用人单位应当向劳动者支付经济补偿的，按照当时有关规定执行。

提前解除劳动合同

根据《劳动法》第三十二条和《最高人民法院关于审理劳动争议案件适用法律若干问题的解释》第十五条的规定，用人单位有下列情形之一，迫使劳动者提出解除劳动合同的，用人单位应当支付劳动者的劳动报酬和经济补偿，并可支付赔偿金：

（1）以暴力、威胁或者非法限制人身自由的手段强迫劳动的；

（2）未按照劳动合同约定支付劳动报酬或者提供劳动条件的；

（3）克扣或者无故拖欠劳动者工资的；

（4）拒不支付劳动者延长工作时间工资报酬的；

（5）低于当地最低工资标准支付劳动者工资的。

如果单位存在上述情形之一，劳动者可随时向单位行使单方解除权，但行使此项权利需要注意如下事项：

（1）通知一定要采取书面形式，并保留副本，要求单位签收。如果单位不签收，则通过特快专递的方式再向单位邮寄一份。

（2）通知书要写明解除劳动合同的事实依据和法律依据。

（3）与单位办理工作交接手续，并保留交接清单。

（4）这种权利如果行使得当，不但不需要支付单位违约金，反而可以要求单位支付经济补偿金。

根据《劳动法》第三十一条的规定，劳动者只要提前三十天通知单位解除劳动合同，不管单位是否同意，到期后双方的劳动合同关系即已解除。行使此解除权需要注意：

（1）通知一定要采取书面形式，并保留副本，要求单位签收。如果单位不签收，则通过特快专递的方式再向单位邮寄一份。

（2）通知期内要正常上班，不可旷工。

（3）与单位办理工作交接手续，并保留交接清单。

（4）这种方式离职仍然是一种违约行为，如果劳动合同中约定了违约金，最终仍要向单位承担违约责任。

劳动与劳动争议

劳动争议

劳动争议也称劳动纠纷，是劳动关系双方在执行劳动法律、法规或履行劳动合同过程中，因发生利益分歧而产生的争执行为。与其他纠纷相比，劳动争议具有显著特征：

（1）劳动争议的主体是特定的，即一方是劳动者，另外一方是与该劳动者存在劳动关系的用人单位。

（2）劳动争议的内容，必须是劳动关系双方在执行劳动法律、法规或履行劳动合同过程中产生的权利义务纠纷。

根据《劳动法》规定以下争议属于劳动争议：

（1）因企业开除、除名、辞退职工和职工辞职、自动离职发生的争议；

（2）因执行国家有关工资、保险、福利、培训、劳动保护的规定发生的争议；

（3）因履行劳动合同发生的争议；

（4）法律、法规规定应当依照本条例处理的其他劳动争议。

这里的“工资”，是指按照国家统计局规定应统计在职工工资总额中的各种劳动报酬，包括标准工资、有规定标准的各种奖金、津贴和补贴。“保险”是指社会保险，包括工伤保险、医疗保险、生育保险、待业保险、养老保险和病假待遇、死亡丧葬抚恤等社会保险待遇。“福利”是指用人单位用于补助职工及其家属和举办集体福利事业的费用，包括集体福利费、职工上下班交通补助费、探亲路费、取暖补贴、生活困难补助费等。“培训”是指职工在职期间（含转岗）的职业技术培训，包括在各类专业学校（职业技术学校、职工学校、技工学校、高等院校等）和各种职业技术训练班、进修班的培训及与其相关的培训合同、培训费用等。“劳动保护”是指为保障劳动者在劳动过程中获得适宜的劳动条件而采取的各项保护措施，包括工作时间和休息时间、休假制度的规定，各项保障劳动安全与卫生的措施，女职工的劳动保护规定，未成年人的劳动保护规定等。

“因履行劳动合同发生的争议”包括因执行、变更、解除、终止劳动合同发生的争议。

预防劳动争议，是指国家有关部门、组织和用人单位，依照法律规定，采取积极措施，避免用人单位行政与职工之间发生劳动权利、劳动义务纠纷的行为。我国建立了一套解决劳动争议的法律制度，这一制度对预防劳动争议的发生具有积极作用。只要有关部门、单位和个人依法行事，重视劳动纠纷的预防工作，通过采取积极、适当的措施，就会使劳动纠纷得以避免，或者大大减少。

对预防劳动争议应当有以下正确认识：

（1）预防劳动争议是将劳动纠纷消灭在萌芽中，防患于未然。预防劳动争议与劳动争议处理相比，是一种更积极、更主动的措施，是一项解决纠纷的前期工作，是避免和减少劳动纠纷的第一道防线。积极预防劳动争议，可以使劳动争议初露端倪时即被重视或合理解决，避免矛盾激化，使劳动关系主体的利益得到最大限度的维护。因此，它要求有关预防人员必须保持与广大劳动者的密切联系，保持细致、敏感的观察力，及时发现纷争，疏通协商，使矛盾双方尽早消除隔阂，避免矛盾公开扩大。

（2）预防劳动争议涉及许多部门和个人，涉及劳动关系双方当事人以及与劳动关系当事人有密切关系的有关部门和机构，如，用人单位工会、用人单位劳动争议调解委员会、用人单位职工代表大会、劳动者、劳动行政机关、用人单位主管部门等。因此，预防劳动纠纷不是单靠某一部门或个人就能完成的，而是需要诸多部门和个人的共同努力、协作和配合，是一项复杂的工作。

（3）预防劳动争议要依法进行。预防劳动争议要在依法预防的前提下进行。劳动关系当事人之间的纠纷主要是由于双方不懂劳动法律、法规或故意违反劳动法律、法规而产生的纠纷，因此，它需要由掌握劳动法律、法规和劳动政策的人员，针对当事人的行为进行宣传、教育，使他们了解到哪些行为是违法的，哪些权益是应当得到维护的，以从根本上预防和解决劳动纠纷。劳动纠纷预防人员在进行这一系列工作时，必须严格依法进行，不得有法不依，更不得置法律、法规和政策于不顾。

劳动者如何应对违章指挥

在生活中，有一些用人单位违章指挥操作，从而导致劳动者遭到人身伤害，尤其是在建筑工程领域时有发生。因此，安全的劳动环境和条件对劳动者非常重要。

在劳动安全环境和条件方面，劳动合同法第三十二条明确了劳动者的两项权利，以及行使这两项权利的法律后果：

（1）劳动者如果拒绝用人单位管理人员违章指挥、强令冒险作业，而不予相应工作和劳动时，该行为不视为违反劳动合同，其后果仍然由用人单位承担。

（2）劳动者对危害生命安全和身体健康的劳动条件，有权对用人单位提出批评、检举和控告。

劳动者如何保留证据

按照《劳动合同法》规定，劳动者可以根据自身情况或者个人发展需要等提出辞职，只要提前30日以书面形式通知用人单位，即可解除劳动合同。

因此，劳动者在履行提前通知义务（书面形式）时，一定要保留用人单位签收的证据，以证明确在30日前曾向用人单位提交过书面辞职的通知。

如果用人单位拒绝签收，最好可以提供其他证据证明已经书面通知了用人单位（如快递详情单等）。

否则，发生纠纷时，用人单位反过来说职工未履行提前通知义务擅自离职，那就被动了。

特殊工种的提前退休

《转发劳动和社会保障部关于制止和纠正违反国家规定办理企业职工提前退休有关问题的通知》中规定，特殊工种退休，需劳动部门审批，且属特殊工种退休的，必须本人档案有可靠且充分的资料记载。

怀孕期间的劳动合同解除

《女职工劳动保护规定》：不得在女职工怀孕期、产期、哺乳期降低其基本工资，或者解除劳动合同。《劳动合同法》规定：女职工在孕期、产期、哺乳期的，不得解除劳动合同。单位做法是不合法的，可以到单位所在地的劳动仲裁部门申请仲裁。

法定医疗期限

根据原劳动部 1994 年发布的《企业职工患病或非因工负伤医疗期规定》的规定，企业职工因患病或非因工负伤，需要停止工作医疗时，根据本人实际参加工作年限和在本单位工作年限，给予 3 个月到 24 个月的医疗期。实际工作年限 10 年以下的，在本单位工作 5 年以下的为 3 个月；5 年以上的为 6 个月。实际工作年限在 10 年以上的，在本单位工作 5 年以下的为 6 个月；5 年以上 10 年以下的为 9 个月；10 年以上 15 年以下的为 12 个月；15 年以上 20 年以下为 18 个月；20 年以上的为 24 个月。

延长工作时间支付加班费

根据《劳动法》第四十四条规定：“（一）安排劳动者延长工作时间的，支付不低于工资的 150% 的工资报酬；（二）休息日安排劳动者工作又不能安排补休的，支付不低于工资的200%的工资报酬；（三）法定休假日安排劳动者工作的，支付不低于工资的300%的工资报酬。”按照《劳动法》的上述规定，休息日安排劳动者工作的，应先按同等时间安排补休，不能安排补休的，应按《劳动法》第四十四条第（二）项的规定支付加班加点工资；法定节假日（元旦、春节、劳动节、国庆节）安排劳动者工作的，应按《劳动法》第四十四条第（三）项的规定支付加班加点工资。

离职补偿金

《劳动合同法》第四十七条规定：“经济补偿按劳动者在本单位工作的年限，每满1年支付1个月工资的标准向劳动者支付。6个月以上不满1年的，按1年计算；不满6个月的，向劳动者支付半个月工资的经济补偿。劳动者月工资高于用人单位所在直辖市、设区的市级人民政府公布的本地区上年度职工月平均工资3倍的，向其支付经济补偿的标准按职工月平均工资3倍的数额支付，向其支付经济补偿的年限最高不超过12年。本条所称月工资是指劳动者在劳动合同解除或者终止前12个月的平均工资。”

如何应对拖欠工人工资

根据《劳动合同法》规定，用人单位拖欠或者未足额支付劳动报酬的，劳动者可以依法向当地人民法院申请支付令，人民法院应当依法发出支付令。

学徒工因工致残待遇

根据国家劳动总局（1981）劳险便字80号《关于学徒工致残完全丧失劳动能力后的待遇问题的复函》，学徒工因工致残应当与固定工的同样待遇办理。

工伤私了后如何获得赔偿

根据《企业职工工伤保险试行办法》的规定，职工因工负伤治疗，享受工伤医疗待遇。治疗工伤所需的挂号费、住院费、医疗费、药费全额报销；住院治疗期间享受伙食补助费；医疗期间享受工伤津贴，标准为职工本人受伤前12个月内平均月工资收入；工伤医疗期满经评残后，享受因工伤残抚恤金或在职伤残补助金等一系列伤残待遇；如果劳动者与所在单位私下达成了协议，双方签字同意，但因协议违反国家法律法规规定，属无效协议。劳动者有权要求重新依法赔偿。如果单位不同意，可以向当地劳动争议仲裁委员会申请劳动仲裁。

工伤医疗待遇

工伤医疗待遇包括医疗费、伙食补助费、交通费、辅助器具费。

医疗费的计算公式：

医疗费赔偿金额 = 诊疗金额 + 药品金额 + 住院服务金额

伙食补助费的计算公式：

住院伙食补助费的赔偿金额 = 因公出差伙食补助标准（元/人/天）×70%×人数×天数

交通食宿费的计算公式：

交通食宿费赔偿金额 = 交通费 + 住宿费 + 伙食费 = 职工因工出差交通费标准×往返次数 + 职工因工出差住宿费标准×天数 + 职工因工出差伙食费标准×天数

辅助器具费的计算公式：

辅助器具费赔偿标准化 = 普通适用器具的合理费用×器具数量

工伤护理费及伤残待遇

(1) 关于护理费的计算公式是:

生活完全不能自理的护理费的计算公式:

护理费赔偿金额 = 统筹地区上年度职工月平均工资(元/月) ×50%

生活大部分不能自理的护理费的计算公式:

护理费赔偿金额 = 统筹地区上年度职工月平均工资(元/月) ×40%

生活部分不能自理的护理费的计算公式:

护理费赔偿金额 = 统筹地区上年度职工月平均工资(元/月) ×30%

(2) 关于一次性伤残补助金的计算公式是:

一级伤残的计算公式为:

伤残补助金赔偿金额 = 本人工资(元/月) ×24

二级伤残的计算公式为:

伤残补助金赔偿金额 = 本人工资(元/月) ×22

三级伤残的计算公式为:

伤残补助金赔偿金额 = 本人工资(元/月) ×20

四级伤残的计算公式为:

伤残补助金赔偿金额 = 本人工资(元/月) ×18

五级伤残的计算公式为:

伤残补助金赔偿金额 = 本人工资(元/月) ×16

六级伤残的计算公式为:

伤残补助金赔偿金额 = 本人工资(元/月) ×14

七级伤残的计算公式为:

伤残补助金赔偿金额 = 本人工资(元/月) ×12

八级伤残的计算公式为:

伤残补助金赔偿金额 = 本人工资(元/月) ×10

九级伤残的计算公式为:

伤残补助金赔偿金额 = 本人工资(元/月) ×8

十级伤残的计算公式为：

伤残补助金赔偿金额＝本人工资（元/月）×6

（3）伤残津贴的计算方式是：

一级伤残为本人工资的90%，公式为：

伤残津贴赔偿金额＝本人工资（元/月）×90%

二级伤残为本人工资的85%，公式为：

伤残津贴赔偿金额＝本人工资（元/月）×85%

三级伤残为本人工资的80%，公式为：

伤残津贴赔偿金额＝本人工资（元/月）×80%

四级伤残为本人工资的75%，公式为：

伤残津贴赔偿金额＝本人工资（元/月）×75%

五、六级伤残津贴也可以同样的方法，即本人工资乘以法定的比例计算，但是，被鉴定为五、六级伤残的工伤职工只有在其保留与用人单位的劳动关系，用人单位应予以安排适当工作，但难以安排的，才由用人单位按月支付伤残津贴。

因工死亡丧葬补助金、抚恤金的计算

丧葬补助金的计算公式：

丧葬补助金赔偿金额＝统筹地区上年度职工月平均工资（元/月）×6

供养亲属抚恤金的计算公式：

配偶　供养亲属抚恤金赔偿金额＝工亡职工本人工资（元/月）×40%

如工亡职工的配偶为孤寡老人，每月在上述的标准基础上增加10%

其他亲属　供养亲属抚恤金赔偿金额＝工亡职工本人工资(元/月）×30%

如工亡职工的配偶为孤寡老人或者儿童的，每月在上述的标准基础上增加10%

一次性工亡补助金的计算公式：

一次性工亡补助金额＝统筹地区上年度职工月平均工资×（48—60个月）

因工死亡抚恤金

根据《因工死亡职工供养亲属范围规定》第二条规定：本规定所称因工死亡职工供养亲属，是指该职工的配偶、子女、父母、祖父母、外祖父母、孙子女、外孙子女、兄弟姐妹。

本规定所称子女，包括婚生子女、非婚生子女、养子女和有抚养关系的继子女，其中，婚生子女、非婚生子女包括遗腹子女；

本规定所称父母，包括生父母、养父母和有抚养关系的继父母；

本规定所称兄弟姐妹，包括同父母的兄弟姐妹、同父异母或者同母异父的兄弟姐妹、养兄弟姐妹、有抚养关系的继兄弟姐妹。

第三条规定：上条规定的人员，依靠因工死亡职工生前提供主要生活来源，并有下列情形之一的，可按规定申请供养亲属抚恤金：

（1）完全丧失劳动能力的；

（2）工亡职工男年满60周岁、女年满55周岁的；

（3）工亡职工父母年满60周岁、女年满55周岁的；

（4）工亡职工子女未满18周岁的；

（5）工亡职工父母均已死亡，其祖父、外祖父年满60周岁，祖母、外祖母年满55周岁的；

（6）工亡职工子女已经死亡或完全丧失劳动能力，其孙子女、外孙子女未满18周岁的；

（7）工亡职工父母均已死亡或完全丧失劳动能力，其兄弟姐妹未满18周岁的。

由此，只有上述符合规定的人员才可申请供养亲属抚恤金。

非法用工伤亡的一次性赔偿

根据《非法用工单位伤亡人员一次性赔偿办法》第三条规定：“一次性赔偿包括受到事故伤害可患职业病的职工或童工在治疗期间的费用和一次性赔

偿金，一次性赔偿金数额应当在受到事故伤害或患职业病的职工或童工死亡或者经劳动能力鉴定后确定。

劳动能力鉴定按属地原则由单位所在地区的市级劳动能力鉴定委员会办理。劳动能力鉴定费用由伤亡职工或者童工所在单位支付。”

第五条规定：“一次性赔偿金按以下标准支付：

一级伤残的为赔偿基数的16倍，二级伤残的为赔偿基数的14倍，三级伤残为赔偿基数的12倍，四级伤残的为赔偿基数的10倍，五级伤残的为赔偿基数的8倍，六级伤残的为赔偿基数的6倍，七级伤残的为赔偿基数的4倍，八级伤残的为赔偿基数的3倍，九级伤残的为赔偿基数的2倍，十级伤残的为赔偿基数的1倍。”

第六条规定：“受到事故伤害或患职业病造成死亡的，按赔偿基数的10倍支付一次性赔偿金。”

工伤认定的申请

工伤认定的申请时限

根据条例规定，工伤的认定申请时限为两类：

对用人单位而言，申请时限为自事故发生之日起或者由省级人民政府卫生行政部门指定的职业病诊断机构确诊为职业病之日起30日内，特殊情况的，经劳动保障行政部门批准，可以适当延长。

对个人而言，工伤认定的申请时限为事故伤害发生之日起或者被确诊为职业病之日起一年之内。

工伤认定的申请材料

工伤认定主要是书面审查。因此，无论是所在单位还是职工个人申请工伤认定，都需要提供全面、真实的材料，以便于劳动保障行政部门准确、及时地作出工伤认定。

工伤认定申请表：申请表大多数申请都需要的基本材料。通过申请表，要使认定机构能够对所地单位、职工本人、工伤事故或者职业病的现状、原因等基本事项有一个简明、清楚的了解。

大体而言，工伤认定申请表应当包含以下项目：

单位名称、法定代表人、单位性质、单位的地址、职工姓名、性别、年龄、出生年月、身份证号码、联系方式、家庭住址、工种、事故时间、事故类别、伤害部位、诊断时间、接触有毒有害物质的时间、职业病名称、伤害程度、伤害简要经过、事故单位意见、工伤职工或者其家属的意见、主管部门的意见、工伤认定机构的意见等。

与用人单位存在劳动关系（包括事实劳动关系）的证明材料

劳动合同是证明用人单位与职工之间存在劳动关系的有力证明。目前，在各类企业中已普遍实行劳动合同制度，但在部分私营企业、个体工商户中，还比较多地存在不签订劳动合同的现象。在此各情形下，一律要求提供劳动合同不太现实，有关单位或者个人只需提供能够证明事实劳动关系的材料，这些材料可以是工资报酬的领取证明、工友同事的书面证明即可以。

医疗诊断证明或职业病诊断证明

在进行工伤认定时，有关单位或者个人必须提供医疗机构的医疗诊断证明或者职业病诊断机构出具的职业病诊断证明即可。

临时工的工伤申请

根据国务院2003年颁布的《工伤保险条例》（2003年4月27日国务院令第375号）以及劳动和社会保障部发布的《工伤认定办法》（2003年9月23日劳动和社会保障部令第17号）的规定，工伤认定的对象一般包括具备下列条件的职工：一是存在受到伤害或者患职业病的事实；二是与用人单位存在劳动关系，包括事实劳动关系；三是要有相关的医疗诊断证明或职业病诊断证明。《工伤保险条例》附则补充说明了“职工”的含义，即“是指与用人单位存在劳动关系（包括事实劳动关系）的各种用工形式、各种用工期限的劳动者”。其中用工形式除了合同制外，还有靠口头协议形成的事实劳动关系，也有以完成一定工作任务为期限的灵活的劳动关系。因此条例规定的职工是广义上的职工，即与企业存在劳动关系，包括农民工、临时工、外来工等的劳动者。

完全丧失劳动能力人员的退休

因病或非因工致残需具备以下条件可以办理提前退休（职）：（1）经市劳动保障部门鉴定为完全丧失劳动能力（2）缴费年限（含视同缴费年限）满15年，且在职期间按规定足额缴纳养老保险费（3）男年满50周岁，女年满45周岁可办理退休；男未满50周岁、女未满45周岁，经本人申请可办理退职。其退休（职）金按其距法定退休年龄（男年满60周岁，女工人年满50周岁，女干部年满55周岁）每提前一年扣减2%，提前时间不满一年的不扣减。病退人员达到正常退休年龄后，基本养老金不再重新计算。

申请劳动仲裁和投诉

根据《劳动保障监察条例》规定："对应当通过劳动争议处理程序解决的事项或者已经按照劳动争议处理程序申请调解、仲裁或者已经提起诉讼的事项，劳动保障行政部门应当告知投诉人依照劳动争议处理或者诉讼的程序办理。"

下班途中交通事故的工伤认定

根据《工伤保险条例》第十四条第（六）项的规定，职工在上下班途中，受到机动车事故伤害的，应当认定为工伤。而上下班途中包括职工正常工作时间上下班的途中，以及职工加班加点后上下班的途中。

可以通过以下途径来解决问题：

（1）至当地劳动保障部门进行工伤认定；

（2）至当地劳动能力鉴定委员会进行劳动能力鉴定；

（3）工伤赔偿劳动仲裁程序最终认定为工伤，如果单位不主动支付工伤保险待遇，那么职工必须在收到工伤认定或者劳动能力鉴定结论后60日内申请劳动仲裁，要求单位依法承担工伤保险待遇。

15 年临时工的辞退维权

《劳动合同法》的第四十二条："在本单位连续工作满十五年，且距法定退休年龄不足五年的，用人单位不得依照本法第四十条、第四十一条的规定解除劳动合同。"

第八十七条规定："用人单位违反本法规定解除或者终止劳动合同的，应当依照本法第四十七条规定的经济补偿标准的二倍向劳动者支付赔偿金。"

第四十七条规定："经济补偿按劳动者在本单位工作的年限，每满一年支付一个月工资的标准向劳动者支付。六个月以上不满一年的，按一年计算；不满六个月的，向劳动者支付半个月工资的经济补偿。"

女同志的产假和哺乳期

根据《劳动法》《女职工劳动保护规定》等法律、法规的规定，女职工生育享受不少于 90 天的产假；难产的，增加产假 15 天；多胞胎生育的，每多生育一个婴儿，增加 15 天产假。哺乳期是女职工哺育未满 1 周岁婴儿的时间。哺乳期间，女职工所在单位应当在每班劳动时间内给予其两次哺乳时间，每次 30 分钟。多胞胎生育的，每多哺乳一个婴儿，每次哺乳时间增加 30 分钟。

什么是"五险一金"

根据《中华人民共和国劳动法》第九章第七十三条规定"劳动者在下列情形下，依法享受社会保险待遇：（1）退休；（2）患病、负伤；（3）因工伤残或者患职业病；（4）失业；（5）生育"。因此"五险"包括养老保险、医疗保险、工伤保险、失业保险和生育保险，其中养老保险、医疗保险和失业保险，这三种险是由用人单位和个人共同缴纳保费，工伤保险和生育保险完全是由用人单位承担的，个人不需要缴纳。"一金"指住房公积金。

《国务院关于修改〈住房公积金管理条例〉的决定》第一条中将住房公积金定义为“国家机关，国有企业，城镇集体企业，外商投资企业，城镇私营企业及其他城镇企业，事业单位，民办非企业单位，社会团体及其在职职工缴存的长期住房储金”，住房公积金由用人单位和个人共同缴纳。

工作时间和休息、休假

根据《劳动法》及《国务院关于职工工作时间的规定》《全国年节及纪念日放假办法》等法律、法规的规定，国家实行劳动者每日工作时间不超过8小时、平均每周工作时间不超过40小时的工时制度；用人单位应当保证劳动者每周至少休息一日，并且在元旦、春节、国际劳动节、国庆节和法律、法规规定的其他休假节日，依法安排劳动者休假。用人单位由于生产经营需要，经与工会和劳动者协商后可以延长工作时间，一般每日不得超过1小时；因特殊原因需要延长工作时间的，在保障劳动者身体健康的条件下延长工作时间每日不得超过3小时，但是每月不得超过36小时。

农民工工伤待遇

根据国务院1991年第87号令《全民所有制企业招用农民合同制工人的规定》，农民工因工负伤，由企业给予免费医疗。医疗期间，农民工原标准工资照发。医疗终结经医院证明，并经劳动鉴定委员会确认不能从事原工作的，送回农村妥善安置，由企业按下列办法发给因工致残抚恤费：（1）完全丧失劳动能力的，按照城镇合同制工人的抚恤费标准，按月发给，直至死亡；（2）大部分丧失劳动能力的，按照农民工原标准工资的70%，按月发给，直至死亡；（3）部分丧失劳动能力的，根据其伤残程度一次性发给。具体标准由省、自治区、直辖市人民政府规定。农民工患职业病的，其医疗和生活待遇，与城镇合同制工人相同。

职工事假、探亲假、婚丧假期间的工资待遇

职工请事假（含病假）期间的工资待遇，国家机关和事业单位实行照发工资的制度。企业根据职工的不同性质而实行不同的制度，企业中的工人由于享受加班加点工资待遇，所以一般在事假期间不发工资；企业中的行政人员和工程技术人员不享受加班加点工资待遇，请事假每个季度在两个工作日以内的，照发工资，超过两个工作日以上的，其超过天数不发工资。

职工休探亲假期间的工资待遇，在规定的探亲假期间和路程期间内，照发本人的标准工资。

职工本人结婚或职工的直系亲属（父母、配偶、子女）死亡时，经过单位领导批准，给予一至三天的婚丧期。职工结婚时双方不在一地工作的，职工在外地的直系亲属死亡时需要职工本人前去料理丧事的，可以根据路程远近，给予路程假。在批准的婚丧假和路程假期间，工资照发。

职工可以享受本单位的带薪年休假。年休假一般为 7 至 14 天。

社会保险

社会保险是指国家通过立法，多渠道筹集资金，对劳动者在因年老、失业、患病、工伤、生育而减少劳动收入时给予经济补偿，使他们能够享有基本生活保障的一项社会保障制度。

社会保障具有强制性、共济性和普遍性等特征，主要包括养老保险、失业保险、医疗保险、工伤保险和生育保险等项目。

《劳动法》第七十二条、第一〇〇条规定，用人单位和劳动者必须依法参加社会保险，缴纳社会保险费。用人单位无故不缴纳社会保险费的，由劳动行政部门责令其限期缴纳；逾期不缴的，可以加收滞纳金。

用人单位不为职工缴纳或少缴纳社会保险费，职工可以向劳动保障监察或社会保险监督机构举报。

境外就业

有出国意向的群众需要到正规合法的境外就业中介机构去申请，根据中介机构的境外就业项目选择出境国家及职业。经中介机构面试、培训及体检合格后，在中介机构的组织下，办理出国护照、签证等手续，在规定时间内出境。

（1）具备一定的适合涉外工作的专业技术和技能；

（2）要有良好的道德修养，遵守前往国的法律和劳动纪律；

（3）要有健康的身体，能够适应前往国的气候条件和劳动环境；

（4）要有必要的语言能力，尤其是直接和外方打交道的外语水平。

境外就业有哪些特别注意事项：

（1）国外并不是到处是黄金，注意不要上当受骗。有的地方工作十分艰苦，存在一定风险。

（2）遇到问题，不要采取过激行为，更不能有违法举动。

（3）在国外工作期间，您必须严格按照合同规定履行义务，不允许参加任何当地政治组织和邪教组织。

（4）如果您需要将工资存入银行或汇回国内，一定要通过正规银行。

（5）您是中华人民共和国公民，在出国就业期间，国家会保护您的合法权益；但是如果您通过不正规途径出国就业，或者在国外违法犯罪，您的权益就难以得到保护。

（6）您的护照、工作准证等重要证件，您可以委托派您出国的中介机构的现场代表或雇主统一管理，也可以自己保管。如由您自己负责，一定要妥善保管。

境外就业怎样保护自己合法权益：

要记住你的雇主的名字、地址和电话号码；要阅读政府部门印制的出行参考和手册；要学会输入国的基本词汇和行为习惯；在签署你的合同和其他文件，要仔细核查，确保真正理解文件内容。如果不清楚，可以要求相关机构解释。不要签署你不理解的任何文件；签署工作合同是每一位雇员和工人的重要权利；雇主保留工人的护照和钱财是违法的，但是可以保留相关证件和文件的复印件。

裁　员

裁员是用人单位一次性辞退部分劳动者以此作为改善生产经营状况的一种手段。用人单位为了保护自己在市场经济中的竞争和生存能力，渡过暂时的难关，可以进行经济性裁员。由于经济性裁员涉及劳动者切身利益，对社会的稳定也有一定的影响，所以，法律对此作了严格的限制。用人单位裁减人员，必须符合以下条件：

（1）用人单位濒临破产进行法定整顿期间

在破产程序中，用人单位由于出现破产原因或破产危险，经申请和人民法院准许开始整顿后，对剩余劳动力进行裁减是预防破产的一种必要措施。用人单位可以按照法律规定的程序，解除与部分劳动者的劳动合同。

（2）用人单位的生产经营状况发生严重困难

用人单位生产经营状况恶化，发生严重困难，如严重亏损、产品严重积压并达到当地政府规定的严重困难标准，需要通过裁员来克服困难的，可以裁员。

用人单位经济性裁员只限于以上两种情形，并且必须经过法定程序：

（1）决定裁员时，应当提前30日向工会或全体职工说明情况，听取工会或职工的意见。

（2）决定裁员时，必须向劳动部门进行报告，并在劳动部门接到报告后，用人单位才可以裁员。劳动部门如果发现用人单位不符合裁减人员的条件，或者用人单位事先未通知工会或职工的，可以责令用人单位停止实施裁减行为或对其进行处罚。

用人单位经济性裁员的，要与被裁减人员解除劳动合同。根据《劳动法》规定，劳动者有下列情形之一的，用人单位不得以裁减人员的方式，与劳动者解除劳动合同。

（1）患职业病或者因工负伤并被确认丧失或者部分丧失劳动能力的；

（2）患病或者负伤，在规定的医疗期内的；

（3）女职工在孕期、产期、哺乳期内的；

（4）法律、行政法规规定的其他情形。

加班加点工资的计算

《劳动法》第四十四条规定，在下列三种情况下，用人单位应当按照下列标准支付高于劳动者正常工作时间工资的工资报酬：

（1）安排劳动者延长工作时间的，支付不低于工资的150%的工资报酬；

（2）休息日安排劳动者工作又不能安排补休的，支付不低于工资的200%的工资报酬；

（3）法定休假日安排劳动者工作的，支付不低于工资的300%的工资报酬。

加班加点工资的计算公式为：

日加班加点工资报酬＝小时工资×标准加点小时数×加班天数×150%

休息日加班加点工资报酬＝小时工资×标准加点小时数×加班天数×200%

法定休假日加班加点工资报酬＝小时工资×标准加点小时数×加班天数×300%

《劳动法》一方面规定，在一般情况下，用人单位不应延长劳动者的工作时间，另一方面又规定，用人单位确需延长劳动者工作时间时，必须经过法定程序，并支付法律规定的加班加点工资。

实行计件工资的劳动者的工作时间，一般以实际工作时间计算，不得依据定额工时进行换算。职工在法定的日制度工时以外，由企业安排延长劳动工时的，可根据有关规定，获得延长工作时间的劳动报酬。劳动部颁发的《工资支付暂行规定》第十三条规定，实行计件工资的劳动者，在完成计件定额任务后，由用人单位安排延长工作时间的，应根据劳动者在法定时间以外延长工作时间支付工资报酬的原则支付工资，即分别按照不低于其本人法定工作时间计件单价的150%、200%、300%支付工资。具体公式为：

延长工作时间的工资报 = 延长工作时间内完成的产品件数（或定额工时数）×原计件单价×150%

休息日工作的工资报酬（无法安排补休的）= 休息日完成的产品件数（或定额工时数）×原计件单价×200%

法定节假日工作的工资报酬 = 法定节假日完成的产品件数（或定额工时数）×原计件单价×300%

无效劳动合同

劳动合同是劳动者和用人单位之间明确权利义务关系的协议。劳动合同依法订立，对双方当事人都有法律效力。如果劳动合同不符合法定有效要件，那么该合同就属于无效合同。无效劳动合同从订立的时候起，就没有法律约束力。用人单位在由于自己的原因而订立了无效劳动合同时用人单位就应当承担相应的法律责任。

《劳动法》第九十七条规定，由于用人单位的原因订立的无效合同，对劳动者造成损害的，应当承担赔偿责任。根据这一规定，用人单位如果对无效合同的订立有过错，就应当赔偿由此给劳动者造成的损害，双方当事人对无效劳动合同有混合过错的，用人单位应当承担与其过错相适应的赔偿责任。

根据《违反（劳动法）有关劳动合同规定的赔偿办法》的规定，用人单位订立无效劳动合同的赔偿标准为：

（1）造成劳动者工资收入损失的，除支付本人应得工资收入外，还应加付本人应得工资收入的25%的赔偿费用。

（2）造成劳动者劳动保护待遇损失的，应按国家规定补足劳动保护津贴和用品。

（3）造成劳动者工伤、医疗待遇损失的，除按国家规定提供工伤、医疗待遇外，还应支付相当于医疗费用25%的赔偿费用。

在市场经济条件下，劳动关系通常都是通过劳动者与用人单位之间互相选择并以劳动合同方式形成的。通过劳动合同这种法律形式，有利于劳动关系的调整。所以，法律明确规定建立劳动关系应当订立劳动合同。但实践中经常出现用人单位在与劳动者确立劳动关系后，不订立劳动合同，或者用人单位事先与劳动者就劳动关系达成口头协议，在实际使用劳动者后，故意不及时与劳动者签订书面劳动合同，或者劳动合同期满后继续使用劳动者，但故意不及时与符合条件的劳动者续签劳动合同等。这些行为都严重地侵犯了劳动者的合法权益。用人单位使用劳动力后，以种种理由借故不与劳动者订立劳动合同，这种行为是违反劳动法的，不利于劳动者稳定和法律调整。对此，《劳动法》第九十八条规定，用人单位违反本法规定的条件解除劳动合同或者故意拖延不订立劳动合同的，由劳动行政部门责令改正，对劳动者造成损害的，应当承担赔偿责任。

根据《劳动法》和其他有关法律的规定，用人单位故意拖延订立劳动合同的，应具体承担以下法律责任：

（1）如果劳动者符合法定的职工录用条件或者愿意继续延续劳动关系的，用人单位应当与劳动者补签劳动合同。

（2）用人单位逾期不按劳动行政部门的责令补签劳动合同的，应当给予通报批评。

（3）造成劳动者工资收入损失的，用人单位除支付劳动者本人应得工资收入外，还应加付劳动者应得工资收入25%的赔偿费用。

（4）造成劳动者劳动保护待遇损失的，用人单位应按国家规定补足劳动保护津贴和用品。

（5）造成劳动者工伤、医疗待遇损失的，用人单位除按国家规定提供工伤、医疗待遇外，还应支付相当于医疗费用25%的赔偿费用。

侵害劳动者合法权益的法律责任

《劳动法》规定，用人单位没有按法律规定支付工资报酬或经济补偿的，由劳动行政部门责令支付劳动者的工资报酬、经济补偿金，并可以责令支付赔偿金。根据《违反（劳动法）有关劳动合同规定的赔偿办法》的规定，用人单位应当按照劳动者要求或者劳动行政部门责令，全额支付劳动者的工资报酬或最低工资，并按违法未付工资报酬额或最低工资额的25%支付经济补偿金，并可以由劳动行政部门责令支付相当于劳动者工资报酬额或最低工资额的1倍—5倍的赔偿金。

用人单位解除劳动合同后，未依照法律、法规规定给予劳动者经济补偿的，应当按照劳动者要求或者劳动行政部门责令，全额发给劳动者经济补偿金，并按未付经济补偿金的50%支付额外经济补偿金，并可以由劳动行政部门责令支付相当于违法未付经济补偿金额的1倍—5倍的赔偿金。

强令劳动者冒险作业的法律责任：

根据《劳动法》第五十六条规定，劳动者在劳动过程中必须严格遵守安全操作规程。劳动者对用人单位管理人员违章指挥、强令冒险作业，有权拒绝执行，对危害生命安全和健康的行为，有权提出批评、检举和控告。同时，《劳动法》第93条还规定，用人单位强令劳动者违章冒险作业，发生重大伤亡事故，造成严重后果的，对责任人员依法追究刑事责任。

这里所说的重大伤亡是指致人死亡1人以上或者致人重伤3人以上的。严重后果，是指除了重大伤亡之外，造成直接经济损失5万元以上，或者经济损失不足5万元，但情节严重，使生产、工作受到重大损害的。

招用未成年工的法律责任：

《劳动法》规定，禁止用人单位招用未满16周岁的未成年人从事劳动。特种行业招用未满16周岁的未成年人，必须依照国家有关规定，履行审批手续，并保障其接受义务教育的权利。

《劳动法》和国务院发布的《禁止使用童工规定》中，对非法使用童工的用人单位和个人应当承担的法律责任作了明确规定，具体为：

（1）民事法律责任

用人单位或个人违反劳动法律、法规非法使用童工应承担的民事法律责任主要有：

①由劳动行政部门责令其立即将童工送回原居住地，由此而产生的费用，全部由使用童工的单位或个人负担。②非法使用童工的单位或个人，对被送回原居住地之前患病的童工应当负责治疗，并承担治疗期间的全部医疗和生活费用。③非法使用童工的单位或个人，对被送回原居住地之前伤残的童工应当负责治疗，医疗终结后，由县级劳动鉴定委员会确定其伤残程度，由非

法使用童工的单位或个人根据其伤残程度，发给童工本人致残抚恤费。④童工死亡的，非法使用童工的单位或个人应当发给童工的父母或者其他监护人丧葬补助费，并给予经济补偿。

各项费用的具体标准和给付办法，由各省、自治区、直辖市人民政府确定。

（2）行政法律责任

①对使用童工单位的法定代表人或主要负责人和直接责任者，为未满16周岁的少年、儿童核发个体营业执照的工商行政管理部门的行政负责人和直接责任者，为未满16周岁的少年、儿童介绍职业的职业介绍机构以及有关单位的行政负责人和直接责任者，为未满16周岁的少年、儿童做童工出具证明的有关单位的直接责任者，由县级以上劳动行政部门提请有关主管部门给予行政处分。②对单位或个人使用童工的，父母或其他监护人允许未满16周岁的少年、儿童做童工，经教育批评不改正的，职业介绍机构以及其他单位或个人为未满16周岁的少年、儿童介绍职业的，单位或个人为未满16周岁的少年、儿童做童工出假证明的，由县级以上劳动行政部门处以罚款，对使用童工的单位要从重处罚。对单位的具体罚款标准，由各省、自治区、直辖市人民政府规定，其余各项的罚款标准，由国务院劳动行政部门规定。罚款一律上缴国库。③企业和从事经营活动的事业单位以及个体工商户使用童工屡教不改、情节严重的，以及未满16周岁的少年、儿童领取营业执照的，由县级以上人民政府劳动行政部门提请工商行政管理部门吊销其营业执照。

（3）刑事法律责任

拐骗童工、虐待童工、强令童工冒险作业造成伤亡事故，非法使用童工、对童工死亡负有责任的单位和个人，除由有关机关给予治安处罚和行政处罚外，构成犯罪的，由司法机关依法追究刑事责任。

此外，用人单位违反《劳动法》对未成年工保护规定，侵害未成年工合法权益的，也要承担相应的法律责任。主要包括：用人单位或个人安排未成年工从事井下、有毒有害、国家规定的第四级体力劳动强度的劳动和其他禁忌从事的劳动，违反对未成年工的劳动时间保护规定，安排其从事夜班工作或加班加点，未按规定对未成年工定期进行健康检查等侵犯童工合法权益的，由劳动行政部门责令改正，逾期不改的，按每侵害 1 名未成年工罚款 3000 元以下的标准处罚。造成未成年工身体损害的，除按国家规定提供治疗期间的医疗待遇外，还应支付相当于其医疗费用 25% 的赔偿费用。

侵害女职工合法权益的法律责任：

为加强对女职工的特殊劳动保护，保护女职工的合法权益，《劳动法》规定，用人单位违反劳动法对女职工的保护规定，侵害其合法权益的，由劳动行政部门责令改正，处以罚款，对女职工造成损害的应当承担赔偿责任。《违反（劳动法）行政处罚办法》《女职工劳动保护规定》等法规也对此作了具体规定。

主要有：①安排女职工从事矿山井下、国家规定的第四级体力劳动强度的劳动和其他禁忌从事的劳动；②安排女职工在经期从事高处、低温、冷水作业和国家规定的第三级以上体力劳动强度的劳动；③安排女职工在怀孕期间从事国家规定的第三级体力劳动强度的劳动和孕期禁忌从事的劳动；④安排怀孕 7 个月以上的女职工延长工作时间和夜班劳动；⑤安排女职工在哺乳未满 1 周岁的婴儿期间，从事国家规定的第三级体力劳动强度的劳动和哺乳期禁忌从事的其他劳动，或安排其延长工作时间和夜班劳动；⑥安排女职工的产假低于 90 天；等等。

用人单位实施违反女职工的特殊劳动保护的违法行为应承担的法律责任有：

（1）由劳动行政部门责令用人单位改正。

（2）对经责令限期改正而逾期不改的用人单位，由劳动行政部门按每侵害 1 名女职工权益罚款 3000 元以下的标准处罚。

（3）造成女职工身体损害的，用人单位除按国家规定提供治疗期间的医疗待遇外，还应支付相当于其医疗费用 25% 的赔偿费用。

（4）对违法侵害女职工合法权益的用人单位的负责人和直接责任人员，应根据情节轻重给予行政处分，构成犯罪的，依法追究刑事责任。

侵犯劳动者人身自由的法律责任：

我国法律保护公民的人身权利不受侵犯，禁止一切非法剥夺和限制公民人身自由的行为。公民的人身自由受法律保护，凡是非法侵犯公民人身权利的，都要承担相应的法律责任。

用人单位非法侵犯劳动者人身自由的行为主要表现为，以暴力、威胁或者非法限制人身自由的手段强迫劳动者进行劳动，或者侮辱、体罚、殴打、非法搜查和拘禁劳动者等。这些行为不仅侵犯劳动者的人身权利，给劳动者带来直接的危害，也扰乱了社会秩序和国家治安管理秩序。因此，《劳动法》及相关的法律对用人单位侵犯劳动者人身自由的法律责任作了明确规定。具体为：对责任人员应由公安机关根据治安管理处罚条例的规定，处以15日的拘留、罚款或警告，构成犯罪的，依照《刑法》的有关规定，追究责任人员的刑事责任。

失业保险

失业保险，又称待业保险，是指劳动者在失业期间，由国家和社会给予一定的物资帮助，以保障其基本生活并促进其再就业的一种社会保险制度。

享受失业保险待遇，必须符合以下条件：

（1）失业者原是国有企业职工。《国有企业职工待业保险规定》指出。享受失业保险待遇者只能是失业职工。个别地方法规还规定。失业前在单位连续工作未满一定时间，不享受失业保险待遇。

（2）失业者须是非自愿失业，即是由于本人自愿以外的原因而失去已有就业岗位或就业机会的。《国有企业职工待业保险规定》中列举为：依法宣告破产企业的职工，依法停产整顿企业的职工，终止或解除劳动合同的职工，企业辞退、除名或开除的职工等。

（3）失业者领取失业救济金期限尚未届满。

（4）失业者仍具有被介绍就业条件。如失业者参军或出国定居的，被劳动教养或被判刑的，停发失业救济金和其他费用，失业者具备离休、退休条件的，应按离休、退休办理，不再领取失业救济金。

（5）失业者必须履行法定程序。失业职工到原工作单位所在地失业保险机关办理失业登记后，方可领取失业救济金。

失业保险待遇由以下内容组成：行业救济金，待业期间医疗费，丧葬补助费，其供养直系亲属的抚恤费、救济费，转业训练费，生产自救费，待业保险管理费等。职工领取待业救济金的期限，按其失业前在企业连续工作年限确定。连续工作1年以上不足5年的，最长可领取12个月的待业救济金，连续工作5年以上的，最长可领取24个月的待业救济金。具体标准为相当于当地民政部门规定的社会救济金额的120%到150%。

失业保险资金的来源具体为：

（1）由企业按全部职工工资总额的0.6%缴纳；

（2）行业保险基金存入银行后，按照城乡居民储蓄存款利率计息所支付的利息；

（3）上述两项费用不足使用时，由财政补贴。可见，职工个人不承担保险资金来源的责任。

失业保险待遇的给付有货币给付和非货币给付两种。货币给付是由事业保险经办机关，从失业保险基金中，直接给付失业者作为失业保险待遇的一定数额的货币。非货币给付是由某种就业服务机构或职业培训机构，向失业者提供特定的非货币的失业保险待遇，如培训、组织生产自救等，其费用则由失业保险经办机构从失业保险基金中开支。

患病医疗期内工资

从单位方面讲，职工患病应给予医疗期，并让职工享受病假工资或疾病救济费待遇。根据原劳动部《企业职工患病或非因工负伤医疗期规定》，医疗期是指企业职工因患病或非因工负伤停止工作治病休息不得解除劳动合同的时限。企业职工因患病或非因工负伤，需要停止工作医疗时，根据本人实际参加工作年限和在本单位工作年限，给予3个月到24个月的医疗期。企业职工患病或非因工负伤，在医疗期内，停工医疗累计不超过180天的，由企业发给本人工资70%的病假工资，累计超过180天的，发给本人工资60%的疾病救济费。

按规定，病假工资或疾病救济费可以低于最低工资标准的。根据《最低工资规定》，最低工资标准是指劳动者在法定工作时间或依法签订的劳动合同约定的工作时间内提供了正常劳动的前提下，用人单位依法应支付的最低劳动报酬。由此可见，劳动者获得最低工资的条件有两个：一是在法定工作时间内或依法签订的劳动合同约定的工作时间内；二是提供了正常劳动，履行了劳动义务。患病住院，是在法定工作内或依法签订的劳动合同约定的工作内未提供正常劳动。因此，单位可以不按最低工资标准的规定支付病假工资或疾病救济费。病假工资或疾病救济费应不低于最低工资标准的80%。病假工资或疾病救济费可以不受最低工资标准的保护，但应以最低工资标准为依据发放。原劳动部《关于执行〈中华人民共和国劳动法〉若干问题的意见》第五十九条规定："职工患病或非因工负伤医疗期间，在规定的医疗期间内由企业按有关规定支付其病假工资或疾病救济费，病假工资或疾病救济费可以低于当地最低工资标准支付，但不能低于最低工资标准的80%。"

哪些情况属于工伤

根据自2004年1月1日起施行的《工伤保险条例》的规定，下列情形属于工伤：

（1）在工作时间和工作场所内，因工作原因受到事故伤害的；

（2）工作时间前后在工作场所内，从事与工作有关的预备性或者收尾性工作受到事故伤害的；

（3）在工作时间和工作场所内，因履行工作职责受到暴力等意外伤害的；

（4）患职业病的；

（5）因工外出期间，由于工作原因受到伤害或者发生事故下落不明的；

（6）在上下班途中，受到机动车事故伤害的；

（7）法律、行政法规规定应当认定为工伤的其他情形。

下列情形，可以视同工伤：

（1）在工作时间和工作岗位，突发疾病死亡或者在48小时之内经抢救无效死亡的；

（2）在抢险救灾等维护国家利益、公共利益活动中受到伤害的；

（3）职工原在军队服役，因战、因公负伤致残，已取得革命伤残军人证，到用人单位后旧伤复发的。

申请工伤认定的程序

第一，提出工伤认定申请应当提交下列材料：

（1）工伤认定申请表；

（2）与用人单位存在劳动关系（包括事实劳动关系）的证明材料；

（3）医疗诊断证明或者职业病诊断证明书（或者职业病诊断鉴定书）。

工伤认定申请表应当包括事故发生的时间、地点、原因以及职工伤害程度等基本情况。工伤认定申请人提供材料不完整的，劳动保障行政部门应当一次性书面告知工伤认定申请人需要补正的全部材料。申请人按照书面告知要求补正材料后，劳动保障行政部门应当受理。

第二，劳动保障行政部门受理工伤认定申请后，根据审核需要可以对事故伤害进行调查核实，用人单位、职工、工会组织、医疗机构以及有关部门应当予以协助。职业病诊断和诊断争议的鉴定，依照《职业病防治法》的有关规定执行。对依法取得职业病诊断证明书或者职业病诊断鉴定书的，劳动保障行政部门不再进行调查核实。

第三，劳动保障行政部门应当自受理工伤认定申请之日起60日内作出工伤认定的决定，并书面通知申请工伤认定的职工或者其直系亲属和该职工所在单位。

工伤期间享受的保险待遇

（1）伙食补助、交通、食宿费用。职工住院治疗工伤的，由所在单位按照本单位因公出差伙食补助标准的70%发给住院伙食补助费；经医疗机构出具证明，报经办机构同意，工伤职工到统筹地区以外就医的，所需交通、食宿费用由所在单位按照本单位职工因公出差标准报销。

（2）辅助器具。工伤职工因日常生活或者就业需要，经劳动能力鉴定委员会确认，可以安装假肢、矫形器、假眼、假牙和配置轮椅等辅助器具，所需费用按照国家规定的标准从工伤保险基金支付。

（3）停工留薪期的待遇。职工因工作遭受事故伤害或者患职业病需要暂停工作接受工伤医疗的，在停工留薪期内，原工资福利待遇不变，由所在单位按月支付。停工留薪期一般不超过12个月。伤情严重或者情况特殊，经设区的市级劳动能力鉴定委员会确认，可以适当延长，但延长不得超过12个月。工伤职工评定伤残等级后，停发原待遇，按照本章的有关规定享受伤残待遇。工伤职工在停工留薪期满后仍需治疗的，继续享受工伤医疗待遇。

公司拖欠工资应对

近两年政府相关部门对此问题颇为重视，但是总有一些企业由于种种原因不按照规定来正常发放员工工资，实在令人遗憾。

企业如果拖欠工资，劳动者该怎么办呢？

首先，劳动者不应该直接就认为企业是不对的，是错误的，而是应该按具体情况具体分析，这是因为我国法律将拖欠工资分成了“无故”和“有正当理由的”两类以区别对待。如果不分青红皂白胡乱处理，可能给自己带来不必要的麻烦。

《劳动法》第五十条规定：“工资应当以货币形式按月支付给劳动者本人。不得克扣或者无故拖欠劳动者的工资。”根据《劳动部关于（中华人民共和国劳动法）若干条文的说明》，所谓“按月支付”应理解为每月至少发放一次工资，实行月薪制的单位，工资必须每月发放，超过企业与职工约定或劳动合同规定的每月支付工资的时间发放工资即为不按月支付。实行小时工资制、日工资制、周工资制的单位工资也可以按日或按周发放，并且要足额发放。所以员工在认定拖欠工资上应该严格按照法条来理解。

《劳动法》第五十条中的“无故拖欠”应理解为，用人单位无正当理由在规定时间内故意不支付劳动者工资。那什么是“无正当理由”呢？哪些情况是有正当理由呢？劳动部《对（工资支付暂行规定）有关问题的补充规定》中对于“无故”作了排除性规定：“‘无故拖欠’劳动者工资不包括：①用人单位遇到非人力所能抗拒的自然灾害、战争等原因，无法按时支付工资；②用人单位确因生产经营困难、资金周转受到影响，在征得本单位工会同意后，可暂时过期支付劳动者工资，延期时间的最长限制可由各省、自治区、直辖市劳动保障行政部门根据各地情况确定。其他情况下拖欠工资均为无故拖欠。”所以有些时候用人单位通过正常途径暂时延后发放工资，特别是经营状况不好时，劳动者应该予以谅解。

当企业真正无故拖欠员工工资的话，作为劳动者一方首先应当与单位充分协商。有很多时候坐下来沟通是一件解决纠纷的最好途径，双方将自己的理由和困难如实说出，也许可以获得对方的谅解，也赢得对方的尊重。在解决此类争议时最忌讳的就是不顾一切地大吵大闹，不但于事无补，还有可能惹恼对方，反而不利于解决问题。

如果经协商仍无法解决的，劳动者可以选择去当地的劳动监察部门举报单位无故拖欠工资的做法，也可以选择去当地劳动争议仲裁委员会申请劳动仲裁。

《劳动法》第九十一条明确规定，克扣或者无故拖欠劳动者工资的，由劳动行政部门责令用人单位支付劳动者的工资报酬、经济补偿，并可以责令支付赔偿金。《违反和解除劳动合同的经济补偿办法》第三条对此作了详细规定：用人单位克扣或者无故拖欠劳动者工资的，以及拒不支付劳动者延长工作时间工资报酬的，除在规定的时间内全额支付劳动者工资报酬外，还需加发相当于工资报酬25%的经济补偿金。

公司克扣工资应对

某公司员工，公司因其加工的一批出口产品出现了多件的不合格而影响了生产，为了赶时间完成加工订单，公司要求所有员工连日加班，每天加班3小时以上，并拒绝支付加班费。员工都有点不满意，并由工会派出代表同公司领导交涉，要求公司停止加班、支付职工加班工资。但公司认为，这批订单按正常的工作进度应该按时完成，是由于员工生产过程中的不负责任，造成生产出了大量的不合格产品而耽误了完成订单的时间，并造成了经济损失，所以员工应该加班，且加班费是不应支付的。公司的解释让员工很不满意，问：这些损失应当由所有的员工承担吗？

首先应该肯定，员工的做法很实际。首先他们没有忍气吞声，也没有直接采取激烈的行为或诉讼加重双方的矛盾。他们选择了由工会派出代表同公司领导交涉的做法，发挥了工会的作用，这是目前许多员工没有做到的。没有沟通成功，建议分析具体的原因。此类劳动争议没有协商解决的原因可能有很多，就向当事人咨询的那样，员工对法律的不了解，也是交涉没有力度的一个原因。因此，应在掌握法律的基础上，进一步与公司沟通，如沟通不了再通过其他途径解决。

关于是否由员工承担损失，回答是不应当。公司认为，由于员工的工作失误导致公司订单无法按期完成，并造成了经济损失，应由员工对此负责，因此员工应该加班，且公司有权不支付加班费，公司的这种认识没有法律根据。

按照我国现行《劳动法》的规定，用人单位一般应实行每日工作 8 小时、每周工作 44 小时的标准工时制度。因工作性质或者生产特点的限制，不能实行以上工时制度的，按照国家有关规定，可以实行其他工作和休息办法。应注意的是，其他工时制必须得到劳动行政部门的审核同意后才能实行。同时，用人单位由于生产经营需要，可以延长工作时间，但必须经与工会和劳动者协商，并且一般每日不得超过 1 小时，因特殊原因需要延长工作时间的，在保障劳动者身体健康的条件下延长工作时间每日不得超过 3 小时，同时每月不得超过 36 小时。

根据《劳动法》第四十四条的规定，安排劳动者延长工作时间的，支付不低于工资的 150% 的工资报酬；休息日安排劳动者工作又不能安排补休的，支付不低于工资的 200% 的工资报酬；法定休假日安排劳动者工作的，支付不低于工资的 300% 的工资报酬。公司加班时间工资报酬的支付也应执行上述规定。

用人单位安排劳动者加班时一定要严格执行劳动法关于加班程序的要求、工作时间标准及工资报酬支付的规定。若单位的损失确因少数员工的失误造成，也应根据公司的规章制度对员工进行处罚，而不能用加班和不付加班工资的方式来惩罚员工，更不能以加班费来弥补公司的经济损失。

企业减发工资应对

工资是劳动合同的主要部分。企业在下列情况下可以减发工资：

（1）国家的法律、法规中有明确规定的；

（2）依法签订的劳动合同中有明确规定的；

（3）用人单位依法制定并经职工代表大会批准的厂规、厂纪中有明确规定的；

（4）企业工资总额与经济效益相联系，经济效益下浮的（但支付给劳动者工资不得低于当地的最低工资标准）；

（5）因劳动者请事假等相应减发工资的。

但企业以效益不好为由减发部分职工的工资，不合适。

对企业这种不合适的做法，类似的情况，当事人可以首先向单位提出，要求企业更正，尽量通过协商解决。如果协商不成，可以向劳动仲裁部门申请仲裁。

职业病

职业病必须是列在《职业病目录》中，有明确的职业相关关系，按照职业病诊断标准，由法定职业病诊断机构明确诊断的疾病。因此，在工作中得的病不一定是职业病，得了《职业病目录》中的疾病也不一定是职业病。

劳动者如果怀疑所得的疾病为职业病，应当及时到当地卫生部门批准的职业病诊断机构进行职业病诊断。对诊断结论有异议的，可以在30日内到市级卫生行政部门申请职业病诊断鉴定，鉴定后仍有异议的，可以在15日内到省级卫生行政部门申请再鉴定。职业病诊断和鉴定按照《职业病诊断与鉴定管理办法》执行。诊断为职业病的，应到当地劳动保障部门申请伤残等级，并与所在单位联系，依法享有职业病治疗、康复以及赔偿等待遇。用人单位不履行赔偿义务的，劳动者可以到当地劳动保障部门投诉，也可以向人民法院起诉。

劳动争议解决途径

劳动争议解决办法

出现劳动争议以后，应积极地寻求解决途径。

劳动争议发生以后，当事人双方应当协商解决；不愿协商或者协商不成的，可以向本企业劳动争议调解委员会申请调解；调解不成的，或者不愿调解的，可以向劳动争议仲裁委员会申请仲裁。对仲裁裁决不服的，可以向人民法院起诉。

所以，解决劳动争议的办法有四种：

（1）与用人单位协商解决。这是最基本的做法，一般劳动争议如果能够协商解决最好，协商解决不成再想其他途径。就业者可以直接跟用人单位负责人说明情况，提出合理的解决要求。

（2）向劳动争议调解委员会申请调解。劳动争议调解委员会一般设在企业工会委员会。申请调解，应该从就业者知道或者应当知道自己的权益被侵害之日起 30 天内，以口头或书面形式提出申请，并填写《劳动争议调解申请书》。经调解后达成协议的，要制作调解协议书，要求争议双方自觉履行该协议。但是，调解协议书并不具有法律效力。

（3）向劳动争议仲裁委员会申请仲裁。仲裁委员会的办事机构一般设在县、市、区的劳动局。仲裁委员会对劳动争议先进行调解，调解达成协议的，制作调解书。调解书送到当事人手中之后，就开始具有法律效力。对裁决没有意见的，双方必须履行。

（4）向法院提起诉讼。这有两种情况，一是就业者如果对仲裁裁决不服，可以从收到仲裁裁决之日起 15 日内向法院提起诉讼。二是如果用人单位在收到仲裁裁决之日起 15 日内未向法院提起诉讼，并且逾期不履行仲裁裁决，劳动者可以向法院申请强制执行。

工会在劳动争议中的作用

工会在参与处理劳动争议，维护劳动者合法权益，协调劳动关系，促进企业发展发挥着重要作用。

工会可以参与处理下列劳动争议：

（1）因用人单位开除、除名、辞退职工和职工辞职、自动离职发生的争议；

（2）因履行、变更、解除劳动合同发生的争议；

（3）因签订或履行集体合同发生的争议；

（4）因执行国家有关工作时间和休息休假、工资、劳动安全卫生、女职工和未成年工特殊保护、职业培训、社会保险和福利的规定发生的争议。

工会参与处理劳动争议应当遵循下列原则：

（1）依据事实和法律，及时公正处理；

（2）当事人在适用法律上一律平等；

（3）预防为主、基层为主、调解为主；

（4）尊重当事人申请仲裁和诉讼的权利；

（5）坚持劳动争议处理的三方原则。

工会依法参加劳动争议协商、调解、仲裁工作。

劳动争议的处理

根据《劳动法》的规定，处理劳动争议，应当遵循下列原则：

（1）着重调解，及时处理；

（2）在查清事实的基础上，依法处理；

（3）当事人在适用法律上一律平等。

发生劳动争议的职工一方在三人以上，并有共同理由的，应当推举代表参加调解或者仲裁活动。

劳动争议发生后，当事人应当协商解决；不愿协商或者协商不成的，可以向本企业劳动争议调解委员会申请调解；企业可以设立劳动争议调解委员会，调解委员会由下列人员组成：职工代表；企业代表；企业工会代表。职工代表由职工代表大会（或者职工大会，下同）推举产生；企业代表由厂长（经理）指定；企业工会代表由企业工会委员会指定。调解委员会组成人员的具体人数由职工代表大会提出并与厂长（经理）协商确定，企业代表的人数不得超过调解委员会成员总额的三分之一。调解委员会主任由企业工会代表担任。调解委员会的办事机构设在企业工会委员会。没有成立工会组织的企业，调解委员会的设立及其组成由职工代表与企业代表协商决定。

调解委员会调解劳动争议，应当自当事人申请调解之日起30日内结束；到期未结束的，视为调解不成。

调解委员会调解劳动争议应当遵循当事人双方自愿原则，经调解达成协议的，制作调解协议书，双方当事人应当自觉履行；调解不成的，当事人在规定的期限内，可以向劳动争议仲裁委员会申请仲裁。

变更劳动合同

（1）对于劳动者违反劳动合同规定，单方面要求用人单位变更其劳动岗位、工种或不符合劳动合同约定的上岗条件而要求上岗的，劳动争议处理机关应驳回劳动者的申诉，维持用人单位对此作出的处理决定。

（2）对于用人单位擅自决定改变劳动者的劳动岗位、工种的，对于正常的工作调动，应依法确认用人单位的调动有效，对属于非法调动的，要求用人单位改变决定，恢复劳动者的劳动岗位，并补偿劳动者由此而造成的经济损失。

（3）对于用人单位违反法定程序变更劳动合同的，劳动争议处理机关应当确认用人单位的变更行为不合法，并促使用人单位和劳动者重新协商具体变更事项。

终止劳动合同

（1）对于用人单位不允许到期劳动合同终止引起劳动纠纷的，劳动争议处理机关应支持劳动者终止劳动合同的请求。对合同期限内劳动者没有实际履行的，有协议的，按照协议处理。没有协议的，合情合理地处理双方的其他正当要求。

（2）对于用人单位附加条件，不允许劳动者终止劳动合同而引起劳动纠纷的，劳动争议处理机关应查明该附加条件是否为双方约定，在法律上是否成立，然后根据合同期限届满，劳动合同即告终止的法律规定，裁定劳动合同终止。

（3）对于劳动合同终止后续订劳动合同发生劳动纠纷的，劳动争议处理机关应根据生产、工作需要，在双方完全同意的情况下，可以续订合同的规定要求来处理，对用人单位强迫劳动者续签劳动合同的，依法支持劳动者的请求。

（4）对于合同到期后既不续订又不终止劳动合同引起劳动纠纷的，因合同双方都有责任，对这种事实上的劳动关系，法律不予保护，所以，劳动争议处理机关应依法支持终止劳动合同的申请。

解除劳动合同

劳动争议处理机关在处理此类纠纷时一般认真分析以下情况：

（1）解除劳动合同是否为合法有效，适用劳动法规是否得当，认定事实是否有偏差，是否有根据。

（2）将劳动合同的解除与行政处分区分开来，有些行政处分可以解除劳动合同而有些行政处分则不能解除劳动合同。过失违纪一般不应解除劳动合同，违纪事实未查清的不能适用解除劳动合同的规定，初次轻微违纪未进行教育的，不适用解除劳动合同规定。

（3）把握违约与解除劳动合同的界限，解除劳动合同是因为用人单位或劳动者违约在先引起的，违约在先是解除劳动合同的法定条件。当事人一方违约在先另一方据此解除劳动合同是合法的。如果一方故意制造违约条件，并据此解除劳动合同则是非法的。

辞退违纪职工

违纪辞退是指用人单位依照国家法律规定，对严重违反劳动纪律，但未达到开除、除名程度的劳动者，强行解除与其劳动关系的行为。

根据国务院发布的《国有企业辞退违纪职工暂行规定》，辞退违纪职工必须同时具备以下条件：

（1）企业职工有下列错误行为之一，严重违反劳动纪律，影响生产、工作秩序的，违反操作规程，损坏设备、工具，浪费原材料、能源，造成经济损失的，服务态度很差，经常与顾客吵架或损害消费者利益的，不服从正常调动的，贪污、盗窃、赌博、营私舞弊，不够刑事处分的，无理取闹，打架斗殴，严重影响社会秩序的，犯有其他严重错误的。

（2）企业职工经教育或处分仍然无效的。

对违纪职工，企业应坚持教育为主，惩罚为辅。对符合辞退条件的职工，经教育或给予适当行政处分后仍不改的，可向其本人提出辞退警告，经1~3个月考察仍未改正的，予以辞退，发给辞退证明。

被辞退的职工可以持辞退证明书到本人户口所在地的劳动行政主管部门下属的劳动服务公司办理待业登记，并领取待业救济金和医疗补助费。

劳动争议处理部门处理因违纪辞退引起的劳动纠纷，应严格按照上述标准进行审查，对因符合违纪辞退标准和程序被予以辞退的，予以支持，对不符合违纪辞退标准和程序的，坚决予以纠正，并作出公正的处理。

劳动争议调解

调解是由第三方居中调和，通过疏导、说服，促使当事人互谅互让，从而解决纠纷的方法。劳动纠纷调解，是指劳动争议双方当事人自愿将劳动争议提交给有关调解机构处理，调解机构在查明事实、分清是非的基础上，通过宣传法律、法规、政策和说服教育等方法，使争议双方相互谅解，达成协议，及时解决纠纷的一种活动。

劳动纠纷调解有以下法律特征：

（1）自愿、合法、平等协商原则。

（2）劳动纠纷调解机构是特定的。

（3）劳动纠纷调解的内容是劳动关系主体之间因劳动合同、集体合同或劳动法律、法规中规定的权利义务关系。

（4）劳动纠纷调解不是劳动纠纷处理的必经程序。

我国的劳动纠纷调解有两种形式，一是劳动争议调解委员会的调解；二是劳动争议仲裁委员会的先行调解。《企业劳动争议处理条例》第六条规定，劳动争议发生后，当事人应当协商解决，不愿协商或协商不成的，可以向本企业劳动争议调解委员会申请调解，调解不成的，可以向劳动争议仲裁委员会申请仲裁。当事人也可以直接向劳动争议仲裁委员会申请仲裁。该条例第二十七条又规定，仲裁庭处理劳动争议应当先行调解，在查明事实的基础上促使当事人双方自愿达成协议。协议内容不得违反法律、法规。

上述两种调解的共同点是：它们都为诉讼外调解，都由特定的劳动争议处理机构作为第三方主持调解，都应在查明事实、分清责任、明辨是非的基础上，通过说服、劝告、建议等方法促成当事人双方进行协商，都应坚持自愿、合法原则等等。所不同的是劳动争议调解委员会调解由企业内部的劳动争议调解委员会或者小组主持进行，调解组织由本单位的职工代表、企业或单位代表以及单位的工会代表三方人员组成，而劳动争议仲裁委员会的调解由各级劳动争议仲裁委员会主持进行，实行仲裁管辖，受理本辖区内的劳动争议案件，它由政府劳动行政主管部门的代表、工会代表及政府指定的综合经济管理部门的代表组成，其办事机构为各级劳动主管部门的劳动争议处理机构。

此外，当事人对劳动争议仲裁委员会裁决的劳动争议案件不服，可以向人民法院起诉，法院在受理案件以后，可以先行进行调解，这种调解属于诉讼内调解，即在司法机关的主持下，促成劳动争议双方当事人自愿和解并达成协议的一种方式。

劳动争议调解程序

谪解委员会受理当事人调解申请后，一般按以下程序进行调解：

（1）及时指派调解员对争议事项进行全面调查核实，并做好调查笔录；

（2）由调解委员会主任主持召开有争议双方当事人参加的调解会议，简单的争议，可由调解委员会指定1至2名调解员进行调解；

（3）调解委员会充分听取争议双方当事人陈述，查明事实，分清是非，依法公正调解；

（4）调解达成协议的，制作调解协议书；调解不成的，也应做好记录，并在调解意见书上说明情况。调解委员会调解劳动争议，应当自劳动争议双方当事人申请调解之日起30日内结束，到期未结束的，视为调解不成。

工伤待遇

根据《工伤保险条例》的规定，职工与用人单位发生工伤待遇方面的争议，按照处理劳动争议的有关规定处理。

但有下列情形之一的，有关单位和个人可以依法申请行政复议；对复议决定不服的，可以依法提起行政诉讼：

（1）申请工伤认定的职工或者其直系亲属、该职工所在单位对工伤认定结论不服的；

（2）用人单位对经办机构确定的单位缴费费率不服的；

（3）签订服务协议的医疗机构、辅助器具配置机构认为经办机构未履行有关协议或者规定的；

（4）工伤职工或者其直系亲属对经办机构核定的工伤保险待遇有异议的。

申请仲裁

（1）因开除、除名、辞退职工和职工辞职、自动离职发生的争议；

（2）因执行国家有关工资、社会保险和福利、培训、劳动保护的规定而发生的争议；

（3）因履行劳动合同发生的争议；

（4）国家机关、事业单位、社会团体与本单位建立劳动合同关系的职工之间、个体工商户与帮工、学徒之间发生的争议；

（5）法律法规规定的应依照《企业劳动争议处理条例》处理的其他劳动争议。

劳动争议处理机构

根据《劳动法》的规定，我国目前处理劳动争议的机构有三种：企业劳动争议调解委员会、地方劳动仲裁委员会和地方法院。

（1）劳动争议调解委员会

劳动争议调解委员会是用人单位根据《劳动法》的规定在本单位内部设立的机构，是专门处理与本单位劳动者之间的劳动争议的群众性组织。

劳动争议调解委员会由下列人员组成：职工代表（由职工代表大会或职工大会推举产生）；用人单位代表（由厂长或经理指定）；用人单位工会代表组成（由用人单位工会委员会指定）。

用人单位的代表不能超过调解委员会成员总数的三分之一，调解委员会主任由工会代表担任。调解委员会的办事机构设在企业工会委员会。没有成立工会组织的企业，调解委员会的设立及其组成由企业代表与职工代表协商决定。

（2）劳动争议仲裁委员会

劳动争议仲裁委员会是处理劳动争议的专门机构。县、市、市辖区人民政府设立仲裁委员会，负责处理本辖区内发生的劳动争议。设区的市、市辖区仲裁委员会受理劳动争议案件的范围由省、自治人民政府规定。各级仲裁委员会由劳动行政主管部门的代表、工会的代表、政府指定的经济综合管理部门的代表组成，主任由劳动行政主管部门的负责人担任，其办事机构设在同级的劳动行政主管部门。

（3）人民法院

人民法院是国家审判机关，也担负着处理劳动争议的任务。劳动争议当事人对仲裁委员会的裁决不服、进行起诉的案件，人民法院民事审判庭负责受理。

劳动争议仲裁

第一，应提交的文件：

（1）申诉人向仲裁委员会申请劳动争议仲裁时，应采用书面形式，应当提交申诉书，并按照被诉人数提交副本。申诉书应当载明申诉人的姓名、职业、住址、工作单位、邮政编码以及联系电话和被诉人（企业）的名称、地址和法定代表人的姓名、职务、联系电话；申诉书应当着重阐明仲裁请求和所根据的事实和理由；并且提供相应的证据材料。

（2）当事人向法院提起诉讼时，应当递交起诉状，并按照对方当事人的人数提交副本。书写起诉状却有困难的，可以口头起诉，由人民法院记入笔录，并告知对方当事人。起诉状应记载下列事项：当事人的姓名、性别、年龄、民族、职业、工作单位和住所，法定代表人或者主要负责人的姓名、职务；诉讼请求和所根据的事实和理由；证据和证据来源，证人的姓名和住所。

第二，当事人应注意：

劳动者与用人单位发生劳动争议的，无论哪一方申请调解、仲裁，都应以对方当事人为被申诉人。对仲裁庭的裁决不服的只能以对方当事人为被告，而不能以仲裁委员会为被告。

第三，时效规定：

当事人申请仲裁的应自劳动争议发生之日起 60 日内提出；

仲裁裁决应自受到仲裁申请之日起 60 日内作出；案情复杂需要延期的，

经报仲裁委员会批准，可以适当延期，但是延长的期限不得超过30日。对仲裁裁决不服的，应自收到仲裁裁决书之日起15日内向人民法院起诉。

劳动争议仲裁程序：

（1）当事人应在劳动争议发生之日起60日内提出仲裁申请。如果当事人申请过调解程序，调解期间可以扣除，申诉时效从调解结束之日起继续计算。如果当事人因不可抗力或者由其他正当理由超过规定的申诉时效的，仲裁委员会应当受理。所谓“其他正当理由”须由仲裁委员会认定。

（2）当事人申请仲裁应向有管辖权的仲裁委员会申诉，即劳动争议发生的县、市、市辖区的仲裁委员会提出申请。发生争议的企业与职工不在同一个仲裁委员会辖区的，由职工当事人工资关系所在地仲裁委员会受理。

（3）仲裁庭处理劳动争议，应从组成仲裁庭之日起60日内结案。案情复杂需要延期的，报仲裁委员会批准后可以适当延长，但最长延期不得超过30日。对于请示待批，工伤鉴定，当事人因故不能参加仲裁活动，以及其他妨碍仲裁办案进行的客观情况，应视为仲裁时效中止，并须报仲裁委员会申诉同意。仲裁时效中止不应计入仲裁办案时效内。

（4）当事人对仲裁裁决不服的，自收到裁决书之日起15日内，可以向人民法院起诉。

劳动争议仲裁委员会

根据《企业劳动争议处理条例》规定，县、市、市辖区仲裁委员会负责本行政区域内发生的劳动争议。设区的市的仲裁委员会和市辖区的仲裁委员会受理劳动争议案件的范围，由省、自治区人民政府规定。此外，对于劳动争议仲裁委员会的管辖范围，还有以下几项特别规定：

（1）根据《企业劳动争议处理条例》第十八条规定：发生劳动争议的企业与职工不在同一个仲裁委员会管辖地区的，由职工当事人工资关系所在地的仲裁委员会处理。原劳动部《关于（中华人民共和国企业劳动争议处理条例）若干问题解释》第十四条规定：“职工当事人工资关系所在地是指向职工发放工资的单位所在地”。

（2）依据原劳动部《关于劳动争议案件管辖范围的复函》规定：根据方便职工的原则，可以比照《中华人民共和国民事诉讼法》有关规定，按因履行合同发生的纠纷由合同签订地或履行地人民法院管辖的原则，也可以由劳动关系双方当事人在劳动合同有关仲裁条款中约定的劳动争议仲裁委员会管辖。

（3）按照劳动保障部办公厅《关于首钢总公司迁安矿集体劳动争议有关问题的复函》规定：外省企业职工在京履行劳动合同时发生的集体劳动争议，应由企业所在地劳动争议仲裁委员会受理。

劳动争议当事人的权利

劳动争议当事人是指因劳动权利义务关系而发生劳动争议，以自己的名义参加仲裁活动，并接受仲裁机关裁决约束的有利害关系的用人单位和劳动者。劳动纠纷当事人在仲裁中享有广泛的权利。法律赋予其权利，目的在于维护当事人正当合法的劳动权利和利益，保障当事人依法行使仲裁权利。

根据《劳动法》的规定，当事人在仲裁中享有以下权利：

（1）当事人有提请、放弃和变更仲裁的权利。当事人有权申请仲裁，同时，又有权变更仲裁申请以及撤销仲裁申请。

（2）当事人有申诉、答辩和提问、质询鉴定人、证人的权利。

（3）被诉人有提起反诉的权利。被诉人有权就同一案件向同一仲裁机关对申诉人提起反申诉。

（4）当事人有要求仲裁机构予以调解或仲裁的权利。

（5）当事人有委托代理人的权利。当事人可以委托 1 至 2 名律师或其他代理人参加仲裁活动。无民事行为能力的和限制行为能力的劳动者，没有法定代理人代为参加仲裁活动的，有权要求仲裁委员会为其指定代理人。

（6）当事人有要求劳动争议仲裁委员会人员回避的权利。当事人对与劳动争议案件有直接或间接利害关系的，以及有其他关系，可能影响公正仲裁的仲裁员、书记员、鉴定人等，有权向仲裁委员会申请回避。

（7）当事人有权得到仲裁庭开庭通知，有权出席仲裁庭审理，在审理活动中，有权发言、辩论。

（8）当事人有收集和提供证据，要求仲裁机构勘验、调查和鉴定的权利。当事人在仲裁庭开庭前和开庭审理阶段，都可以行使上述权利。

（9）当事人有自行和解和请求和解的权利。

（10）当事人有要求或拒绝达成调解协议的权利。调解要遵循当事人自愿原则，无论是仲裁庭的先行调解，还是仲裁过程中的调解，都要在双方当事人自愿的基础上，达成调解协议，不得强迫进行。

（11）当事人有要求延期审理的权利。当事人如果因不可抗力或者有其他理由而不能按时出庭的，有权要求仲裁庭延期开庭，是否延期，由仲裁庭或者仲裁委员会决定。

（12）当事人对未生效的仲裁裁决不服，有权向人民法院提起诉讼。

（13）当事人对已经发生法律效力的裁决，有权向人民法院申请强制执行。

仲裁代理

劳动争议当事人，无论是企业一方还是职工一方，都可以委托 1 至 2 名律师或者其他人代理参加仲裁活动。当事人委托他人参加仲裁活动，应当向仲裁委员会提交有委托人签字或盖章的委托书，委托书应当明确委托事项和权限。

在仲裁委员会办事机构，备有专门“授权委托书”式样，供委托代理时填用。委托人是单位的，应写明单位名字的全称并加盖公章；委托人是个人的，应由委托人签名或盖章。受委托人也应签名或盖章，然后递交劳动争议仲裁委员会。

劳动争议仲裁费用：

根据《劳动争议仲裁委员会办案规则》规定，仲裁委员会受理劳动争议案件，应当按照《劳动合同鉴证和劳动争议仲裁收费管理办法》收取费用。

仲裁费分为案件受理费和案件处理费两种。其中受理费标准按国家有关规定执行，由申诉人在仲裁委员会决定立案时预付。处理费包括差旅费、勘验费、鉴定费、证人误工误餐费、文书表册印制费等。处理费由双方当事人在收到案件受理通知书和申诉书副本后5日内预付。案件经仲裁委员会调解达成协议的，仲裁费的负担由双方当事人协商解决。案件经仲裁委员会仲裁的，仲裁费由败诉方承担。双方部分败诉的，由双方当事人承担。当事人撤诉的，全部费用由撤诉方承担。

仲裁委员会对职工当事人缴纳仲裁费有困难的，可以减、缓、免缴费用。

劳动争议仲裁申诉书

劳动争议仲裁申诉书是劳动争议当事人，为了维护自身的合法权益，向有管辖权的劳动争议仲裁委员会提出解决劳动争议所采用的文书。

劳动争议当事人向仲裁委员会申请仲裁，必须采用书面形式，提交仲裁申诉书，并按照被诉人数提交副本。申诉书应当载明下列事项：

（1）申诉人的姓名、名称、性别、年龄、工作单位、地址、职务，如果是单位的，应写明其法定代表人的姓名、职务。

（2）被诉人或单位的姓名、名称、性别、年龄、职务、工作单位、地址或单位的法定代表人的姓名、职务。

（3）申请仲裁的原因、请求及其理由。应当写明纠纷的起因、争议的过程、争议是否经过调解、调解结果如何、希望如何裁决等问题。

（4）证据、证人的姓名和住址。

（5）申请的日期。

劳动争议仲裁答辩书

劳动争议仲裁答辩书是劳动争议被诉人依照法定期限，向劳动争议仲裁委员会提交的书面应诉材料。答辩是应诉人的一项义务。根据《企业劳动争议处理条例》的规定，被诉人应当在自收到申诉书副本之日起15日内提交答辩书及有关证据。被诉人没有按时提交或者不提交答辩书的，不影响案件的审理。答辩应采用书面形式，即提交答辩书。具体内容如下：

（1）首部。写明仲裁答辩书的名称及答辩人的具体情况。

（2）正文。首先应写明对什么进行答辩，然后提出答辩意见，列举相关证据。

（3）尾部。写明答辩的时间。

劳动争议的诉讼程序

诉讼程序是处理劳动争议的最后一道程序，以我国《劳动法》及《劳动部办公厅关于处理劳动争议案件若干政策性问题的复函》规定，当事人对仲裁裁决不服的，自收到裁决书之日起15日内，可以向人民法院起诉；期满不起诉的，裁决书即发生法律效力，法院将拒绝受理。

劳动争议案件由人民法院民事审判庭审理。依据我国《民事诉讼法》的规定，人民法院适用普通程序审理的民事案件，应当在立案之日起6个月内审结。有特殊情况需要延长的，由本院院长批准，可以延长1个月；还需要延长的，报请上级人民法院批准。依据《民事诉讼法》当事人若不服地方人民法院第一审判决的，有权在判决书送达之日起15日内向上一级人民法院提起上诉。当事人不服地方人民法院第一审裁定的，有权在裁定书送达之日起10日内向上一级人民法院提起上诉。

劳动争议诉讼条件

提起劳动争议诉讼是劳动争议双方当事人行使诉权的一种表现。劳动争议当事人对劳动争议仲裁委员会的裁决不服，可以向人民法院提起劳动争议诉讼，要求人民法院按照司法程序处理纠纷，维护自己的合法权益。劳动争议当事人提起诉讼，必须具备法定的起诉条件。根据《劳动法》等法律、法规的规定当事人提起劳动争议诉讼应当具备以下条件：

（1）起诉人必须是劳动争议的一方当事人，即用人单位或劳动者。起诉是与劳动争议有直接利害关系的劳动争议当事人的权利。因此，相互形成劳动法律关系的企业、国家机关、事业单位、社会团体行政和劳动者，都可以作为起诉人提起劳动争议诉讼。劳动者在诉讼权利能力和诉讼行为能力相一致时，由劳动者个人作为当事人一方参加诉讼。当事人因故不能起诉的，可以委托代理人代为起诉。其他人员则无权起诉。

（2）必须有明确的被告。劳动争议一方当事人向人民法院提起诉讼，必须明确被诉人即对方当事人。如果原告不知道是谁侵犯了自己的合法权益，则会出现无人应诉的情况，也无法进行诉讼，人民法院也无从审理。在明确劳动争议诉讼被告的同时，应当指出，原告不得将劳动争议仲裁委员会和劳动行政部门作为劳动争议诉讼案件的被告或第三人。这主要是由于他们不具有劳动争议诉讼法律关系的主体资格。

（3）必须有具体的诉讼请求和事实根据。具体的诉讼请求，是指原告向人民法院提起诉讼所要求解决的问题。它包括以下三种：一是给付的请求，即请求人民法院认定原告的请求权，责令对方履行义务，如，给付工资、劳动保险、奖金等；二是确认的请求，即请求人民法院确认原告与被告之间存在或不存在某种实体法律关系，如确认劳动合同关系有效或无效，确认职工与企业存在的劳动关系，企业不得开除、除名、辞退等；三是变更的请求，即请求人民法院改变或消灭当事人之间原有的劳动法律关系，如改变劳动合同的内容，解除劳动合同或劳动关系等。当事人提出的诉讼请求要有事实根据，包括劳动争议案件的事实，即劳动争议是如何发生的、争议的内容等，还包括劳动争议的证据事实，即能证明劳动争议案件的一切材料。当事人对自己提出的主张，有责任提供证据。

（4）必须经劳动争议仲裁机关仲裁。当事人一方或双方不能就劳动争议直接向人民法院提起诉讼，只有先向劳动争议仲裁机关申请仲裁后，不服仲裁裁决的才有权起诉。如果当事人就劳动争议问题在仲裁机关的主持下，达成调解协议并已发生法律效力，当事人也无权向人民法院提起诉讼。

（5）必须在法律规定的时效期限内提起诉讼。当事人对仲裁裁决不服的，应当自收到仲裁裁决之日起 15 日内，向人民法院起诉，超过期限的，一般不予受理。如果由于不可抗力等原因造成逾期的，则应向人民法院提供证据予以说明。

凡是具备上述条件的当事人都可以向人民法院提起劳动争议诉讼，人民法院应当受理。当事人起诉的，应当向人民法院提交起诉状。

劳动争议的判决

劳动争议的判决，是指人民法院按照法律规定的程序，经对案件审理，就劳动争议案件的实体问题所作的决定。

判决书从送达或当事人接到的第二天起，在法定的期限内，当事人不上诉，过了上诉期限即发生法律效力。二审法院的判决，宣判后立即生效。

人民法院生效的判决有两个特点：一是具有稳定性。任何机关、团体或个人，都无权变更或撤销，如有错误，只能由人民法院按法律规定的审判监督程序纠正。二是具有强制性。当事人必须服从，不能抗拒。

劳动争议裁定

裁定，是人民法院在审理案件过程中，就解决某一诉讼程序问题和部分实体问题，所作的书面或口头决定。

劳动争议裁定与判决一样，都是人民法院代表国家依法作出的。它与判决有同等的法律效力。

劳动争议判决和裁定的区别有：

（1）判决用于解决整个案件的实体问题，如要决定劳动者或用人单位的行为是否违法，承担什么法律责任，这在判决书中都要明确具体。

（2）判决必须用书面形式，而裁定，既可以是书面的，也可以是口头的。在审判实践中，凡是依法允许当事人上诉的裁定，都使用书面形式。

（3）一起案件的判决，只有一个，而裁定，却可以有若干个。

（4）判决主要依据实体法作出，裁定则主要依据程序法作出。如劳动争议案件不予受理裁定。

（5）对判决与裁定的上诉期限也不同。判决的上诉期限为 15 日，裁定的上诉期限为 10 日。

判决与裁定，是人民法院常用的两种文书，有同样的法律效力，生效的判决和裁定，都可强制执行，当事人不得抗拒。

强制执行

强制执行，是指执行机构，在法院一般为执行庭，按照法律规定的程序，将已经发生法律效力的判决和裁定等法律文书的内容，采取强制的手段加以实现的活动。

已经发生法律效力的判决和裁定，都具有强制效力，不管当事人愿意不愿意执行，都得执行。即使认为判决和裁定有错误，并已经提出申诉，只要判决和裁定没被法院撤销或中止执行则必须执行。

在劳动争议案件中，执行首先要靠当事人自觉进行。如不执行。对方当事人可以向人民法院提出申请，要求强制执行；人民法院也可以自己决定强制执行。强制执行的方法很多，如查封、扣押、冻结、划拨、变卖、强制搬迁等。

如果当事人以暴力、威胁方法，阻碍执行人执行职务。或者有能力执行而拒不执行人民法院已经发生法律效力的判决和裁定，则构成拒不执行判决、裁定罪，根据《刑法》第三一三条的规定，将被判处 3 年以下有期徒刑、拘役或者罚金。

起诉状

劳动纠纷起诉状是劳动纠纷案件的原告人或其法定代理人，为维护自己的合法权益而向人民法院陈述纠纷事实、阐明起诉理由、提出诉讼要求的法律文书。当事人向人民法院提起诉讼应当递交起诉状，并按被告人数提出副本。

起诉状由以下三部分组成：

（1）首部

①诉状的名称。应标明“民事起诉状”或“起诉状”。②原告人和被告人的基本情况。包括姓名、性别、年龄、民族、籍贯、职业、工作单位、地

址等。如果是法人、非法人团体起诉时，应写明名称、所在地、法定代表人姓名、职务。如果由诉讼代理人起诉时，应写明代理人姓名、所在单位和代理权限。如果有数个原告、被告，应按他们在案件中的地位与作用，依次说明其个人的基本情况。

（2）正文

①案由。写明原告人、被告人之间权益争议的性质，即请求解决争议的权益和争议的事项。如请求人民法院解决因解除劳动合同而发生的争议。②事实。写明双方争议的事实或被告侵权的事实及其证据。具体内容有：当事人之间的法律关系，产生纠纷的过程，所争执的焦点的具体内容，被告应承担的责任。如原告自己也有一定的责任，也应写明。在叙述事实时应当做到以下几点：要和诉讼请求一致，实事求是，具体清楚，要有理有据，不能刻薄挖苦。③证据。证据是认定事实的客观基础。原告人对自己所提起的诉讼，负有举证责任。因此，诉状中提出的请求和主张必须有证据加以证明。具体包括以下内容：列述和提交书证、物证和其他有关证明事实真相的其他有关材料，说明书证、物证和其他有关材料的来源及可靠程度，证人的证言内容以及证人的姓名、职业、住址等。如果原告认为证据有可能灭失或以后难以取得，可以在起诉时申请证据保全。④理由。根据劳动权益争执的事实和证据，简要地分析其纠纷的性质、危害、结果及责任，同时，提出诉讼请求所依据的法律条文，以论证其诉讼请求的合理性。

（3）尾部

写明致送机关和具状人姓名及具状年月日。附项写明本状副本的份数，物证名称及件数，书证名称及件数。

答辩状

劳动争议答辩状是劳动争议被告答复和辩驳原告的起诉的一种书状。答辩是被告人的诉讼权利，同时也是一种诉讼义务。被告人如果不按时提交答辩状，将会影响法庭对案件的正常审理。

答辩状由首部、正文和尾部三部分组成。

（1）首部

首先写明名称，即民事答辩状或答辩状。其次，写明答辩人的基本情况，即答辩人的姓名、性别、年龄、民族、籍贯、职业、工作单位、地址等。答辩人是单位的，应写明名称、所在地址、法定代表人姓名和职务、企业性质、经营范围和方式、开户银行等。最后，写明答辩事由。

（2）正文

正文是答辩状的核心部分，主要是针对起诉状提出的诉讼请求和事实理由进行答复和辩驳。针对起诉状所列事实、理由以及所提出的诉讼请求的具体情况，可分别作以下不同处理：事实、理由、诉讼请求都合法的，可以放弃答辩，事实有部分虚假的，针对虚假事实进行驳斥，隐瞒、歪曲事实的，要补充或澄清事实。但曲解法律，要求不合理的，针对其曲解法律和提出的不合理要求部分进行反驳。

（3）尾部

写明致送的法院，答辩人签名或盖章。注明答辩日期。并在附项中写明答辩状副本的份数和有关证据材料的份数。

举案说法

签订无固定期限劳动合同纠纷案

甲、乙、丙三人原均是某面粉厂的工人，1997年面粉厂改制，将其资产以140万元出售给了该厂原法定代表人张某。后张某以受让的资产另行成立了米面厂，并根据改制协议的约定接受了原企业的部分工人，所接受工人工龄连续计算，甲、乙、丙亦转入米面厂工作，双方另行签订了为期五年的劳动合同。合同期满，米面厂决定与甲、乙、丙三人均终止劳动合同关系，甲、乙、丙则以自己已连续工作十年以上要求与米面厂签订无固定期限的劳动合同，为此双方发生纠纷。经协调无果，经劳动仲裁后甲、乙、丙提起诉讼，要求与米面厂签订无固定期限的劳动合同，人民法院审理后依法驳回了甲、乙、丙的诉讼请求。

律师点评：

《中华人民共和国劳动法》第二十条规定“劳动合同的期限分为有固定期限、无固定期限和以完成一定工作为期限。劳动者在同一用人单位连续工作十年以上的，当事人双方同意延续劳动合同的，如果劳动者提出签订无固定期限的劳动合同，应当签订无固定期限的劳动合同”。根据劳动法的此条规定，劳动者在同一用人单位连续工作满十年的，如果双方均同意继续签订劳动合同，用人单位应当签订无固定期限的劳动合同。无固定期限的劳动合同签订后，只要不出现法律、法规规定的或者双方在合同中约定的解除劳动合同的事项，劳动合同就不能解除。

实践中一些劳动者误认为，只要在同一用人单位连续工作十年以上，单位就必须与自己签订无固定期限劳动合同，这种认识忽视了“劳动者和用人单位双方同意延续签订合同”这一前提。实际上若用人单位不同意续签劳动合同，不管劳动者在用人单位实际工作了多少时间，用人单位均可以终止劳动合同。甲、乙、丙虽然在米厂及米面厂连续工作了十多年，但其单方面要求与用人单位签订劳动合同，而米面厂已决定不再与他们续签劳动合同，人民法院当然不能支持甲、乙、丙的诉讼要求。

值得说明的另有一种情况是，合同期满后，若用人单位与符合签订无固定期限合同的劳动者签订了有固定期限的劳动合同，合同履行过程中符合签订无固定期限合同的劳动者提出要求签订无固定期限的劳动合同，此种情况当如何处理呢？最高人民法院2001年《关于审理劳动争议案件适用法律若干问题的解释》第十六条第二款规定“根据劳动法第二十条的规定，用人单位应当与劳动者签订无固定期限劳动合同而未签订的，人民法院可以视为双方存在无固定期限劳动关系，并以原劳动合同确定双方权利义务关系”。根据此条的规定，发生前述情况时，劳动者有权要求将有固定期限的劳动合同变更为无固定期限的劳动合同。

遭辞退女工智讨工资案

深圳特区某投资咨询发展公司不服劳动仲裁，不愿支付辞退女工工资，把原公司会计兼出纳王女士告上法院。但王女士在法庭上，靠着双方往来20条短信信息，据理力争最终打赢了这场官司。近日，特区法院判决由该公司支付王女士2007年1月至2007年5月的工资及诉讼费26811．82元。

辞退协保女工不肯付工资

2005年1月1日，身为协保人员的王女士与该投资咨询公司签订劳务合同，期限为1年至2006年12月31日止，每月工资4000元。合同到期后双方未再续签劳务合同，王女士继续为该公司工作。

2007年5月，公司以手机短信形式通知王女士解除双方劳动关系。6月，公司又以书面形式通知，自2007年5月起，双方无任何劳动关系。王女士对解雇无意见，但要求索讨公司拖欠的工资2万余元。后王女士申请劳动仲裁，获得劳动仲裁的认可。而公司却不服裁决，于9月起诉到法院称王女士系协保人员，于2005年1月起与本公司签订劳务合同，明确劳务人员是与劳务输出单位建立劳动关系。劳务合同期满，双方未再续签合同，王女士也未再继续上班，公司转而请求王女士以帮忙性质，完成一定工作量的会计兼出纳工作。当时公司经营已处在停顿状态，王女士每月只需抽两天，来公司做凭证及财务月报，认为双方不存在裁决的事实基础，不适用劳动法来调解。

20 条短信成为有力证据

法庭上，王女士辩称劳务合同期满，虽未续签合同却一直在为公司正常服务。对公司辞退无意见，但要求按照仲裁裁决的金额支付。

从公司角度讲王女士每月来公司两天做账，纯粹属帮忙性质不算劳务合同关系，还提供短信信息证实，王女士手中持有公司财务账册。而王女士缺乏相关的证据为自己辩护，原劳务合同期满后就未再签署过，就在王女士为证据发愁时，突然想到手机里存有往来的短信信息，于是提交到法院。经审查在往来的 20 条短信信息中，有公司要求王女士把财务账务册全部作移交的要求，还认可应支付王女士报酬，但未提供双方协商一致的金额标准。

法院裁决公司补发工资

法院认为，王女士系协保人员，与该投资咨询公司存在特殊劳动关系。该公司声称按劳务合同约定，王女士是与劳务输出单位建立劳动关系的职工，却未提供证据。而合同到期后，王女士继续在为公司工作，公司也没有提供王女士是兼职工作的证据。依据劳动关系和劳动内容的一贯性和连续性，参照此前张女士领取每月工资 3500 元，但在诉讼阶段王女士愿意降低工资标准，按每月工资 1600 元计算，遂法院认定除有凭证证明王女士已领取工资外，对未支付的工资作出了判决。

工伤私了协议反悔案

张某系北京某公司职工，负责公司安全保卫工作，1997 年 4 月 15 日因工受伤，1998 年 10 月 29 日经当地劳动行政部门认定因工负伤，1998 年 11 月经劳动鉴定委员会鉴定为致残四级，享受部分护理依赖。张某受伤前月工资为 300 元，1998 年 12 月该公司未支付张某当月的工资，之后双方私下达成协议：自 1999 年 1 月至 2001 年 2 月该公司按月给付孙某工资 400 元，以后每年年底给付奖金4000元。以后张某向公司提出工伤的待遇，公司以双方有协议为由拒绝给付其工伤待遇。后张某认为依据劳动政策法规其应该享受相应的工伤待遇，因此，张某向劳动争议仲裁委员会提请劳动仲裁，要求：一是单位按月给付伤残抚恤金及护理费。二是给付一次性伤残补助费。

仲裁结果：支持张某的申诉请求，裁决企业按月给付伤残抚恤金及护理费；给付一次性伤残补助金。

律师点评：

这是一起因劳动者与用人单位私下达成解决工伤赔偿协议后，用人单位拒绝给付工伤待遇所引发的劳动争议案。国家法律规定，工伤保险实行无过错补偿金原则，即一旦被确定为工伤事故后，不论何种原因造成的，用人单位都应承担补偿责任。《中华人民共和国劳动法》第七十三条规定：劳动者依法享受工伤保险待遇。劳动者因工致伤或者患职业病应享受工伤保险待遇。工伤保险待遇是法律规定的由用人单位依法向工伤职工支付的保险待遇，用人单位拒绝支付是违法的。此案中双方虽然曾私下达成工伤赔偿协议，但是不具有法律效力。劳动者在单位拒付工伤待遇时，仍然可以在仲裁时效内向劳动争议仲裁委员会申请仲裁，主张自己的合法权益，即像张某那样要求企业支付合法、合理的工伤待遇。本案中经劳动争议仲裁委员会进行了调查取证后认定的事实为：张某受伤后用人单位曾经几次与其本人及家属商量此事，双方曾两次达成协议，单位承诺今后不仅在工作上要照顾张某，而且在生活上、收入上均要予以照顾。后双方发生争议，单位坚持认为应履行双方达成的协议。而张某则认为自己是工伤，应当依法享受工伤待遇，公司拒绝给付自己工伤待遇的行为违法。仲裁委认为：根据《北京市企业工伤范围和保险待遇暂行办法》第四条第二款“职工因工负伤医疗终结或医疗期满经劳动鉴定委员会确定致残等级的享受下列保险待遇：伤残一级至四级的。应当退出生产、工作岗位，按月发给伤残抚恤金。标准分别为本人负伤前十二月内平均工资收入的90%至75%。其中四级75%。张某依法享受工伤待遇，被诉人应依法予以补偿。

职工上班途中车祸身亡工伤认定案

刘某系北京某公司职工，双方未签订劳动协议，某公司未给刘某缴纳工伤保险费。2007 年 1 月 25 日刘某因公从外地出差回来，1 月 26 日早 5 点刘某自其住所北京市郊区乘小型客车上班途中发生交通事故死亡。2007 年 3 月 20 日，刘某之妻小张向某区劳动保障局提出工伤认定申请。某区劳动保障局于 2007 年 4 月底作出《工伤认定结论通知书》，并送达张某所在公司及齐某。

该公司不服诉至一审法院称，根据公司的《考勤管理规定》，刘某从外地出差回来第二天即事发当天应该休息，是在其休假期间出现的交通事故，不属于在工作领域、工作时间内从事与工作有关的行为，不应认定为工伤；刘某的经常居住地为北京市朝阳区，其上下班途中应该是从朝阳区到工作单位的路途，刘某在密云县发生交通事故，不属于在上下班途中，适用法律错误；刘某乘坐的是没有运营资格的“黑车”，因此该事故应由刘某自己负责。故诉请法院撤销该《工伤认定结论通知书》。

一审法院判决维持该《工伤认定结论通知书》后，该公司不服上诉至二中院。二中院审理后认为，区劳动保障局作为本行政区域内的工伤保险行政主管部门对涉案工伤认定工作具有审查并作出工伤认定的管辖权和法定职责。区劳动保障局在受理刘某之妻小张的工伤认定申请后，经调查核实认定：刘某与该公司存在事实劳动关系，该公司未给其缴纳工伤保险。2007 年 1 月 26 日早晨，刘某乘小客车上班途中因交通事故死亡。依据《工伤保险条例》第十四条第（六）项的规定，认定刘某于 2007 年 1 月 26 日死亡，符合工伤认定范围，遂于 2007 年 10 月 31 日，作出《工伤认定结论通知书》。该具体行政行为认定事实清楚，适用法律、法规正确，程序合法，应予以维持。

北京市第二中级人民法院审结了某公司因诉某区劳动保障局工伤认定结论通知上诉案。法院终审判决，驳回该公司上诉，维持一审法院作出的维持区劳动保障局《工伤认定结论通知书》的判决。

（1）本案的焦点问题是刘某发生交通事故死亡是否符合《工伤保险条例》第十四条第（六）项“在上下班途中，受到机动车事故伤害的”应认定为工伤的情形。公司提出根据该公司的《考勤管理规定》，张某在事发当天应该休息，因此不属于上班时间。法院认为，该公司不能提供证据证明该《考勤管理规定》已向员工公示，而且该公司未按照某区劳动保障局规定的时间提供考勤、记账凭证、工资表并指派证人接受调查。因此，该《考勤管理规定》不能否定张某于事发当天去上班的事实。

（2）关于公司提出张某不符合在“上下班途中”的上诉意见，法院认为，对于“上下班途中”不应当做过于机械的理解。该“途中”应理解为职工在上下班，包括加班加点的上下班的合理路途中，可以参照路途的方向、距离的远近及时间因素等综合判断。如果将“上下班途中”仅理解为必须是户籍所在地到单位的路途，是不符合《工伤保险条例》的立法本意的。从区劳动保障局提供的这方面的证据看，对于张某发生交通事故的地点认定为上下班途中已经达到了合理路途的证明标准。

（3）关于公司提出张某乘坐的是没有运营资质的“黑车”，因此张某应自己承担全部责任的上诉意见，法院认为，我国的工伤保险实行的是无过错责任原则，案件事实只要符合《工伤保险条例》第十四条、第十五条规定的应当认定为工伤或视同工伤的情形，同时不违反《工伤保险条例》第十六条的排除性条款规定，就应当认定为工伤或视同工伤。因此，张某乘坐“黑车”并不构成其应认定为工伤的障碍。

送货时发生交通事故责任纠纷案

王某在一家经营部为老板送货已工作了两年多的时间。在一次送货中发生了交通事故，老板便翻脸不认人，以未签订合同为名，否认王某是经营部的员工以逃避责任。

经营部计某于2005年5月10日注册成立了一个经营部，经营范围及方式是啤酒分装及零售、各类定型食品的零售。2006年3月18日，员工王某驾驶机动三轮车送货，途中发生了交通事故，老板计某却不承认王某的员工身份。同年6月1日，王某向劳动争议仲裁委员会申请仲裁，要求确认其与经营部存在劳动关系，同年7月，仲裁委裁决王某与经营部在2006年3月18日存在劳动关系，计某不服裁决，向法院提起诉讼。

计某主张王某不是其员工，自2005年5月10日开办以来，既未与王某签订劳动合同，也未雇佣王某从事业务员和送货员工作，2006年3月18日下午，其没有向刘某提供机动车，也没有指派王某送货。王某只是为戴某工作，而戴某是挂靠在其名下的，请求确认其与王某之间不存在劳动关系。

王某则辩称，自己是经营部的员工，事发时其以经营部的名义送货，与经营部之间存在事实劳动关系。

根据王某向法院提供的证据，经营部其实是计某与戴某共同经营管理的。戴某承认王某是其员工，当时去送散装啤酒也是戴某派他去送的。戴某是代表经营部行使职务，王某为经营部工作，并接受经营部的指挥和管理，且经营部每月向王某支付劳动报酬。从公路养路费缴讫证上计某的签字可以看出，王某送货时使用的车辆虽是戴某所有，实际上是为经营部所用。

法院审理认为，经营部是经工商行政机关核准登记的个体工商户，有用工指标，是合法的用工主体。根据送货单和收据，上面均盖有经营部的印章，送货单应为经营部提供，且送货单存根与送货卡上的记载相符，王某向客户送货的行为应属经营部的行为。从营业执照的经营范围中看出，王某提供的劳动也是经营部业务的组成部分。

据此，法院依法判决王某与经营部存在事实劳动关系。

劳动待遇行政不作为案

原告陈某某于2000年8月份至2001年7月份受聘于第三人东阳方塑胶制品厂，原告每月工作28天，每天工作10小时。陈某某向厂方提出要求支付加班工资，被厂方拒绝。

2001年8月31日，原告向东阳市劳动争议仲裁委员会申请仲裁，请求东阳方塑胶制品厂支付加班工资、经济补偿金、赔偿金及支付解除劳动合同的经济补偿金、额外经济补偿金、赔偿金、押金及补偿社会保险费。同年9月25日，东阳市劳动争议仲裁委员会以原告的仲裁申请已超过申请的时效为由，驳回了原告的申请。

原告陈某某对仲裁不服，以东阳方塑胶制品厂为被告，向东阳市人民法院提起了民事诉讼，请求东阳方塑胶制品厂：1. 支付其加班工资 13687.06 元、经济补偿金 3421.77 元、赔偿金 85544.15 元；2. 退还押金 1200 元、经济补偿金 300 元、赔偿金 7500 元；3. 补偿其社会保险费 1375 元；4. 支付仲裁处理费 600 元；5. 赔偿解除劳动合同的经济补偿金 950 元、额外经济补偿金 475 元、赔偿金 7125 元。东阳市人民法院于 2000 年 11 月 8 日受理了原告的起诉，并于同年 12 月 29 日作出了（2000）东民初字第 2530 号民事判决。（2000）东民初字第 2530 号民事判决以原告的第 1 项诉讼请求已超过申请仲裁的 60 日期限为由驳回了原告的该项诉讼请求；原告的第 2 至第 5 项诉讼请求经过实体的审理全部被驳回。该判决已发生法律效力。

2001 年 1 月 4 日，原告陈某某向东阳市劳动局提出申请，请求东阳市劳动局责令东阳方塑胶制品厂：1. 支付其延长工作时间的工资报酬、克扣的工资报酬及经济补偿金、赔偿金；2. 缴纳其工作期间的各项社会保险费；3. 支付解除劳动合同的经济补偿金、额外经济补偿金及赔偿金；4. 支付仲裁费用 600 元、诉讼费 50 元。当日，东阳市劳动局对东阳方塑胶制品厂作出《劳动监察限期整改指令书》，限期整改。同月 17 日，东阳市劳动局致函原告陈某某，其个人的工资待遇申请，不予受理。

2001 年 3 月 21 日，原告陈某某向东阳市中级人民法院提起行政诉讼，请求判令被告东阳市劳动局责令东阳方塑胶制品厂支付其延长工作时间的工资报酬、经济补偿金、赔偿金及支付解除劳动合同的经济补偿金、额外经济补偿金、赔偿金及缴纳社会保险费。

被告东阳市劳动局答辩，其已对方东阳塑胶制品厂作出《劳动监察限期整改指令书》，限期整改。至于原告个人的工资待遇申请，属于劳动争议，原告已就此劳动争议申请了劳动仲裁，并提起了民事诉讼，东阳市人民法院对原告的劳动争议已作出了判决，其无需对原告的劳动争议再作处理。

经东阳市中级人民法院审理认为，原告陈某某的诉讼标的已被人民法院生效判决的效力所羁束，其提起的诉讼不符合行政诉讼受理的条件。依照《最高人民法院关于执行〈中华人民共和国行政诉讼法〉若干问题的解释》第四十四条第一款第（十）项的规定，裁定驳回原告陈某某的起诉。

原告陈某某不服一审裁定，提起上诉。

人民法院认为，根据《中华人民共和国劳动法》有关规定，保护劳动者的合法权益不受侵犯，是劳动行政部门的职权范围。上诉人认为被上诉人不履行法定职责，有权向人民法院提起行政诉讼。上诉人的诉讼请求符合《中华人民共和国行政诉讼法》第二条、第十一条第一款第（五）项及第四十一条的规定，应当予以受理。本案上诉人与第三人的劳动争议纠纷虽经仲裁机关仲裁和人民法院民事判决，其诉讼标的是劳动争议，而上诉人被上诉人的诉讼标的是被诉具体行政行为，即认为行政机关不履行法定职责。两者诉讼标的和法律关系均不同。原审法院认为原告诉讼标的已被生效判决的效力所羁束，提起本案的诉讼不符合受理的条件，因而作出驳回原告起诉的行政裁定，不符合法律的规定，应予纠正。上诉人上诉有理，应予采纳。依照《最高人民法院关于执行〈中华人民共和国行政诉讼法〉若干问题的解释》第六十八条的规定，裁定撤销原审行政裁定，由原审法院继续审理本案。

劳动合同纠纷案

李某、王某、吴某某都是20世纪80年代山东省某市纺织厂上班的女职工，曾分别与本厂签订了劳动合同，到2006年4月期限届满。2004年3月，该厂改制为纺织有限责任公司，接受了原厂的所有债权、债务，并负责安置原企业的全部职工。当纺织公司通知原属原厂的职工办理劳动合同变更手续时，由于包括李某、王某、吴某某在内的多名女工嫌新企业的劳动强度大、工资待遇低，都拒绝与纺织公司签订劳动合同，纺织公司便通知她们不要上班了，停发了工资和各项福利待遇，并拒绝给予经济补偿。李某、王某、吴某某女工曾向当地劳动争议仲裁委员会提出申诉，仲裁委作出裁决：由纺织公司处理与李某等女工的劳动关系。

李某、王某、吴某某三人不服，又分别向法院提起诉讼，认为被告纺织公司强行解除劳动合同，应按有关规定，一次性给付经济补偿金。法院经审理查明，原厂虽然改制，但其工商注册登记至今没有注销。原审法院认为，与原厂签订的劳动合同尚未期满，至今没有解除，而她们又并未与纺织公司签订劳动合同，故主张李某、王某、吴某某向纺织索要解除劳动合同的一次性经济补偿金的请求于法无据，原一审、二审判决均驳回了她们的诉讼请求。

李某、王某、吴某某仍不服，向本市人民法院提出申诉。

根据《劳动法》第二十六条第三项和山东省人民政府《关于深化省属国有企业改革的意见》第一条第四项的规定，中院审判监督庭分析认为李某、王某、吴某某等人都是进厂工作几十年的老女工了，作为社会上的弱势群众，其合法权益理应得到维护。考虑到劳资双方又都有解决劳动合同的愿望和要求，中院审判监督庭将李某、王某、吴某某分别提起的 3 件劳动争议申诉案件合并受理，并周旋于各方当事人之间，苦口婆心地开展调解工作。

最终，在法官们热心细致的主持下，申诉人李某、王某、吴某某三人分别与纺织有限公司达成了调解协议，约定由纺织有限公司支付解除劳动合同的经济补偿金李某 1 万元、王某 6000 元、吴某某 1 万元，扣除应由三个人分别负担的劳动保险金，相抵后实际支付李 7000 元、王 3000 元、吴 7000 元；在上述款项结清之日，李某、王某、吴某某应分别办理与纺织有限公司解除劳动合同的手续。

员工带走商业秘密纠纷案

1999 年 9 月，李某某大学毕业后被软件公司聘用，双方签订了为期 5 年的劳动合同，即自 1999 年 9 月 7 日至 2004 年 9 月 7 日。在签订劳动合同的同时，李某某与软件公司的其他员工一样，同公司签订了一份《补充协议》。协议称：甲方（公司）为了保护商业秘密，特要求员工承诺：1．在软件公司工作期间和离开公司后的 5 年内不得到从事同类业务的用人单位任职；2．未经公司许可，不得利用公司技术从事同类业务；3．不得泄露公司制作技术。如果违反上述约定，赔偿公司 4 万元。合同到期后，李某某未与软件公司续签劳动合同，在某厂高薪吸引下，李某某来到该厂，并将其在软公司学到的技术运用在工艺制作过程中。软件公司以李某某违约为由，申请劳动仲裁，要求其支付违约金 4 万元。但劳动仲裁委员会告诉他们，此案不属于劳动仲裁的范围，建议软件公司向法院起诉。

由于打官司费时费力，软件公司不愿这样做，但李某某与软件公司之间的争议，恰好是劳动合同中约定的内容，为什么法院认为他们的争议不属于劳动纠纷呢?

律师解答：

劳动仲裁委员会的做法没有错误，此案的确不属于劳动仲裁委员会的管辖范围。首先，《中华人民共和国企业劳动争议处理条例》第二条规定："本条例适用于中华人民共和国境内的企业与职工之间的下列劳动争议：（一）因企业开除、除名、辞退职工和职工辞职、自动离职发生的争议；（二）因执行国家有关工资、保险、福利、培训、劳动保护的规定发生的争议；（三）因履行劳动合同发生的争议；（四）法律、法规规定应当依照本条例处理的其他劳动争议。"李某某与某某公司之间的劳动合同已经履行完毕，按照上述规定，本案不属于劳动争议范畴。

其次，李某某的行为是侵犯商业秘密的行为。对企业而言，商业秘密具有经济性和实用性，不但影响一个企业的经济实力，更决定企业在激烈的竞争中的生存与发展。商业秘密，是指不为公众所知悉，能为权利人带来经济利益，具有实用性并经权利人采取保密措施的技术信息和经营信息。

构成商业秘密必须具备以下要件：

一是不为公众所知悉；

二是具有实用性；

三是能为权利人带来经济利益；

四是权利人对其技术信息和经营信息采取了保密措施。结合本案，某某公司的技术，符合商业秘密的构成要件，因而属于商业秘密。

侵犯商业秘密主要表现在以下几个方面：

一是以盗窃、利诱、胁迫或者其他不正当手段获取权利人的商业秘密；

二是披露、使用或者允许他人使用以前项手段获取的权利人的商业秘密；

三是违反约定或者违反权利人有关保守商业秘密的要求，披露、使用或者允许他人使用其所掌握的商业秘密；

四是权利人企业的职工违反单位有关规定或者违反合同约定的保护商业秘密的要求，披露、使用或者允许他人使用其所掌握的商业秘密；

五是第三人明知上述违法行为，获取、使用或者披露他人的商业秘密，视为商业秘密侵权。

本案中，李某某利用其在软件公司期间掌握的属于该公司商业秘密及工艺技术，到他人企业进行使用，符合侵犯商业秘密的构成特征，属于不履行李某某同软件公司所签合同约定的义务，因而应当承担违约和赔偿责任。

医疗保险纠纷案

唐某某1995年7月大学毕业后到国有企业性质的宏光公司工作。宏光公司经济效益很好，员工工资水平较高，1999年为公司所有员工按时足额缴纳了医疗保险费。

2000年3月初，唐某某患上了一场大病而住院治疗。住院期间，宏光公司以已为唐某某按时足额缴纳了医疗保险费为理由，停发了唐某某的工资，要求唐某某到医疗保险经办机构申请有关医疗待遇。

6月中旬，宏光公司决定发给尚在住院的唐某某相当于5个月工资的经济补偿金并与唐某某立即解除劳动关系。唐某某认为公司侵害了其合法权益，委托代理人向劳动争议仲裁机构提出申请，请求仲裁机构责令宏光公司补发住院期间的病假工资、撤销解除劳动关系的决定。劳动争议仲裁机构受案后经查，裁决宏光公司补发唐某某住院期间的病假工资，并撤销立即解除劳动关系的决定。

律师点评：

这是一起因企业不能正确执行劳动保障法律法规而导致侵害劳动者合法权益的案件。劳动争议仲裁机构的裁决是正确的。

（1）根据《国务院关于建立城镇职工基本医疗保险制度的决定》（国发〔1998〕44号）规定，基本医疗保险制度是保障职工基本医疗需求的制度，参保职工患病或非因工负伤后，从基本医疗保险基金中享受的待遇只能是按规定报销医疗费用，包括药品费用、诊疗项目费用、医疗服务设施费用，但不能申请病假工资及治疗期间其他生活方面的补助。这与目前的工伤保险基金、生育保险基金为参保人在工伤治疗和生育期间提供生活补贴的规定是不同的。关于职工患病或非因工负伤医疗期内的生活补助问题，1951 年政务院颁布的《劳动保险条例》和 1953 年劳动部发布的《劳动保险条例实施细则修正草案》规定，职工疾病或非因工负伤停止工作连续医疗期间在 6 个月以内的，企业应该向其支付病假工资；医疗期限超过 6 个月时，病假工资停发，改由企业按月付给疾病或非因工负伤救济费。病假工资的支付标准是：本企业工龄不满 2 年者，为本人工资 60%；已满 2 年不满 4 年者，为本人工资 70%；已满 4 年不满 6 年者，为本人工资 80%。劳动部《关于贯彻执行〈中华人民共和国劳动法〉若干问题的意见》（劳部发〔1995〕309 号）进一步规定，病假工资或疾病救济费按有关规定支付，但不能低于最低工资标准的 80%。根据以上规定，唐某某的医疗费用由医疗保险基金按规定支付，但其病假工资应由宏光公司按有关规定支付。

（2）根据劳动部发布的《企业职工患病或非因工负伤医疗期规定》（劳部发〔1994〕479 号），医疗期是指企业职工因患病或非因工负伤停止工作治病不得解除劳动合同的时限；企业职工实际工作年限在 10 年以下，且本单位工作年限在 5 年以下的，医疗期为 3 个月。宏光公司认为唐某某住院治疗已经超过了医疗期，仍然不能从事工作，因此决定与其立即解除劳动关系。然而，宏光公司忽略了《劳动法》第二十六条的规定：劳动者患病或者非因工负伤，医疗期满后，不能从事原工作也不能从事由用人单位另行安排的工作的，用人单位可以解除劳动合同，但是应当提前 30 日以书面形式通知劳动者本人。宏光公司在程序上是违法的，它可以以书面形式通知唐某某将于 30 日后解除劳动关系，但不能立即解除劳动关系。

（3）根据劳动部颁布的《违反和解除劳动合同的经济补偿办法》（劳部发〔1994〕481 号），企业与医疗期满不能从事工作的劳动者解除劳动关系，应按劳动者在本单位的工作年限，每满 1 年发给相当于 1 个月工资的经济补偿金，同时还应发给不低于 6 个月工资的医疗补助费。患重病和绝症的还应增加医疗补助费，患重病的增加部分不低于医疗补助费的百分之五十，患绝症的增加部分不低于医疗补助费的百分之百。宏光公司只给唐某某发放经济补偿金的做法，也违反了以上规定。

法定节假日加班纠纷案

张某是一家外商投资企业的职工。2007年“五一”劳动节，公司与工会和张某本人协商，安排他从5月1日至3日加班3天。过后，张某发现单位发给他的加班工资是按照他本人日平均标准工资的200%计算的，张某记得国家规定的休息日加班工资是日标准工资的200%，而法定节假日加班工资应该按照日工资标准的300%支付。于是张某找单位领导反映问题要求给予补发。单位领导对此解释说，《劳动法》的确规定，休息日安排劳动者工作又不能安排补休的，支付不低于工资的200%的工资报酬；而法定休假日安排劳动者工作的，支付不低于工资的300%的工资报酬。根据国家有关规定，劳动者在休息日休息是没有工资的，所以休息日加班工资应该在按月发放的正常工资之外另按日工资标准的200%支付。但是，国家规定法定节假日期间，用人单位应该向劳动者支付工资，也就是说，单位按月发放的工资中已经包括了法定节假日的工资，所以，单位在支付法定节假日加班工资时，只须另外支付日工资标准的200%，加上包含在按月发放的正常工资中的法定节假日工资，就符合了《劳动法》规定的“支付不低于工资的300%的工资报酬”。张某不知道单位领导的解释是否正确，希望知道应该如何支付法定节假日加班工资。

律师点评：

张某所在单位的解释是错误的，单位应该另外按日标准工资300%的标准向张某支付法定节假日加班工资。

《劳动法》规定，法定休假日安排劳动者工作的，支付不低于工资的300%的工资报酬。尽管如同张某所在单位领导所说，劳动者在法定节假日休假期间，用人单位应该支付工资，也就是说，用人单位按月支付的正常工资中已经包括了法定节假日工资。但是，在计算法定节假日加班工资时，却不能将正常工资抵消加班工资。原劳动部发布的《对（工资支付暂行规定）有关问题的补充规定》（劳部发〔1995〕226号）明确规定，凡是安排劳动者在法定工作日延长工作时间或者安排在休息日工作而又不能补休的，均应该支付给劳动者不低于劳动合同约定的劳动者本人小时或日工资标准150%、

200%的工资；安排劳动者在法定节假日工作的，则应该另外向劳动者支付不低于劳动合同约定的小时或日工资标准300%的工资。所以，张某所在单位应该按其日工资标准的300%向其支付加班工资。

扣发退休金纠纷案

张某系某房地产开发公司（以下简称方正公司）的职工，1995年退休。1995年10月，张某与同乡王龙签订合伙协议，决定共同兴办灯具店。合伙协议明确规定：张某与王龙各投资人民币7.5万元，开办华光灯具店。1996年6月，经过双方协商，张某、王某以华光灯具店的名义与方正公司签订了房屋租赁合同一份。房屋租赁合同规定：华光灯具店租用方正公司临街店面一间（面积为25平方米），月租金为1000元人民币，租赁期限3年，租金的支付方式为每月15日前缴纳当月租金，合同签订之日华光灯具店向方正公司缴纳保证金10000人民币。此外，租赁合同还对违约责任及双方的权利义务等作了规定。房屋租赁合同签订时，灯具店向方正公司缴纳了保证金10000元人民币。同年7月份，方正公司依约将出租店门交付灯具店经营。

1998年8月，因经营管理不善，灯具店被迫停业，经过协商，灯具店与方正公司双方同意解除租赁合同，灯具店自合同解除之日起15日支付尚欠方正公司的房屋租金及水电费款共计15万元人民币。合同解除时，应方正公司的要求，张某以灯具店的名义向方正公司出具欠条一张，写明“灯具店欠房屋租金及水电费共计壹万伍仟元整”，同时在欠条上加盖了华光灯具店的财务专用章。1个月以后，方正公司要求张某尽快偿还其所欠的房租及水电费，但张某均以尚未与王某结清灯具店账目为由，要求延期清偿。方正公司遂找到王某，要求王某支付欠款，王某则告知方正公司：房租及水电费与其无关，应由张某支付。1998年，张某的月退休金为512元人民币，方正公司在催讨未果的情况下，遂于1998年10月，决定扣发张某部分退休金。10月份仅发张某退休金221元人民币，1998年12月，全部停发。张某不服，找到方正公司，要求发放退休金，方正公司则以张某未清偿房租及水电费为由，予以拒绝。于是，张某无奈向市劳动争议仲裁委员会提出申请，请求市劳动争议仲裁委员会依法裁决被诉人方正公司支付未发的退休金。

市劳动争议仲裁委员会受理后，立即组成仲裁庭进行审理，在协调达不成协议的情况下，1999 年 1 月 20 日作出仲裁裁决如下：

（1）被诉人方正公司补发申诉人张某 1998 年 10 月至 1999 年 1 月份的退休金共计 1606 元人民币；从 1999 年 2 月份起按月足额支付申诉人的退休金。

（2）仲裁费 300 元人民币，由被诉人方正公司负担。至此，扣发退休金争议得以圆满解决。本案涉及的主要是退休人员养老金的发放问题。解决本案的关键是方正公司是否有权扣发申诉人张某的退休金的问题。

律师点评：

劳动和社会保障部办公厅于 1998 年 6 月 19 日对辽宁省劳动厅《关于足额发放企业离退休人员养老金有关问题的请示》的复函中明确指出："根据国务院领导同志的讲话精神及《企业职工基本养老保险金实行收支两条线管理暂行规定》，统筹范围内的全部离退休人员的养老金，必须按时足额发放。"本案中，被诉人方正公司一直按时足额发放申诉人的养老退休金，此点是值得肯定的，在与申诉人发生经济纠纷以后，方正公司以申诉人拖欠房屋租金及水电费为由，扣发养老退休金，其做法显然与国家法规规定相悖。被诉人方正公司与灯具店的房租及水电费纠纷属于典型的租赁合同纠纷，应该寻求正当的法律途径解决，不应采取扣发养老金的方式。因此，市劳动争议仲裁委员会裁决被诉人足额发放申诉人养老金是十分正确的。

劳累过度引发疾病身亡赔偿案

孙某系龙潭镇村民，2000 年 6 月到四川某制衣厂工作。同年 11 月，孙某干完活睡觉后，次日早上 6 时，当王某叫孙某等起床时，发现其已死亡。遂向公安局报了案。经查，孙某全身无暴力损伤，无中毒征象，公安局遂认定：孙某系病死。孙某之母怀疑孙某是被王某谋害，认为王某串通他人作了假验尸报告。于 2001 年 11 月向县法院起诉，要求王某赔偿"生命赔偿金"、抚慰金、差旅费、赡养、抚养费等各项费用共计 40 余万元。

诉讼中王某辩称与孙某是合伙关系而非雇佣关系；孙某是病死，不构成工伤，且又无过错，不同意赔偿。

法院经审理后认为，孙某在被告王某处干活，是合伙关系的证据不足，认为应是雇佣关系。被告王某在雇佣工人劳动期间，让工人在工作条件差、劳动强度大的环境下劳动，且劳动时间每天超过 12 小时，致使孙某因劳累过度而患病死亡，被告王某依法应当承担赔偿责任。孙某之死给原告造成了精神损害，应当赔偿原告适当的精神损害抚慰金，故判决被告赔偿原告误工费、供养人生活费、丧葬费、精神损害抚慰金等共计 5300 元。

宣判后，王某不服，向市中级人民法院提起上诉。

市中级人民法院经审理后认为：王某与他人共同经营制衣加工厂，孙某受雇在该厂工作，工作期间病死，属过度劳累死亡；但根据实际情况王应当适当赔偿。原审法院认定事实清楚、适用法律正确，维持原判。

员工缺勤纠纷案

周女士是某科技公司的地区销售经理，2006 年 12 月，她和公司签订了《入职通知》，双方约定，周女士任深圳区域销售经理，试用期 3 个月，试用期工资为每月 4200 元。试用期届满后，周女士仍在该公司工作，月工资不变。自 2007 年 4 月 1 日起至 2007 年 6 月 15 日，公司就不再向其支付工资。

在此情况下周女士认为自己没有过错，对被解除合同不服，遂向劳动争议仲裁委员会提起仲裁。因对仲裁委仲裁结果不满意，周女士又将公司起诉至法院，请求法院判令公司向其支付 2007 年 4 月 1 日至 2007 年 6 月 15 日的工资 10500 元及经济补偿金 2625 元，支付解除劳动合同的经济补偿金 4200 元，并支付损失 4200 元。

在案件审理过程中，公司辩称，周女士在 2007 年 4 月 11 日至 6 月 15 日期间擅自离职，公司已向其支付了 2007 年 3 月的工资，并不拖欠其工资。因周女士系深圳区域销售经理，故单位未对其做严格的考勤管理，但其必须每周五与单位联系汇报工作。

但是，公司并未向法院提交双方曾就此工作方式进行协商的证据，也未能提交充分证据证明周女士自 2007 年 4 月 11 日后一直未来公司上班。

法院认为，周女士与公司签订的《入职通知》，未违反法律规定，应属有效，双方均应严格履行各自的义务。周女士以公司未按时向其支付2006年4月11日至6月15日期间的工资为由，提出辞职，符合《中华人民共和国劳动法》有关用人单位延付工资，劳动者可以提前解除劳动合同的规定。其要求公司向其支付上述期间的工资、经济补偿金、解除劳动合同的经济补偿金于法有据，法院应予支持。法院终审判决公司支付拖欠的两月工资10500元（税后）及各项经济补偿金6825元。

律师点评：

某科技公司被该公司员工以拖欠工资为由诉至法院。在案件审理中，公司称并没有拖欠工资，是员工擅自离职，但是该公司又不能提供相应的证据。

根据相关司法解释，劳动者的考勤与工资标准应当由用人单位负举证责任，该公司主张周女士自2007年4月11日后就未到公司上班，未向法院提交充分证据予以证明。故法院认可周女士一直工作至2007年6月15日。

工伤后私了协议无效案

2005年7月28日，黑龙江某县某村10组村民张某某被黑龙江鹤岗一小煤矿招为采煤和掘井工人。次年5月16日，张某某在该煤矿二区大路掘进时，不幸左手大拇指被砸伤，当日被送到黑龙江鹤岗云阳医院治疗，由于治疗延误时间，做了截指术。2005年8月12日，经市劳动保障局认定他左手伤为工伤。同年12月27日，劳动能力鉴定委员会鉴定其受伤程度为六级伤残。

2005年12月20日，张某某与小煤矿双方达成协议，一次性支付了张某某3500元。

张某某在协议签字后，感到赔偿太少，反悔了，将申诉状递向市劳动争议仲裁委员会，提出申请并要求小煤矿支付一次性伤残补助金等费用共计201730元。

市劳动争议仲裁委员会审理后认为：申诉人张某某在被诉人单位做工，虽没有签订劳动合同，根据劳动保障部《关于确立劳动关系有关事项的通知》第一条之规定，申诉人与被诉人之间形成了事实劳动关系。申诉人被认定为工伤和鉴定为六级伤残的证据本委予以支持。经调解不成，裁决如下：扣除被诉人支付给申诉人的3500元后，由被诉人小煤矿支付申诉人张某某一次性伤残补助金、伤残就业补助金等共计167492元。当事人双方终止劳动关系和工伤保险关系。

劳动仲裁裁决书下达后，小煤矿不服，将张某某告上法庭，认为他不信守协议的约定，申请工伤认定及仲裁，在仲裁期间，认为张某某的伤情不符合六级伤残的条件，起诉要求法院驳回张某某的各项申诉请求并承担本案的诉讼费用。

张某某则辩称，他受伤后双方达成的协议违法，市劳动鉴定委员会对其六级伤残等级的鉴定属最终结论，请求法院维持云阳县劳动争议仲裁委员会仲裁的各项费用。

法院审理后认为，鹤岗市工伤职工劳动能力再次鉴定结论通知书客观、真实并且合法有效，故法院对原告的诉讼请求不予支持。被告伤后与原告签订的补偿协议，虽系双方当时的真实意思，但该协议却是在未对被告作出工伤认定之前的行为，其协议未对六级伤残的有关金额进行赔偿，故对原告坚持按照协议的内容进行赔偿的意见，不予支持。

2006年4月3日，市人民法院依法作出一审判决，由原告支付给被告一次性伤残补助金等费用共计171000.40元，双方终止劳动关系和工伤保险关系。

工伤认定纠纷案

刘某是浙江五菱染料集团公司的临时工，在锅炉车间从事锅炉的出渣工作。2004年12月5日18时许，刘某浑身湿漉漉的向班长报告："不慎掉入除尘池中，不能继续工作，要求请假回家。"除尘池内水温约60－70℃。带班班长看到刘某双手及双脚已脱皮，浑身红肿，一面向公司领导报告，一面迅速将刘某送往医院治疗。

经医院烧伤科诊断：刘某躯干四肢双臂部烫伤，烫伤面积达90%。刘某先后两次住院治疗，实施双下肢、腹部、腋下等处松解植皮术。公司在经济困难情况下，为其垫付了医疗费 14 万元，由刘某之子打下了欠条。刘某出院后，向公司提出申请：请求报销医疗费 14 万元，报销其他医疗费用 1000 元，并给予一年的生活补助费 9000 元。

在五菱集团尚未作出处理意见前，刘某向某市劳动争议仲裁委员会申请劳动争议仲裁。因涉及对刘某受伤行为的认定，市劳动争议仲裁委员会委托市劳动局进行工伤认定。2005 年 1 月 13 日，工伤认定结论：刘某离开单位安排的工作岗位，滑入非本人工作区域的除尘池内，不符合《浙江城镇企业职工工伤保险规定》第七条，不认定工伤。刘某不服，向该区法院提起行政诉讼，请求撤销市劳动局作出的工伤认定书。

原告刘某诉称，刘某打扫完卫生后到除尘池洗手，除尘池在刘某工作区域内，周围没有任何防护设施，存在不安全因素，应当认定为工伤。

被告市劳动局辩称，刘某工作后不需要必须到除尘池洗手，刘某工作附近有专门的洗手池。刘某当班时锅炉正常运行，未有人安排其清理除尘池，且刘某在《生活补助申请书》中已承认因洗塑料袋掉入除尘池中。这是利用工作时间干私活，纯属个人行为，被告不予认定工伤是正确的。

第三人浙江五菱染料集团公司证明，公司专门成立了事故调查组，现已查清事故原因：刘某受伤纯属个人行为，被告不认定工伤事实清楚，证据确凿，程序合法。

横山法院公开开庭审理了此案。经审理查明：刘某是锅炉房运渣工，根据五菱集团车间岗位职责设置规定，运渣工的职责是“用双轮斗车将炉渣运到储渣场，锅炉停炉后，根据锅炉车间的安排清理除尘池的烟尘”。事故发生时值冬季，锅炉并未停炉，无须清理除尘池，从锅炉出渣处到储渣场无须经过除尘池，除尘池不属于原告工作区域。原告是否是“打扫完卫生后到除尘池洗手”？除尘池不是洗手池，离锅炉房近处有两个洗手池，刘某在申请生活补助时已自认是“清洗塑料袋”，锅炉车间不使用塑料袋，也未有人安排刘某清洗塑料袋，故刘某的行为不是在履行工作职责。

庭审结束后，在大量的事实和证据面前，刘某感到胜诉无望，情绪很低落。行政庭法官他们没有就案办案，直接判决维持工伤认定，而是积极主动与五菱集团协商，希望帮助解决刘某实际生活困难。五菱集团接纳了法院的建议，决定对刘某医疗费用12万元一次性冲销，报销医疗费1000元，并一次性补助刘某6000元。刘某感动主动撤回了行政诉讼。

人身损害赔偿争议案

原告徐某系一名退休工人。2003年3月，徐某退休后又到某材料厂打工。材料厂雇佣徐某在其制砖车间运煤砂，负责输送带的正常运转。2005年9月27日，徐某违反操作规程，用手清理运行中的对滚障碍物，被轧伤左臂，经南中医学院附属医院住院治疗，诊断为左手毁损并行截肢术，材料厂支付了徐某住院期间的医疗费14889元。

事故发生后，当地人民调解委员会组织双方当事人进行多次调解，但双方未能达成一致。2005年11月20日，调解委员会再次召集双方当事人调解，徐某委托的律师提出，本事故“如不按工伤处理，可按人损标准处理”。后经协商，双方当事人同意按工伤五级标准赔偿。同日，双方当事人订立了《职工伤残补助协议书》约定：

（1）对照《中华人民共和国工伤与职业病致残鉴定标准》（即GB/T16180－1996标准），材料厂承认徐某为工伤，徐某不再要求职能部门重新评残；

（2）材料厂除已支付的医疗费外，再一次性给予徐某伤残补助费、就业补偿费、照顾费用和今后的医药费总计5万元，于2005年11月25日前付清；

（3）本协议为一次性伤残补助的终结协议，徐某放弃其它要求，材料厂今后不再承担任何责任；

（4）协议经双方签字生效。

协议签订后不久，材料厂按约定备齐补偿款，但徐某反悔未领取该款。2004年12月20日，徐某经过司法鉴定，伤残程度被评定五级。其后，徐某以赔偿计算标准不符合法律规定为由，向法院提出诉讼。

原告徐某诉称，事故发生后，被告材料厂恶意串通，对我欺诈误导，致我产生重大误解，与被告订立了显失公平的《职工伤残补助协议书》；根据协议被告只一次性赔偿我各项损失5万元，赔偿额明显偏低，故该协议侵犯了我的合法权益，请求法院判决撤销该协议。

被告材料厂辩称，我单位与原告达成的《职工伤残补助协议书》，是在人民调解委员会调解下，参照工伤五级残的标准，经过双方多次协商自愿达成的；该协议并不违反法律法规的强制性规定，故原告所诉缺乏法律和事实依据，法院应判决驳回原告的诉讼请求。

一审法院审理后认为，原告徐某与被告材料厂之间系雇佣关系。徐某在工作过程中发生伤害事故，本应按雇员受害纠纷处理，适用人身损害赔偿标准。但事故发生后，经当地人民调解委员会主持调解，双方当事人达成了赔偿协议，该协议应视为当事人的真实意思表示，并不违反有关法律、行政法规的强制性规定，应确认有效。原告所诉协议存在欺诈、胁迫、恶意串通、乘人之危等情形，缺乏事实依据。同时，按工伤五级标准赔偿是原告自己同意的，尽管该标准比人身损害赔偿标准低一些，但难以认定显失公平。因而，原告以重大误解和显失公平为由，要求撤销调解协议，不应予以支持。遂依照《中华人民共和国民法通则》、最高人民法院《关于审理涉及人民调解协议的民事案件的若干规定》及有关程序法的规定，判决驳回原告徐某的诉讼请求。

一审宣判后，原告徐某不服，提出上诉称：我在退休后到材料厂工作，双方存在雇佣关系而非劳动关系，我在工作中受伤应按雇员伤害纠纷处理，适用人身损害赔偿的标准，而不应作工伤处理。材料厂利用我不清楚上述法律关系，受伤后为生活所迫急于得到赔偿的心理，采取欺诈手段诱骗我签订了调解协议，故在该协议签订过程中我存在重大误解，且协议显失公平，请求二审依法改判。

材料厂则辩称，事故发生后，上诉人同意选择工伤标准赔偿，故本案不存在重大误解和显失公平问题，请求二审法院驳回上诉，维持原判。

二审法院审理后认为，人民调解委员会 2005 年 11 月 20 日主持调解时，上诉人及其委托代理律师均到场，其代理律师明确提出该事故可按工伤处理，也可按人身损害赔偿处理，由此说明其清楚上诉人与被上诉人之间属何法律关系，只不过上诉人最终选择适用了按工伤标准处理方案，且经过多轮协商，确定了最终的赔偿数额，现上诉人称其对协议存在重大误解及协议内容显失公平，均无事实和法律依据。遂依照《中华人民共和国民事诉讼法》第一五三条之规定，作出驳回上诉，维持原判之终审判决。

律师点评：

本案主要涉及雇佣关系和劳动关系的区别，以及两种关系下劳动者因工作受伤时赔偿标准的区别。司法实践中，一些人对我国既存在雇佣关系又存在劳动关系非常不理解，无法理清二者关系。我国采用劳动关系这一概念主要出于两个方面的原因：

一是照新中国成立以来的传统称呼习惯；二是由于我国现阶段经济发展水平不高，人口多劳动就业压力大，不少雇佣关系还不能严格依照劳动法加以保护，特别是不能要求所有的雇佣关系都按法律规定强制缴纳社会保险费。故我国劳动法所保护的劳动关系实质上是雇佣关系中的一部分，随着社会的发展，劳动法所保护劳动关系的范畴会逐步扩大。现实生活中，一般情况下，雇员与雇主形成长期稳定关系，并受劳动法律、法规调整的，称为劳动关系；雇员与雇主未形成长期稳定关系，且劳动者未能依劳动法享受相应待遇的，称为雇佣关系。

由于劳动关系中，劳动者的权益受到劳动法的充分保护，资方必须或应当为劳动者缴纳养老保险、医疗保险、失业保险、生育保险、工伤保险，因而，为了平衡一般雇佣关系中劳动者的权益，劳动者工作中发生人身伤害事故时，法律和司法解释规定了两套赔偿标准，即在劳动关系中适用工伤赔偿标准，在雇佣关系中适用人身损害赔偿标准。最高人民法院《关于审理人身损害赔偿案件适用法律若干问题的解释》第十一条规定："雇员在从事雇佣活动中遭受人身损害，雇主应当承担赔偿责任。属于《工伤保险条例》调整的劳动关系和工伤保险范围的，不适用本条例。"该解释第十二条规定："依法应当参加工伤保险统筹的用人单位的劳动者，因工伤事故遭受人身损害，劳动者或者其近亲属向人民法院起诉请求用人单位承担民事赔偿责任的，告知其按《工伤保险条例》的规定处理。"这两条规定已明确对两种理赔计算方式进行了区别，但按工伤标准计算的理赔额要低于人损标准。

《中华人民共和国民法通则》第五十九条规定："下列民事行为，一方有权请求人民法院或者仲裁机关予以变更或者撤销：（一）行为人对行为内容有重大误解的；（二）显失公平的。被撤销的民事行为从行为开始起无效。”最高人民法院《关于贯彻执行〈中华人民共和国民法通则〉若干问题的意见（试行）》第七十一条规定：“行为人因为对行为的性质、对方当事人、标的物的品种、质量、规格和数量等的错误认识，使行为的后果与自己的意思相悖，并造成较大损失的，可以认定为重大误解。”《意见》第七十二条同时规定：“一方当事人利用优势或者利用对方没有经验，致使双方的权利与义务明显违反公平、等价有偿原则的，可以认定为显失公平。”本案中，调解委员会召集双方当事人调解时，原告徐某委托的律师提出，本事故“如不按工伤处理，可按人损标准处理”，其时原告就在旁边，这说明原告徐某对行为的性质、赔偿标准是清楚的，同时双方当事人是在调委会主持下平等协商达成协议的，并不存在一方利用优势地位问题，也不明显违反公平原则，故重大误解和显失公平都难以成立。

当事人对自己的权利享有处分权，在民事上最根本的体现了当事人自治原则。对赔偿标准进行选择也是行使处分权的体现，只要处分过程中不存在重大误解和显失公平情形，有关协议就不应轻易撤销。最高人民法院《关于审理涉及人民调解协议的民事案件的若干规定》第一条规定：“经人民调解委员会调解达成的、有民事权利义务内容，并由双方当事人签字或者盖章的调解协议，具有民事合同性质。当事人应当按照约定履行自己的义务，不得擅自变更或者解除调解协议。”该《规定》第三条则规定：“当事人一方起诉请求变更或者撤销调解协议，或者请求确认调解协议无效的，有责任对自己的诉讼请求所依据的事实提供证据予以证明。”本案中，原告徐某对自己主张的案件事实未能充分提供证据加以证明，故其要求撤销人民调解协议的请求难以支持。

恶意串通签订假劳动合同案

小芳与纺纱公司签订的劳动合同期满后仍留在公司工作。2004 年 2 月 1 日，小芳以迁居北京为由，向公司申请辞职，次日，公司作出同意辞职的决定，小芳即离开公司。相继纺纱公司到劳动部门为其办理了养老、医疗保险停止参保手续。3 月 15 日，小芳与公司人事部门工作人员串通，取得一份《解除（终止）劳动合同书》，载明“现因双方协商原因，从即日起解除（终止）双方签订的劳动合同”，又依据该合同书填写了《解除（终止）劳动合同登记表》，并报经劳动部门审批。审批表中解除劳动合同的理由为“双方协商终止合同”，是否给付经济补偿金一栏填写“5000 元”。公司发现后向劳动部门申请变更与小方解除劳动合同理由，声明“我公司负责人事的同志未经公司同意，私自变更解除劳动合同的理由为双方协商，重新伪造了双方协商解除劳动合同书，办理了骗取经济补偿金待遇的手续，请求更正”。同年 5 月 24 日，劳动部门向公司发函，载明“根据单位书面变更手续，小芳不符合享受经济补偿金的条件，现予纠正”。

小芳不服向所在区法院起诉要求纺纱公司支付经济补偿金。

区法院审理后认为：小芳向纺纱公司申请辞职，经公司同意后，双方的劳动关系即行终止。按照相关法律规定，小芳不符合享受经济补偿金的条件。小芳与公司人事部门工作人员恶意串通获得双方协商解除劳动合同的书面材料和享受经济补偿金的审批手续，企图以合法的形式达到违规领取经济补偿金的目的，违反了我国法律禁止性的规定，据此认定该行为无效，驳回小芳要求公司支付经济补偿金的诉讼请求。

一审判决后，小芳不服，提起上诉。二审法院判决维持原判。

律师点评：

经济补偿金是用人单位在劳动者主观上无过错的情况下解除劳动合同时，为满足劳动者在离职后一段时期内的生活，依法一次性支付给劳动者的费用。它既不是赔偿金，也不是违约金，实质上是用人单位依法履行对劳动者必要的社会保障义务。根据《中华人民共和国劳动法》第二十八条的规定，有权享受社会保障的劳动者，必须是非自愿性失业者，并且是客观上无过错者，用人单位只能向被动地接受提前结束劳动关系的劳动者提供。本案中小芳自愿向公司辞职，不符合领取经济补偿金的法定条件，其为了达到领取经济补偿金的目的，与公司工作人员恶意串通，重新签订双方协商解除劳动合同的协议，损害了国家和社会公共利益，该协议应认定无效，小芳依据该协议要求公司支付经济补偿金的诉讼请求不应得到支持。

非本职工作工伤认定案

李某某原系某太阳能热水器厂（下称甲热水器厂）的销售员。2004 年 1 月 5 日，李某某以甲热水器厂名义与东江市王某订立经销协议，约定产品保修期为三年，出现制造上的缺陷或质量问题无偿退还，产品销售后由销售商负责修理。2005 年 1 月 20 日，李某某送货到王某处，王某提出用户盛某的太阳能热水器有质量问题，要求李某某到现场查看，李某某立即与王某前往盛某家中。在检查热水器时，李某某从二楼楼顶滑下受伤，经本市第二医院诊断为 T11 骨折伴截瘫。

同年 4 月 15 日，李某某向市劳动和社会保障局（下称劳动局）申请工伤认定。6 月 17 日，劳动局在向甲热水器厂发出工伤认定限期举证告知书并经调查后，作出工伤认定决定书，认定李某某在甲热水器厂工作期间，在客户盛某家确认热水器质量时从二楼屋顶摔下致伤为工伤。甲热水器厂吴某不服该工伤认定决定，向市政府申请行政复议。7 月 25 日，市政府经复议作出了维持工伤认定决定的行政复议决定书。

此间，热水器厂进行了工商变更登记。甲热水器厂原是由吴某投资兴办的个人独资企业。2005 年 2 月 8 日，甲热水器厂申请变更为乙热水器厂，改由吕某投资，并约定甲热水器厂的债权债务全部转让给乙热水器厂。2 月 10 日，工商行政管理部门办理了变更登记。2 月 24 日，乙热水器厂申请注销登记，企业债务由吕某承担。2 月 25 日，工商行政管理部门批准了注销登记。市政府作出的维持工伤认定决定的行政复议决定书，吴某仍然不服，于 2005 年 8 月 2 日以劳动局为被告，向法院提起行政诉讼。法院受理后，依法通知与本案被诉具体行政行为有法律上利害关系的李某某作为第三人参加诉讼。

吴某诉称，李某某没有到客户家修理热水器的工作职责，李某某是受经销商王某的指派去修理热水器的，王某应对李某某的受伤负责。甲热水器厂已经不存在了，劳动局认定的主体有误。要求依法撤销劳动局作出的工伤认定决定书。

劳动局辩称，我局依李某某之申请，进行工伤认定，是我局依法履行的法定职责。该具体行政行为认定事实清楚，程序合法，适用法律正确，甲热水器厂变更后注销是事实，但李某某是与甲热水器厂形成的劳动关系，我们认定的是李某某在甲热水器厂工作期间发生的工伤。并未明确由谁来承担工伤的赔偿责任。请求驳回吴某的诉讼请求。

李某某诉称，我是在甲热水器厂工作期间，按照我的工作职责对甲热水器厂售出的商品进行质量检查时摔伤，符合工伤认定的条件，劳动局的行政确认行为合法。请求判决驳回吴某的诉讼请求。

区法院经审理认为，甲热水器厂是个人独资企业，在其存续期间与李某某存在劳动关系。李某某在用户对其负责售出的商品提出质量问题时进行现场查看，显属职务行为。吴某认为李某某受销售商雇佣，为销售商修理商品的主张没有证据证明，也不在情理之中。企业变更或终止后，不能改变企业存在时与原有职工之间的劳动关系，被诉工伤认定决定以事故发生时与李某某存在劳动关系的甲热水器厂作为用人单位并无不当。吴某作为出资人对个人独资企业甲热水器厂的债务具有偿还责任，劳动局在作出工伤认定时未通知吴某参加存有瑕疵，但事实上吴某参加了工伤认定的全部过程，并充分行使了权利。据此，市法院作出了驳回吴某诉讼请求的一审判决。吴某不服一审判决，以李某某的行为超越供销员的职责范围、劳动局认定主体错误、程序不合法等为由向市中级人民法院提出上诉，要求查明事实，依法改判。

市中级人民法院经审理认为；吴某的上诉理由不能成立，遂作出终审判决：驳回上诉，维持原判。

律师点评：

根据《工伤保险条例》第十四条第（一）项的规定，职工在工作时间和工作场所内，因工作原因受到事故伤害的，应当认定为工伤。这里的工作原因与本职工作是两个不同的概念，前者的范围应当宽于后者。将工伤认定的情形界定在从事本职工作而受到的伤害，无疑是对工作原因作了限制的理解，并非立法本意。本案中，各方当事人对李某某在受到伤害时为甲热水器厂的工作人员均不持异议。作为甲热水器厂的销售人员，李某某虽然没有修理已售出热水器的职责，但其在经销商提出用户反映已售出热水器存有质量问题时进行现场查看确认，显然是解决已售出热水器的售后服务问题，同时也是为了本单位的利益，因此而受伤当属行政法规所规定的工作原因所致。劳动和社会保障部门在对李某某进行工伤认定时，着重应当考虑的因素是李某某是否因工作原因受伤，至于其是否超越本身职责范围并不决定工伤事故性质的成立。故上诉人吴某欲以李某某超越销售员职责而否认被诉工伤认定合法性的理由不应采纳。

同时，工伤认定应当以发生事故时的劳动关系作为基础事实，工伤法律关系的主体与工伤责任的承担主体在特定情形之下可以不尽一致。虽然事故发生之后，作为用人单位的甲热水器厂已进行了工商变更登记，但这并不影响本案被诉工伤认定对劳动法律关系主体的确定。

市中级人民法院认为吴某的上诉理由不能成立，遂作出终审判决：驳回上诉，维持原判。

雇佣关系纠纷案

原告某某与被告赵某系同村村民，双方系亲属关系。2005 年，被告赵某承建某单位（明阳公司）建造厂房的木工工程。期间，赵某雇请赵某某做木工活，双方约定，每天工资 80 元。同年 3 月 30 日，原告赵某某在支模板时摔倒受伤，当即被送到银川市江原医院治疗。原告住院期间，被告预付了部分医疗费，原告自己垫付医疗费 5000 元。原告伤情经法医鉴定为 IX 级伤残，左股骨头无菌性坏死，需要手术置换。双方就已经发生的费用赔偿协商无果，原告于 2006 年 5 月 26 日向人民法院提起诉讼。

原告诉称：被告赵某与原告赵某某之间虽然没有订立书面雇佣合同，但二人之间已形成了事实上的雇佣关系。因此，赵某对赵某某履行职务期间受伤，造成的损失应承担赔偿责任，明阳公司明知被告赵某没有相应建筑资质，却将建造厂房的木工工程承包给被告赵某，应承担连带赔偿责任。

被告辩称：原告与被告之间没有签定任何书面雇佣合同，被告承接某单位建造厂房的木工活后，邀请原告一同做工，双方地位平等，不存在雇佣关系，建造厂房的单位与原告受伤没有任何法律关系。两被告不应承担赔偿责任。

法院认为：雇佣关系是指没有纳入依照法律法规规定应当参加工伤保险统筹的雇佣关系，不包括劳动法所指的劳动关系。如何认定雇佣关系，可从当事人之间是否存在控制、支配和从属关系，是否由一方指定工作场所，提供劳动工具或设备，限定工作时间，定期给付劳动报酬，所提供的劳动是接受劳务一方生产经营活动的组成部分等方面来看，如具备上述条件，可以认定为雇佣关系。被告赵某与原告赵某某之间虽然没有订立书面合同，但符合雇佣关系的一些基本条件，二者之间已形成了事实上的雇佣关系。原告受雇于被告在执行职务过程中受伤，依据最高人民法院《关于审理人身损害赔偿案件适用法律若干问题的解释》（以下简称“解释”）第十一条第一款“雇员在从事雇佣活动中遭受人身损害，雇主应当承担赔偿责任”。的规定，作为雇主的赵某依法应承担赔偿责任。被告明阳公司明知被告赵某没有相应建筑资质，却将建造厂房的木工工程承包给被告赵某，根据《解释》第十一条第二款“雇员在从事雇佣活动中因安全生产事故遭受人身损害，发包人、分包人知道或者应当知道接受发包或者分包的雇主没有相应资质或者安全生产条件的，应当与雇主承担连带赔偿责任”的规定，据此，法院判决被告与明阳公司对原告遭受的人身损害应承担连带赔偿责任。

临时工搬运途中受伤责任纠纷案

2005 年 7 月 13 日，二被告通化市中成药制品有限公司（中成药公司）送药品原料到开发区竹行药制品加工厂加工，一被告郭某（私营业主）召集原告郑某等五人为其卸药品原料，原告在卡车上卸药品原料时摔下倒地，当即昏迷不醒，后被急送至通化市医院治疗时，意志已完全丧失，无言语和表情，经法医鉴定构成一级伤残。2005 年 11 月 18 日，原告诉至南通开发区法院，请求判令：1. 被告赔偿原告治疗费、住院期间伙食补助费、护理费、误工费、交通费，合计 106969.98 元；2. 要求伤残程度鉴定，并由被告支付相应费用；3. 诉讼费用由被告承担。

原告诉称：原告等五人受第一被告召集，从第二被告车上将药品原料卸下，通过卸掉货物，再次计重得出空车重量，计算出交货的药品原料数量，由第一被告支付工资。由此可见，原告等五人的服务对象具有双重性，既为第一被告工作——将货物送到仓库，又为第二被告工作——通过卸掉货物计算出交货的药品原料数量。据此，原告与两被告的雇佣关系均成立。两被告对原告的损失承担连带赔偿责任。

一被告郭某辩称：原告是在没有任何人叫其缺药品原料的情况下，完全是出于自身的意思爬上货车拉麻袋包，不注意摔下造成了伤害。作为二被告中成药公司在场押车员孙某对原告爬上车卸麻袋包的危险行为看到而不加以制止，完全图自身的一时省力和麻烦，而造成原告受伤，此时原告的行为已是在为中成药公司帮工。因此，一被告不具备本案的诉讼主体资格，不应承担赔偿责任。二被告中成药公司辩称：通化市中成药制品有限公司并非本案的适格被告。首先原告等五人是由郭某召集并由郭某支付劳动报酬。其次，原告与其既无雇佣关系，也非义务帮工关系。第三，其并未因原告的行为而受益。因此，其不应承担赔偿责任。

通化开发区法院审理认为，被告郭某作为私营业主，其雇佣的人员在从事雇佣活动过程中受到伤害，被告郭某依法应承担雇主责任。由于被告通化市中成药制品有限公司与原告并不存在雇佣关系，故不应承担民事赔偿责任。依照《中华人民共和国民法通则》判决：1. 被告郭某赔偿原告郑某医疗费、住院伙食补助费、误工费、交通费、残疾赔偿金、护理费、营养费、被抚养人生活费、精神损害抚慰金、继续治疗费，合计332229.13元中的80%，计265783.3元。其余损失由原告自负；2. 被告通化市中成药制品有限公司不承担赔偿责任；3. 驳回原告的其他诉讼请求。

律师点评：

本案的争议焦点主要存在以下两个方面：一是本案的原告所主张的雇佣关系如何认定，即原告是与一被告郭某为雇佣关系，还是与二被告通化市中成药制品有限公司为雇佣关系；二是本案责任分担的问题。

（1）本案的原告所主张的雇佣关系如何认定。

雇佣关系是指当事人一方在一定或不定期内为另一方当事人提供特定或不特定劳务且接受另一方当事人的监督、管理，并相应地取得工资而形成的权利义务关系。雇主与雇工之间具有特定的人身关系，在受雇用期间，雇工按雇主的意志实施行为，由此创造的经济利益以及其他物质利益，由雇主承受，雇工据此得到报酬。雇工在从事雇佣活动过程中自身受到损害，雇主应当承担民事责任。雇工对损害的发生有重大过错的，可以减轻雇主的责任。

被告郭某召集原告等人为通化市中成药制品有限公司装卸麻袋包，从生产业务来看，原告等人装卸麻袋包的工作是该厂生产经营活动的组成部分。但在具体搬运过程中，原告等人亦接受被告郭某的指挥。况且，最终的搬运费用也是由被告郭某支付。因此，原告与被告郭某（私营业主）之间形成雇佣关系。而被告郭某认为原告等人为被告通化市中成药制品有限公司帮工的主张与事实不符，本院不予采信。

（2）本案的责任分担问题。

作为雇主应对雇员在从事雇佣活动中遭受人身损害承担赔偿责任，且依照相关司法解释，雇主责任属于严格责任。原告与被告郭某（私营业主）形成雇佣关系，作为业主的郭某应承担雇主责任。当然，作为受害人的原告，在未采取任何安全保护措施的情况下，爬至近三米高的车顶搬运麻袋包，其主观上过于自信，是对自身安全的一种漠视，故其主观上存在着重大过失。依照法律规定，受害人有重大过失的，可以减轻赔偿义务人的赔偿责任。

综上，被告郭某（私营业主）其雇佣的人员在从事雇佣活动过程中受到伤害，依法应承担雇主责任。由于原告主观上存在重大过失，因此可以减轻被告郭某的赔偿责任。被告通化市中成药制品有限公司与原告不存在雇佣关系，故不应承担民事赔偿责任。

社会保险费缴费基数争议案

王先生系上海某光缆公司的员工，该公司对员工的工资分配实行结构工资形式，即将工资分解成基础工资、奖金、津贴、补贴等几部分，根据具体考核计算每月工资。由于企业生产经营随着市场情况不断调整变化，王先生的每月工资收入变化也较大。为了确定社会保险费的缴费基数，公司与王先生约定：以基础工资的标准作为缴纳社会保险费的基数。王先生虽然对公司的说法有异议，但为了能够在公司长期工作下去，因此也就同意了公司的做法。于是，公司就按双方约定的数额为王晶缴纳社会保险费。四年后，公司在合同终止时通知王先生不再续订劳动合同，王先生对公司不再续用自己感到失望。在办理离职手续时，王先生向公司提出了社会保险费缴费基数与自己工资收入不符的问题，希望公司予以解决。公司表示双方对社会保险费缴费基数已有约定，公司按约定为王先生缴费不存在问题，对王先生的要求予以拒绝。双方于是发生争议。

王先生提出：自己在公司工作多年，公司没有按自己的实得收入为其缴纳社会保险费，违反了国家的有关规定，要求公司补缴未足额缴纳社会保险费的差额部分。

上海某光缆公司公司答复：公司因生产经营状况有变化而与员工约定缴费基数，公司严格按约定的缴费基数缴纳社会保险费，因此不同意王的先生要求。

律师点评：

本案的争议焦点是当事人是否可以约定社会保险费的缴费基数。

《劳动法》第七十二条规定："用人单位和劳动者必须依法参加社会保险，缴纳社会保险费"。根据该规定，劳动关系双方当事人必须参加社会保险，缴纳社会保险费，这是《劳动法》对劳动关系当事人确定的法定义务。上海市劳动和社会保障局、上海市医疗保险局联合发文《关于调整单位缴纳社会保险费基数有关问题的通知》中规定："从 2000 年 4 月 1 日起本市机关、事业单位、企业、社会团体缴纳社会保险费的工资基数按单位和个人缴费基数相一致的原则确定；单位按月缴纳社会保险费的基数按单位职工月缴费基数之和确定；职工缴纳社会保险费基数以本人上一年度月平均工资收入确定月缴费基数"。以上规定表明，参加社会保险，缴纳社会保险费是劳动关系当事人的法定义务；社会保险费的缴纳，有明确的缴费基数统计规定。

以上规定中，用人单位的缴费基数是劳动者的缴费基数之和，即以劳动者上一年度平均工资收入作为缴费基数的计算基础。本市的社会保险基金经办机构每年公布一次有关缴费工资基数的规定，上海市劳动和社会保障局《关于确定 2003 年度缴纳社会保险费工资基数的通知》中规定："区、县社保中心应严格按国家统计局《关于工资总额组成的规定》和相关的法规、规章以及市统计局统计指标解释口径，对缴费单位及缴费个人的2002年度工资总额进行审核，并据此核定其2003年度的缴费基数”。根据以上规定，工资总额的确定是缴费基数确定的基础。国家统计局《关于工资总额组成的规定》对工资总额的规定是：“工资总额是指各单位在一定时期内直接支付给本单位全部职工的劳动报酬总额。工资总额由下列六个部分组成：（一）计时工资；（二）计件工资；（三）奖金；（四）津贴和补贴；（五）加班加点工资；（六）特殊情况下支付的工资。”

在该规定中，确定的可以不列入工资总额的范围是：“（一）根据国务院发布的有关规定颁发的发明创造奖、自然科学奖、科学技术进步奖和支付的合理化建议和技术改进奖以及支付给运动员、教练员的奖金；（二）有关劳动保险和职工福利方面的各项费用；（三）有关离休、退休、退职人员待遇的各项支出；（四）劳动保护的各项支出；（五）稿费、讲课费及其他专门工作报酬；（六）出差伙食补助费、误餐补助、调动工作的旅费和安家费；（七）对自带工具、牲畜来企业工作职工所支付的工具、牲畜等的补偿费用；（八）实行租赁经营单位的承租人的风险性补偿收入；（九）对购买本企业股票和债券的职工所支付的股息（包括股金分红）和利息；（十）劳动合同制职工解除劳动合同时由企业支付的医疗补助费、生活补助费等；（十一）因录用临时工而在工资以外向提供劳动力单位支付的手续费或管理费；（十二）支付给家庭工人的加工费和按加工订货办法支付给承包单位的发包费用；（十三）支付给参加企业劳动的在校学生的补贴；（十四）计划生育独生子女补贴。”以上规定对有关工资总额的组成部分和不列入工资总额部分作了详细明确的规定，是具体计算工资总额的法定依据。上海市统计局每年出台有关统计解释，关于《劳动统计指标解释及2003年劳动统计台账》规定：“工资总额的计算原则：工资总额的统计以劳动报酬为根据，工资总额的统计以在岗职工范围为前提，工资总额的统计不考虑其经费来源和支付形式，工资总额应按报告期实发数统计。”以上解释表明，工资总额与劳动报酬密切相关，根据单位缴费基数与职工缴费基数相一致的原则，通过劳动报酬可以确定缴费基数。

《上海市企业工资支付办法》规定：“本办法所称工资是指用人单位根据国家和本市的规定，以货币形式支付给劳动者的报酬。即列入工资总额统计的货币收入。”这个规定表明：工资即是劳动报酬，劳动报酬即是列入工资总额统计范围的货币性收入。于是，工资收入与工资总额有了概念上的密切联系，工资收入作为缴费基数的统计标准有了法定依据。

本案中，上海某光缆公司与王先生双方都依法负有按规定缴纳社会保险费的义务，当事人以约定缴费基数的方式缴纳社会保险费，违反了按工资总额核定缴费基数的规定，因此该约定因不符规定而无效；公司缴费基数统计中未列入奖金、津贴、补贴等几部分劳动报酬，而这几部分均不属于可以不列入工资总额统计的范围，因此，这几部分均属于应当计入缴费基数的统计范围，由此产生的社会保险费少缴部分，应当按规定补缴。据此，王先生可以要求公司补缴未足额缴纳社会保险费的差额部分。

劳动报酬附条件纠纷案

2005年5月，被告钱某以威海市某建筑工程公司名义承接山东青岛一工程，雇用原告周某等人去该工程做工，至同年11月，原告离开工地回原籍。此后，原告多次向被告追要劳动报酬。2006年6月13日，被告向原告出具欠据一张，欠据写明：“今欠到工资6000元，青岛工程款付后全部结清。”原告为了得到欠据凭证，对所附条件未提出异议。后被告在承建青岛这一工程中，因工程材料未及时到位，致使工程延期交付，发包单位至本案诉讼时仍未支付被告工程款。

原告诉称：该付款约定所附条件显失公平，属可撤销的民事行为，要求依法撤销与被告就支付劳动报酬所附的条件，并要求被告给付拖欠的劳动报酬6000元。

被告辩称，欠款属实，双方所附条件合法有效，因发包单位至今未能结算工程款，双方所附的条件尚未成就，故暂时不好支付原告的劳动报酬，该欠据所附条件合法有效，是双方真实意思表示，受法律保护。因所附条件还未成就，故被告暂不好支付该款，应判决驳回原告的诉讼请求。其理由是：第一，该附条件的约定是双方当事人在平等、自愿的基础上订立的，是双方意思真实表示，并不违反法律强制性规定，对双方当事人均具有约束力。第二，该约定符合《民法通则》第六十二条的规定，即属附条件的民事法律行为。现原告要求被告给付所欠的劳动报酬，因发包单位尚未将工程款给付被告，双方所约定的条件尚未成就，故被告暂不好支付原告的劳动报酬。

2007年9月威海某区法院判决：被告给付原告6000元的劳动报酬。

律师点评：

这是一起付款约定附条件的案件，却是属于显失公平，可撤销的民事行为。其理由是：

（1）该约定所附条件违背了民法的公平原则。民事法律行为可以附条件，本案中被告亦未强迫原告接受所附条件，且所附的条件也未违反法律强制规定，但民事行为不能违背公平原则。《民法通则》第四条规定：“民事活动应当遵循自愿、公平、等价有偿、诚实信用的原则。”本案中被告承包工程，雇用原告为其施工，双方之间形成了雇佣关系，被告就应当按照双方原先的约定支付原告的劳动报酬，对此，我国劳动法对劳动者的权利有特别保护。

被告与建设发包单位的关系，是建设工程合同关系，属另一法律关系，被告因工程延期交付，发包单位为此而未能与被告结账，被告明知发包单位的工程款难以给付，不积极通过诉讼等方式解决，却将与第三者的风险责任转嫁于原告。换言之，如果被告不能从发包单位结算到工程款，被告就可不必再向原告支付劳动报酬，那被告经济损失就会得以减轻，因为其一部分损失已被转嫁于原告等具体劳动者身上。可是，如果这样，原告的汗水就会白流，其损失是100%。由此可见双方的利益明显不均衡，该约定显然有失公平。显失公平的民事行为往往是当事人双方的权利义务极不对等，经济利益上不平衡，因而违反了公平原则。

我们知道，民事活动应当遵循公平原则，公平原则是道德规范的法律化，这一原则要求民事主体应以公平的观念从事民事活动，正当地行使权利和履行义务，在民事活动中兼顾他人利益和社会利益。其次，公平与互利是包容关系，互利是公平的必然内容，二者的精神完全一致，都反映了当事人之间的利益平衡的要求。本案中，原、被告双方的利益不均衡、不对等，原告的利益取决于被告，被告具有明显优势。所以说本案双方当事人就劳动报酬所附的条件显失公平，人民法院在处理这一民事纠纷时，应根据公平原则，使案件的处理既符合法律，又公平合理。

（2）该约定所附的条件属可撤销的民事法律行为。《民法通则》第五十九条第一款第（二）项规定："显失公平的民事行为，一方当事人有权请求人民法院或者仲裁机关予以变更或者撤销。"法律规定显失公平的民事行为应予撤销，不仅是公平原则的具体体现，而且是切实保障了公平原则的实现。本案原告向法院申请撤销所附的条件，法院应依照该项法律规定予以撤销。民法通则同时规定："被撤销的民事行为自始无效。""民事行为部分无效，不影响其他部分的效力的，其他部分仍然有效。"对被告拖欠原告劳动报酬，不因该所附条件的无效而无效，因此，法院应判决被告给付原告6000元的劳动报酬。

加班费索赔案

原告郑某于2001年1月5日进入吉林某市场有限公司（以下称公司）工作，担任管理员，未签订劳动合同，月工资为580元，后调整为600元。工作期间原告基本上没有享受过休息日和法定节假日（其中只有两年实行过每周休息一天的制度）。

2006年3月25日，公司以原告多次在夜班睡觉、干私活为由将原告郑某予以辞退。郑某被辞退后，于2006年4月27日向吉林市劳动争议仲裁委员会提起仲裁，要求公司支付郑某工作期间（5年多）所有休息日和法定休假日的加班费共19000元。仲裁委员会受理后，经审理于2006年6月30日作出裁决，裁决认为原告的请求超过了60日的申诉时效，只裁决公司支付原告被辞退前2个月的加班费及其25%的经济补偿金共计1400元。

原告不服，于2006年7月18日向吉林市丰满区人民法院提起诉讼，要求公司支付原告工作期间所有休息日和法定节假日的加班费及其25%的经济补偿金合计21020元。2006年9月10日，丰满区法院开庭审理本案，2006年12月27日一审宣判，判决公司支郑某2001年1月5日至2006年2月20日期间的全部加班费及其25%的经济补偿金，共计23210元。一审宣判后，公司不服，于2007年1月5日上诉至吉林市中级人民法院，认为郑某要求加班费已经超过了60日时效，且一审法院计算加班费有误，要求撤销一审法院判决。2007年5月15日，二审开庭审理；2007年6月26日，吉林市中级人民法院向郑杰送达了终审判决，判决驳回了公司的上诉，维持一审判决。

律师点评：

此案主要涉及劳动争议仲裁时效的认定问题，《劳动法》规定，劳动争议的仲裁时效自劳动争议发生之日起60天，这60天很清楚，但这60天怎么算（何谓劳动争议发生之日），规定的就不清楚了。2006年8月14日最高人民法院颁布的《关于审理劳动争议案件适用法律若干问题的解释（二）》第一条对该问题作了如下经典界定：人民法院审理劳动争议案件，对下列情形，视为劳动法第八十二条规定的“劳动争议发生之日”：（一）在劳动关系存续期间产生的支付工资争议，用人单位能够证明已经书面通知劳动者拒付工资的，书面通知送达之日为劳动争议发生之日。用人单位不能证明的，劳动者主张权利之日为劳动争议发生之日。（二）因解除或者终止劳动关系产生的争议，用人单位不能证明劳动者收到解除或者终止劳动关系书面通知时间的，劳动者主张权利之日为劳动争议发生之日。（三）劳动关系解除或者终止后产生的支付工资、经济补偿金、福利待遇等争议，劳动者能够证明用人单位承诺支付的时间为解除或者终止劳动关系后的具体日期的，用人单位承诺支付之日为劳动争议发生之日。劳动者不能证明的，解除或者终止劳动关系之日为劳动争议发生之日。

由于用人单位处于优势地位，劳动者处于弱势地位，往往为了保住工作，在单位欠薪情况下忍气吞声。争议的审理，最高法院采取了如上从宽理解，这一理解毫无疑问对扩大保护员工合法权利起到了非常重要的作用。而全国人民代表大会常务委员会于2008年5月1日执行的《中华人民共和国劳动争议调解仲裁法》将这一保护更扩大到极致，如该法第二十七条规定：“劳动争议申请仲裁的时效期间为一年。仲裁时效期间从当事人知道或者应当知道其权利被侵害之日起计算。前款规定的仲裁时效，因当事人一方向对方当事人主张权利，或者向有关部门请求权利救济，或者对方当事人同意履行义务而中断。从中断时起，仲裁时效期间重新计算……劳动关系存续期间因拖欠劳动报酬发生争议的，劳动者申请仲裁不受本条第一款规定的仲裁时效期间的限制；但是，劳动关系终止的，应当自劳动关系终止之日起一年内提出。”

试用期内工伤待遇争议案

王某于2006年5月到某私营企业打工，才干了不到一周，就因操作机器时不慎将脚部压伤。该企业在支付了王某的住院治疗费用之后，就不再管了。王某找到单位要求工伤相关待遇，公司表示：王某入厂前三个月为试用期，三个月后才能签订正式的劳动合同，王某由于在试用期内受伤，没有和企业签订劳动合同，因此不享受工伤待遇。

律师点评：

该公司以王某没有签订劳动合同为由拒绝赔偿是没有法律依据的。因为《工伤保险条例》中规定，本条例所称职工，是与用人单位存在劳动关系（包括事实劳动关系）的各种用工形式、各种用工期限的劳动者。王某就属于与该公司存在事实劳动关系的情况，当然也受法律保护。即使公司没有参加工伤保险，也应该根据《工伤保险条例》规定的赔偿项目进行赔偿。公司认为“试用期内不享受工伤保险待遇”更是没有法律依据。《劳动法》确立试用期的目的就是给职工和用人单位一个相互考察适应的时间。在此期间，如果劳动者被证明不符合录用条件，用人单位可以解除劳动合同，但其他方面如工资、保险、劳动保护等方面都受法律的充分保护。因此，职工的工伤待遇应从劳动关系形成之日起、而不是从试用期满之日起计算。

劳动中发生伤残事故赔偿争议案

2004年4月27日，被告四川省某股份有限公司（以下简称某公司）在四川省眉山市开发106线项目，为了项目能够顺利完工，遂与被告罗某（系某公司的职工）签订工程承包合同，承包合同约定由被告罗某独自承包眉山106线西来堰大桥行车道板的架设安装，工程总价款26万余元，费用包干。该合同还约定，施工过程中，如果劳工发生伤、亡、残事故，均由被告罗某负责，某公司一律不承担任何赔偿责任。合同签订后，被告罗某即组织民工进行全面安装。

2004 年 5 月 2 日，原告刘某经朋友介绍来到被告罗某处打工。罗某召集足够的劳工后，进行了劳工名单编册统计，于 2004 年 5 月 4 日向四川省眉山市社会保险经办机构缴纳了工伤保险费。为了防止工伤事故的发生，罗某曾召集民工开会强调生产安全问题，要求民工在安放道板，使用胶垫时必须使用铁钩，以防止道板坠落伤人。

2004 年 5 月 8 日下午 6 时许，原告刘某在安放道板下的胶垫时未使用铁钩，直接用手放置。由于支撑道板的千斤顶滑落，重达 10 多吨的道板坠下，将刘某的左手砸伤。事故发生后，被告罗某立即将刘某送到医院进行治疗。在住院期间，刘某的医疗费、护理费、交通费、伙食费，以及出院后的治疗费用总计 5308.91 元，均由被告罗某承担支付。刘某出院后，要求被告罗某承担自己今后的生活费用和伤残补助费，但遭到被告罗某的拒绝。

原告刘某认为：（1）自己在朋友的介绍下来到被告处打工，2004 年 5 月 8 日下午自己在工地上做工，由于不小心在安放道板时忘使用铁钩，导致千斤顶滑落，道板坠下将自己的左手砸伤，经鉴定伤残程度为七级。自己作为劳动者，在工作的时间内不幸受伤，应当认定为工伤。根据《工伤保险条例》的有关规定，应当享受工伤保险待遇。可被告罗某只同意支付自己在医院住院期间的相关费用，这些费用已经支付给医院，自己身体受到伤残的损失并没有得到赔偿，故被告应当根据《工伤保险条例》对自己的损失进行赔偿。（2）在此次事故中，被告某公司作为发包方，将建设项目盲目地承包给没有资质、不能独立承担民事责任的自然人，其发包的行为给工地上的安装工作增加了安全隐患。且被告某公司和被告罗某有共同的利益关系，因此，被告某公司应当和被告罗某共同承担连带赔偿责任。

鉴于此，原告刘某于 2004 年 6 月 12 日依法向四川省眉山市人民法院提起诉讼，请求法院判令两被告共同赔偿自己误工费 6000 元、住院生活补助费 2500 元、鉴定费 450 元、交通费 1500 元、残疾人生活补助费 1.2 万元和再次医疗费 5 万元，并承担本案的诉讼费。

被告罗某认为，原告刘某在自己的工地上受伤属实，但原告刘某在工作期间，没有严格按照工地上的安全规程去工作，才导致自己受伤。而且在前往工地工作之前，自己已经组织了所有的工作人员开了集体会议，特别强调了生产安全问题，并特别提醒工作人员在安放道板，使用胶垫时必须使用铁钩，以防止道板坠落伤人。但原告刘某却违反操作规程，在安放道板时忘用铁钩，导致自己伤残。因此，在此事故中，自己已经尽到了说明和告知的义务，自己不存有任何过错行为，不应承担原告刘某的损失。何况，在此次事故中，原告刘某违反操作规程，其受伤是由于自己的过错造成的，其造成的损失理应由自己承担，其受伤的行为不符合工伤的条件，不应享受工伤保险待遇。综上，原告刘某提起的诉讼请求没有事实和法律依据，请求法院依法驳回原告的诉讼请求。

被告某公司认为，自己的工程已经承包给被告罗某，而且本公司和被告罗某在签订承包合同时曾约定，在工地上发生的一切伤、亡、残事故，均由被告罗某自行承担，本公司一律不承担任何赔偿损失。因此，根据上述协议的内容约定，本公司不应承担原告刘某因受伤造成的损失，其应当向被告罗某要求赔偿。因此，请求法院依法不予支持原告刘某的诉讼要求。

眉山市人民法院经审理查明：（1）四川省眉山地区 2004 年职工年平均工资为 5014 元；（2）眉山 106 线西来堰大桥行车道板的架设安装工程，无论从现场环境还是从施工单位的技术与设备看，都允许使用吊车直接起吊道板进行安装。采用人工安装，虽然开支费用能减少，但是安全隐患增多；（3）2005年 3 月 5 日，四川省眉山市中级人民法院法医技术室对刘某的伤情进行鉴定，结论是：刘某左手第三、四掌骨骨折，食指、中指近节指骨粉碎性骨折，食指掌指关节脱位，进行左手食指近侧指间关节截指术及左手第二、三掌骨钢针内固定手术后，左手中指屈伸活动功能完全丧失，伤残等级为工伤七级。

眉山市人民法院经审理认为，原告刘某在被告罗某承包的工程地上工作，双方已经形成了合法的劳动合同关系，其合法的劳动权益应当依法受到法律的保护。因此，被告罗某有义务保障劳动者的生产安全和身体健康。但在本案中，被告罗某承包眉山 106 线西来堰大桥行车道板的架设安装工程后，本来应当使用吊车直接起吊道板进行安装，可被告罗某为了节省开支费用，采用人工进行安装，增加了生产的安全隐患，最后导致劳动者发生伤残事故，其行为具有过错，应当承担赔偿责任。根据《民法通则》第九十八条规定："公民享有生命健康权。"根据《工伤保险条例》第十四条的规定，在本案中原告刘某受伤的行为符合工伤的条件，应当认定为工伤，故应当享受因工受伤的保险待遇。

综上，在本案中，原告刘某因工受伤导致左手残废，现请求本院判令两被告共同赔偿误工费、住院生活补助费、残疾人生活补助费，其提起的诉讼请求符合《民法通则》第一一九条、《工伤保险条例》第二十九条的规定，应予支持。刘某请求两被告给付再医费，因再医的事实尚未发生，该费用处于不确定状态，本案现不作处理，待再医事实发生后，原告可另行提出诉讼。

因此，眉山市人民法院根据《民法通则》第九十八条、第一一九条，《工伤保险条例》第十四条、第二十九条、第三十五条之规定，判决如下：

（1）被告罗某在本判决生效后5日内付给原告刘明医疗、误工、住院生活补助、护理、交通、伤残补助金、伤残就业补助金，共计18679.56元（已付5308.91元，执行时予以扣除）。

（2）被告某公司对上列费用承担连带责任。

案件受理费757.18元、鉴定费450元，由罗某负担。

一审人民法院宣判后，原告刘某不服，以原判没有解决再次医疗费用问题，其他赔偿项目也不足为由提起上诉，要求二审法院改判增加再医费、误工费等，并补发拖欠的工资。

四川省眉山市中级人民法院二审期间，除认定一审关于工伤经过的事实外，还查明：刘某住院治疗21天期间，被上诉人罗某为其支付医疗费、住院费、交通费及其他费用等共计6457.71元。刘某因工伤受到的损失，除罗某已支付的外，尚有出院后的误工费1500元、再医费2000元（含住院医药费、误工费、营养费、护理费等）、伤残补助金5014元、伤残就业补助金6254元以及其他损失2443元未付。

眉山市中级人民法院经审理认为，上诉人刘某因工伤致残，两被上诉人应当承担赔偿责任。据此，眉山市中级人民法院依照《民事诉讼法》第一五五条的规定主持调解，双方当事人于2005年5月17日自愿达成如下协议：

（1）除被上诉人罗某已支付的6457.71元以外，再由被上诉人某公司于

2005年6月30日前，一次性付给上诉人刘某出院后的误工费、伤残补助金、伤残就业补助金、再医费、其他损失费用和所欠工资等，共计18244元。

（2）一审案件受理费757.18元、鉴定费450元，二审案件受理费757.18元，共计1964.36元，由被告某公司负担。

律师点评：

（1）在本案中。被告罗某在工人的劳动过程中为了节省费用的开支，没有采取安全措施预防伤亡事故的发生，其行为没有遵守安全生产的有关事项，故应当承担劳动者的伤亡损失。

在本案中，原告刘某在工作中没有按照操作规程工作，导致自己左手伤残程度为七级，那么，被告罗某是否遵守了安全生产的有关事项，所谓安全生产，是指企事业单位在劳动生产过程中的人身安全、设备和产品安全，以及交通运输安全等。也就是说，为了使劳动过程在符合安全要求的物质条件和工作秩序下进行，防止伤亡事故、设备事故及各种灾害的发生，保障劳动者的安全健康和生产，劳动过程中的正常进行而采取的各种措施和从事的一切预防措施活动。它既包括对劳动者的保护，也包括对生产、财物、环境的保护，以使生产活动正常进行。因此，安全生产是安全与生产的统一，其宗旨是安全促进生产，生产必须安全。

在本案中，被告罗某自从承包了眉山106线西来堰大桥行车道板的架设安装工程后，本来无论从现场环境还是从施工单位的技术与设备看，都应当使用吊车直接起吊道板进行安装，可被告罗某为了节省开支费用，采用人工进行安装，明显的增多了生产的安全隐患。在本案中，虽然被告罗某在工人前往工地之前，召集了所有的工作人员进行安全教育会议，这仅仅是提醒了劳动者在工作时要注意安全，但对于有安全隐患的重型安装设备，被告罗某为了节省费用的开支，没有采取安全措施，故发生受伤的事故是不能避免的。因此，在本案中，被告罗某在生产的过程中，没有采取措施预防事故的发生，其没有遵守《安全生产法》中的有关安全生产的强制性规定，故对于原告刘明的受伤损失应当承担赔偿责任。

（2）劳动者在劳动过程中，未按照用人单位安全规程操作，不幸发生伤残。劳动者可以根据《工伤保险条例》享受工伤保险待遇，用人单位不能以此免责。

《宪法》第四十二条第二款规定："国家通过各种途径，创造劳动就业条件，加强劳动保护，改善劳动条件，并在发展生产的基础上，提高劳动报酬和福利待遇。"《劳动法》第三条规定："……劳动者有获得劳动安全卫生保护的权利……"第四条规定："用人单位应当依法建立和完善规章制度，保障劳动者享有劳动权利和履行劳动义务。"因此，在本案中，被告罗某是眉山106线西来堰大桥道板架设安装工程的承包人，招收原告刘某在该工程工作后，双方形成了劳动合同关系。被告罗某作为工程承包人和雇主，依法对民工的劳动保护承担责任。但在本案中，采用人工安装桥梁行车道板本身具有较高的危险性，对此，被告罗某应采取相应的安全措施，并临场加以监督和指导，而被告罗某仅在作业前口头予以强调，疏于注意，以致原告刘某发生安全事故。虽然刘某在施工中也有违反安全操作规则的过失，但其并非铁道建设专业人员，且违章情节较轻，故不能免除罗某应负的民事责任。

我国历来都重视加强劳动保护工作。在本案中，被告某公司作为眉山106线西来堰大桥的施工企业，在有条件采用危险性较小的工作方法进行行车道板架设安装的情况下，为了降低费用而将该项工程发包给个人，采用人工安装，增加了劳动者的安全风险。该公司在与被告罗某签订的承包合同中约定"施工中发生伤、亡、残事故，由罗某负责"，把只有企业才有能力承担的安全风险，推给能力有限的自然人承担，该条款损害了劳动者的合法权益，违反了我国宪法和劳动法前述的有关规定，依照《民法通则》第五十八条第一款第（五）项的规定，该约定应当属于无效条款，不受法律保护。因此，被告某公司对原告刘某的工伤事故，依法应当承担赔偿责任。在本案中，被告罗某和被告某公司属于共同侵权行为，应当对原告刘某的损失承担连带赔偿责任。

从上述的论述和分析中，我们均知被告罗某和被告某公司承担原告刘某的损失责任是肯定的。但在本案中，原告刘某违反操作规程，导致自己受伤的行为是否属于工伤，其是否应当享受工伤保险待遇，根据《工伤保险条例》第十四条第一款第（三）项规定："职工有下列情形之一的，应当认定为工伤：……（三）在工作时间和工作场所内，因履行工作职责受到暴力等意外伤害的。"《工伤保险条例》第十六条规定："职工有下列情形之一的，不得认定为工伤或者视同工伤：（一）因犯罪或者违反治安管理伤亡的；（二）醉酒导致死亡的；（三）自残或者自杀的。"从上述的规定可知，在本案中，原告刘某受伤是由于被告工程的安全存有隐患，而且其受伤的行为均不属于《工伤保险条例》第十六条中的任何一条款的规定，且原告刘某是在工作的时间内和工作的区域内受伤的，其行为完全符合《工伤保险条例》第十四条第一款第（三）项的规定，其受伤的行为符合工伤的条件，因此应当对原告刘某的受伤行为认定为工伤，故原告刘某可以根据《工伤保险条例》的规定享受工伤保险待遇。

据此，上述二被告应当根据《劳动法》和《工伤保险条例》的有关规定，依法支付原告刘某误工费、伤残补助金、伤残就业补助金、其他损失费用以及所欠的工资。

因工致残享受伤残津贴争议案

刘某系北京市某房地产经纪公司的职工，月工资为1000元。2004年11月23日，刘某在上班期间因工受伤，被送往医院治疗。治疗结束后，经劳动行政鉴定部门鉴定为五级伤残。2004年12月12日，北京市某房地产经纪公司为刘某申请了工伤认定。刘某被认定为工伤后，工伤保险基金经办机构按照《工伤保险条例》的有关规定，依法支付给刘某相当于其16个月的工资（16000元）的一次性伤残补助金。

北京市某房地产经纪公司根据刘某身体健康的状况，安排其在传达室工作，月工资为400元。刘某认为传达室工资较低，自己因工致残后又行动不便，要求退出工作岗位，享受伤残津贴。北京市某房地产经纪公司不同意刘某的要求，双方因此而发生争议。

于是，刘某遂向北京市朝阳区劳动争议仲裁委员会申请仲裁，请求裁决自己退出工作岗位，依法享受伤残津贴。劳动争议仲裁委员会经审查后认为，刘某因工致残后，所在单位根据刘某的身体健康状况，安排其适当的工作，符合《工伤保险条例》的规定。刘某不服从所在单位安排，要求退出工作岗位，享受伤残津贴，理由不成立，不予支持。

刘某认为，劳动者在因工致残后，是由用人单位适当安排工作，还是按月发给伤残津贴，应当尊重劳动者自身的意愿。用人单位不能强求，也不能要求人民法院强制劳动者履行劳动义务，从事单位安排的工作。这是对因工致残的劳动者必要的体恤和关怀。在本案中，刘某因工致残，按照《工伤保险条例》的规定，应当享受工伤保险待遇。工伤保险基金支付了刘某的一次性伤残补助金后，被告北京市某房地产经纪公司安排刘某在传达室工作。但传达室的工资较低，而刘某因工致残后又行动不便，要求退出工作岗位，享受伤残津贴是合理的，其请求也是符合法律法规规定的。从保护劳动者权益的角度出发，本案应当支持刘某的诉讼请求，由用人单位安排其退出工作岗位，按照有关规定享受伤残津贴。

鉴于此，刘某不服劳动仲裁委员会的裁决，遂于2004年12月29日依法向北京市朝阳区人民法院提起诉讼，请求法院支持自己的诉讼请求。

被告北京市某房地产经纪公司认为，根据《工伤保险条例》第三十四条的规定，职工因工致残被鉴定为五级、六级伤残的，保留与用人单位的劳动关系，由用人单位适当安排工作。难以安排工作的，由用人单位按月发给伤残津贴。而在本案中，本公司已经根据刘某的健康状况为其安排了工作，刘某嫌工资太低，不接受用人单位安排的工作，要求退出工作岗位，享受伤残津贴，与《工伤保险条例》的规定不符，故刘某提起的诉讼请求没有法律依据，请求法院依法驳回原告刘某的诉讼请求。

北京市朝阳区人民法院经审理认为，根据《劳动法》和《工伤保险条例》的有关规定，劳动者因工伤残如鉴定为五级，如果尚未完全丧失劳动能力的，保留劳动者与用人单位的劳动关系，由用人单位安排劳动者适当的工作。如果难以安排工作的，由用人单位按月发给劳动者伤残津贴。在本案中，劳动者刘某并未完全丧失劳动能力，用人单位可以适当安排其力所能及的工作。用人单位考虑到劳动者刘某身体健康状况，为其安排值班室的工作，符合法律法规的规定。但劳动者刘某嫌值班室工资太低，没有伤残津贴补助高，于是提出解除劳动合同，退出工作岗位，享受伤残津贴的主张，其主张有违法律法规之规定，本院不予支持。据此，北京市朝阳区人民法院根据《工伤保险条例》第三十四条之规定，判决如下：

驳回原告刘某的诉讼请求。

律师点评：

《工伤保险条例》第三十四条规定：“职工因工致残被鉴定为五级、六级伤残的，享受以下待遇：（一）从工伤保险基金按伤残等级支付一次性伤残补助金，标准为：五级伤残为16个月的本人工资，六级伤残为14个月的本人工资；（二）保留与用人单位的劳动关系，由用人单位安排适当工作。难以安排工作的，由用人单位按月发给伤残津贴，标准为：五级伤残为本人工资的70%，六级伤残为本人工资的60%，并由用人单位按照规定为其缴纳应缴纳的各项社会保险费。伤残津贴实际金额低于当地最低工资标准的，由用人单位补足差额。经工伤职工本人提出，该职工可以与用人单位解除或者终止劳动关系，由用人单位支付一次性工伤医疗补助金和伤残就业补助金。具体标准由省、自治区、直辖市人民政府规定。”

从上述规定可以看出，劳动者在因工致残（在本案中为五级伤残）后，与用人单位的劳动关系并不因工伤事故的发生和劳动者部分丧失劳动能力而解除。劳动者在保留与用人单位劳动关系的情况下，享受工伤保险待遇。而且，按照《劳动法》第二十九条的规定：“劳动者有下列情形之一的，用人单位不得依据本法第二十六条、第二十七条的规定解除劳动合同：（一）患职业病或者因工负伤并被确认丧失或者部分丧失劳动能力的……”因此，除非劳动者有《劳动法》第二十五条规定的严重违反劳动纪律或者用人单位规章制度、严重失职，营私舞弊，对用人单位利益造成重大损害及被依法追究刑事责任等情况，用人单位不能在劳动者因工负伤致残，丧失或部分丧失劳动能力的情况下，单方解除与劳动者的劳动合同关系。法律、法规的上述规定是为了保护劳动者的劳动权利，限制用人单位在劳动者因工负伤致残后，借故解除劳动关系。

在职工因工负伤并被鉴定为五级或六级伤残的情况下，由于职工只是部分丧失劳动能力，因此，应由用人单位为其安排适当的工作。对职工而言，劳动是一种权利，也是一种义务，因工致残的职工应当按照用人单位的安排从事一些力所能及的工作。只有在用人单位难以安排工作的情况下，职工才可以退出工作岗位，由用人单位按月发给伤残津贴。在本案中，刘某在因工负伤并被鉴定为五级伤残后，用人单位为其安排了劳动强度较低的传达室工作，对刘某而言，是与其身体健康状况相符合的适当工作。刘某拒不接受单位安排的工作，坚持要求退出工作岗位，享受伤残津贴，是没有法律根据的，不应当支持。在因工致残的职工的安置和待遇问题上，仅考虑职工自身的意愿是不妥当的，应当遵循《工伤保险条例》的规定，兼顾职工与用人单位双方的合法权益，作出妥善的安置。

在本案中，刘某不愿意接受用人单位重新安排工作的原因主要是新的工作岗位工资较低。按照《工伤保险条例》的规定，刘某退出工作岗位后的伤残津贴为本人工资的70%（700元），而传达室工作的工资为400元，仅为刘某原工资的40%。对于这种情况，原颁布的《企业职工工伤保险试行办法》第二十四条规定："职工因工致残被鉴定为五级至十级的，原则上由企业安排适当工作，并可以享受以下待遇：……（二）因伤残造成本人工资降低时，由所在单位发给在职伤残补助金，标准为工资降低部分的百分之九十，本人技能提高而晋升工资时，在职伤残补助金予以保留……"（此办法于2004年1月1日起失效）上述规定有利于保护劳动者的合法权益，使其经济收入和生活水平不因工致残而降低。而新的《工伤保险条例》没有作出相应的规定，这是一个立法上的缺憾。在本案中，从妥善地解决劳动争议和保护劳动者合法权益的角度出发，应当由用人单位重新调整刘某的工作岗位后，在工资待遇上给予适当照顾，不能明显低于刘某在原工作岗位上的工作待遇。

在本案中，如果当事人双方就新的工作岗位及其工资待遇问题无法达成一致，刘某提出解除劳动合同，可以按照《工伤保险条例》的规定，解除劳动关系，由用人单位支付一次性工伤医疗补助金和伤残就业补助金。如果刘某不主张解除劳动合同，又不接受新的工作岗位，北京市某房地产经纪公司可以按照有关规定和用人单位的规章制度进行处理。

未签订劳动合同引发工伤争议案

2004年4月23日，原告孙某通过朋友的介绍，找到被告北京市朝阳区某夜总会的法定代表人张某某，在后堂经理杨某某在场的情况下，提出让原告孙某到饭店工作，当时张某某并未明确表示反对。之后，原告孙某的朋友又找到后堂经理杨某某，杨某某遂安排原告孙某在面点车间工作，双方未签订正式的劳动合同。

同年 4 月 28 日，被告某夜总会正式开业，但未制定有关工作制度。4 月 30 日中午原告孙某到和面机内抓面时，不小心左臂被和面机绞伤，当日被送到医院急诊治疗，共支付医疗费 7280 元。后转院治疗，又支付医疗费 5100 元，车费 800 元。后经医院诊断为左上肢多处骨折和严重挤压伤伴血管神经损伤。自 2004 年 4 月 30 日至 7 月 14 日原告孙某在住院治疗，共支付医疗费 18960 元，因该院没有理疗科，7 月 14 日原告孙某又转至市医院。至 9 月 2 日，又支付医疗费 8928 元。

原告孙某认为，自己在被告北京市朝阳区某夜总会工作期间，虽然双方之间未签订正式的劳动合同，但彼此之间已经形成了事实上的劳动合同关系。自己合法的劳动权益应当受到法律的保护。2004 年 4 月 30 日，自己受夜总会总厨的指派前往面机房抓面，不小心被和面机将自己的左臂绞伤，共花去医疗费 17888 元，其他费用共计 8000 元。自己是在工作时间在被告的工作场所内受伤的，根据《工伤保险条例》的规定，其受伤符合工伤的条件，应当认定为工伤，享有工伤保险待遇。但遭到被告某夜总会的拒绝。

鉴于此，2004 年 8 月 13 日，原告孙某向北京市朝阳区劳动仲裁委员会提出申诉，要求被告某夜总会支付自己医药费、诊断费、交通费等合计 22874 元，并要求某夜总会给予自己工伤的待遇。

北京市朝阳区劳动争议仲裁委员会以某夜总会管理不善为由，认定原告孙某系因工受伤。同年 10 月 12 日，北京市朝阳区劳动伸裁委员会据此作出裁决，认定原告孙某系因工负伤，夜总会应当承担原告孙某全部医疗费用。孙某不服仲裁委员会的仲裁，认为某夜总会赔偿的数额太少，便诉至北京市朝阳区人民法院。

北京市朝阳区人民法院经审理认为，某夜总会经理张某某在知道原告孙某来饭店工作的情况下，虽未作出明确的表示，但从后来的事情发展来看，原告与被告之间已经形成了事实上的劳动关系。某夜总会未制定严格的工作管理制度和操作规程，原告孙某在工作时间、工作范围内受伤，符合《工伤保险条例》的有关规定，应属工伤。北京市朝阳随劳动争议仲裁委员会作出的裁定并无不妥。被告受到的损失应予以赔偿。据此，人民法院判决如下：

（1）认定原告孙某系因工受伤；

（2）某夜总会支付原告孙某医疗费、护理费、交通费共 27577 元；

（3）驳回原告其他诉讼请求。

律师点评：

（1）在本案中。劳动者孙某与用人单位某夜总会之间形成了事实上的劳动关系。原告孙某的劳动权益应当受到法律的保护。

在本案中，原告孙某经人介绍去某夜总会工作，对此用人单位法定代表人张某某及饭店后堂经理杨某某都是知道的。虽然作为夜总会法定代表人的张某某对此事未作出明确的意思表示，原、被告双方也未签订书面劳动合同，但在事实上，用人单位对劳动者原告孙某在其处工作是认可的。原告孙某自 2004 年 4 月 23 日进入饭店直至 4 月 28 日负伤，这期间某夜总会对原告孙某工作的行为并未提出任何反对意见。因此，法院认定某夜总会与劳动者原告孙某之间形成了事实上的劳动关系是正确的。所以，劳动者孙某的劳动权益应当受到法律的保护。

（2）在本案中，劳动者孙某与用人单位某夜总会双方未签订劳动合同。但原告孙某与某夜总会之间形成了事实的劳动关系，因此，原告孙某可以享受用人单位的工伤保险待遇。

原告与被告之间存在着事实上的劳动关系，法院对于原告孙某的工伤性质的确定是正确的。在本案中，原告孙某虽然在面点车间承担烧火工作，但在夜总会未制定严格的安全卫生制度的情况下，被告受总厨的指派前往和面机内抓面的行为虽不属于本职工作范围，但被告进行此种行为确实是为了干好工作，是为了饭店即夜总会的利益而为。因此，依据国家有关工伤范围的规定，劳动者孙某因此行为而致伤，应当属于因工负伤的范围。

在本案中，双方虽未签订劳动合同，被告应享受什么样的保险待遇，应当从案件事实出发，原、被告间已形成事实上的劳动关系。因为没有劳动合同，所以，应该考察原告单位的劳动制度，看其在整体上实行什么样的劳动制度，据此来确定原、被告间的劳动关系的性质。但不论属何种情况，原、被告间具有事实上的劳动关系，作为劳动者的被告因工负伤后就应当享受国家有关工伤保险待遇规定范围内的各种待遇。据此，法院判决被告承担原告的医疗费、护理费、交通费是合理的。按国家有关规定，因工伤丧失部分或全部劳动能力的人，可以享受工残补助，因本案中原告没有举出有关证据证明自己的伤残程度，所以，法院判决驳回原告要求被告一次性赔偿 15000 元的诉讼请求并无不当。

工作中发生交通事故赔偿案

原告王某系北京市海淀区某煤炭公司的合同制职工，因煤炭公司经济效益滑坡，遂于 2004 年 3 月与煤炭公司办理了 3 年长假手续，来到北京市朝阳区打工。同年 5 月，原告王某被北京市永发实业总公司（以下简称被告永发公司）招聘为临时司机，但双方未签订书面劳动合同。

2004 年 10 月 18 日，原告王某受被告永发公司指派，开车前往上海运送货物。次日上午 9 时 30 分，汽车在运输途中发生车祸，造成原告王某下肢多处骨折。经勘验调查，交警部门认定此次事故系原告王某违章超车所致，原告王某对此次交通事故应负全部责任。事故发生后，被告永发公司一直未将此次事故上报其劳动主管部门。因下肢多处骨折，原告王某不得不在医院住院治疗 103 天，共花去医药费 19657.21 元。原告王某在住院期间，被告永发公司总经理曾去医院看望过原告王某，并送去医药费 7500 元。之后公司再无人去看望，并拒绝支付剩余医药费和其他有关的费用。

2004 年 12 月 4 日，原告王某找到被告永发公司，要求被告永发公司对其按工伤对待，补发其住院治疗期间的工资及报销治疗所花的医疗费等。被告永发公司拒绝原告王某的要求并认为，交通事故是因原告王某违章超车所致，原告王某是交通事故的责任方，其造成的经济损失理应由自己承担。此外，原告王某违章超车发生交通事故的行为已经给公司造成了重大经济损失，公司看在原告王某现在身受重伤而且家境贫寒，就不追究其赔偿公司经济损失的责任。所以，原告王某肇事受伤，不能认定为工伤，不应享受工伤待遇。

更何况公司已经为原告王某支付了7500元的医药费。因此，不同意给予原告王某工伤待遇，不同意补发住院治疗期间的工资及报销医药费等。

在多次交涉无果的情况下，原告王某于2005年1月12日，向北京市朝阳区劳动争议仲裁委员会提起申诉，要求被告永发公司给予其工伤待遇，补发住院期间的工资及报销医药费等。

北京市朝阳区劳动争议仲裁委员会收到王某的仲裁申请后，经过审查认为，申诉人王某的仲裁申请符合法律规定的申诉条件，遂受理王某的仲裁申请，并于立案后的5日内向永发公司通过邮寄方式送达了申诉副本等文件。

被诉人永发公司收到申诉书副本后，于2月18日提出答辩称，申诉人王某系其聘用的临时司机，并由其向申诉人支付工资，但申诉人的实际工资关系所在地在北京市海淀区某煤炭公司所在地，即海淀区，因此，本案应由北京市海淀区劳动争议仲裁委员会管辖，并请求依据《劳动争议仲裁委员会办案规则》第七条之规定，将案件移送至北京市海淀区劳动争议仲裁委员会。北京市朝阳区劳动争议仲裁委员会认为其对案件有管辖权，未采纳永发公司的答辩意见，坚持受理了该案。

北京市朝阳区劳动争议仲裁委员会经过调查、审理认为，申诉人王某是在受被诉人永发公司指派执行工作任务中负伤，尽管申诉人个人对交通事故应承担全部责任，但依法应按因工负伤对待。被诉人永发公司不及时将伤亡事故上报有关劳动主管部门以及剥夺职工应享受的有关保险福利待遇的做法，明显不当。至于申诉人已给被诉人造成了财产损失，被诉方可以依据《企业职工奖惩条例》中的相关规定，追究申诉人的相应责任。

北京市朝阳区劳动争议仲裁委员会在审理过程中，多次主持双方调解，未达成和解协议。最后，北京市朝阳区劳动争议仲裁委员会作出如下裁决：

（1）申诉人在交通事故中受伤，应当按因工负伤对待，被诉人永发公司应当支付申诉人原告王某已支付的医药费、就医路费、住院伙食补助费及治疗期间的工资计19568.5元；

（2）申诉人王某继续治疗费用由被诉人永发公司按规定承担，待医疗终结后，依据医院证明及劳动鉴定委员会的鉴定，按国家有关规定办理。

仲裁费用120元由被申诉人永发公司承担。

律师点评：

（1）在本案中，北京市海淀区劳动争议仲裁委员会对此案没有管辖权，本案的管辖权应当属于北京市朝阳区劳动争议仲裁委员会。

地域管辖是指按照行政区划确定对劳动争议案件的受理范围，包括一般地域管辖和特殊地域管辖。一般地域管辖是指按照争议当事人所在地划分案件的管辖。《中华人民共和国企业劳动争议处理条例》第十七条的规定便是对一般地域管辖的规定。特殊地域管辖包括两种情况：其一，发生劳动争议的双方不在同一个仲裁委员会管辖区域的，由职工当事人工资关系所在地的仲裁委员会处理；其二，部分涉及劳动争议案件由劳动（工作）合同履行地的劳动争议仲裁委员会处理。本案所涉及的劳动争议便是特殊地域管辖中的一种。

在本案中，劳动争议当事人的工资关系一方在北京市海淀区，另一方则在北京市朝阳区，北京市朝阳区劳动争议仲裁委员会受理了申诉人王某的申诉以后，是否应该移送案件呢？根据《中华人民共和国企业劳动争议处理条例》第十八条以及《劳动争议仲裁委员会办案规则》第八条之规定，查清职工当事人工资关系所在地是确定本案管辖权的关键，如果申诉人王某的工资关系在北京市朝阳区，那么北京市朝阳区劳动争议仲裁委员会便可以处理本案，否则必须将案件移送到有管辖权的机构。

在本案中，申诉人王某既是永发公司聘用的临时司机，与永发公司形成了实际上的劳动关系。但是，原告王某同时又是北京市海淀区某煤炭公司职工。根据原劳动部发布的《〈中华人民共和国企业劳动争议处理条例〉若干问题解释》规定，职工当事人工资关系所在地是指向职工发放工资的单位所在地。因此，本案中的原告王某工资档案等关系虽然在北京市海淀区，但煤炭公司却已停发了原告王某的工资。事发之时，原告王某是由被申诉人永发公司支付工资的。很明显，其工资关系所在地在北京市朝阳区。因此，被申诉人永发公司认为申诉人王某的工资关系所在地在北京市海淀区是不符合劳动法律、法规的规定。

综上所述，北京市朝阳区劳动争议仲裁委员会坚持本案的管辖权是正确的。

（2）在本案中，原告王某受用人单位的指派驾车运送货物，在运输途中违章超车，导致交通事故发生，并且对交通事故承担全部责任。其在交通事故中严重受伤，仍然应当按因工负伤对待处理。

所谓因工负伤是指劳动者在执行工作任务中遭受事故伤害所支付的医药费、住院费、就医路费，全部由用人单位承担，医疗期间原工资照发的一种保险待遇。我国法律、法规对因工负伤的认定范围规定得非常详细、具体。特别是国务院2004年1月1日开始施行的《工伤保险条例》规定得更加科学、合理、详细、具体。

根据《工伤保险条例》第十四条规定："职工有下列情形之一的，应当认定为工伤：（一）在工作时间和工作场所内，因工作原因受到事故伤害的；（二）工作时间前后在工作场所内，从事与工作有关的预备性或者收尾性工作受到事故伤害的；（三）在工作时间和工作场所内，因履行工作职责受到暴力等意外伤害的；（四）患职业病的；（五）因工外出期间，由于工作原因受到伤害或者发生事故下落不明的；（六）在上下班途中，受到机动车事故伤害的；（七）法律、行政法规规定应当认定为工伤的其他情形。"

本条是对应当认定为工伤的情形的规定。根据这条规定，应当认定为工伤的情形具体包括：

（1）在工作时间和工作场所内，因工作原因受到事故伤害的。

在工作时间和工作场所内，因工作原因受到事故伤害，是最为普遍的工伤情况。这里的"工作时间"是指法律规定的或者单位要求职工工作的时间。按照有关法律和行政法规规定，劳动者每日工作时间不超过8小时，平均每周工作时间不超过40小时，同时也对加班加点作了限制。据此，单位规定上下班的具体时间，例如，周一至周五的每天上午8点到下午5点为工作时间（中午12点至下午1点为中餐休息时间），那么这段时间就属于职工的工作时间。当然，单位规定加班加点也应视为工作时间。这里的"工作场所"，是指职工日常工作所在的场所，以及领导临时指派其所从事工作的场所。例如，某职工日常工作场所是在本单位的某车间，一日，领导指派其去帮助单位进货人员进货，那么进货工作所在地，就是该职工当天工作场所。这里的"事故伤害"，是指职工在工作过程中发生的人身伤害或者急性中毒等事故。例如，煤矿工人瓦斯爆炸中所受到的伤害，应当属于事故伤害。

（2）工作时间前后在工作场所内，从事与工作有关的预备性或者收尾性工作受到事故伤害的。

职工为完成工作，在工作时间前后，有时需要做一些与工作有关的预备性或者收尾性工作。这段时间虽然不是职工的工作时间，但是，在这段时间从事的预备性或者收尾性工作，是与工作有直接联系的，因此，《工伤保险条例》规定这种情形也应认定为工伤。所谓“预备性工作”，是指在工作前的一段时间内，从事与工作有关的准备工作，如运输、备料、准备工具等。所谓“收尾性工作”，是指在工作后的一段合理时间内，从事与工作有关的收尾工作，诸如清理、安全贮存、收拾工具和衣物等。

（3）在工作时间和工作场所内，因履行工作职责受到暴力等意外伤害的。

“因履行工作受到暴力等意外伤害的”，有两层含义：一层是指职工因履行工作职责，使某些人的不合理的或违法的目的没有达到，这些人出于报复而对该职工进行的暴力性人身伤害。例如，某大型商场内，两窃贼正在偷窃一顾客的钱包，商场保安人员看到这种情况，立即加以阻止，窃贼恼羞成怒，拔出刀子猛扎保安，保安因此受到严重伤害。该保安受到的伤害，就属于因履行工作职责而受到的暴力性伤害。另一层是指在工作时间和工作场所内，职工因履行工作职责受到的意外伤害，诸如地震、厂房失火、车间房屋倒塌以及由于单位其他设施不安全而造成的伤害等。

（4）患职业病的。

根据《职业病防治法》的规定，职业病是指企业、事业单位和个体经济组织的劳动者在职业活动中，因接触粉尘、放射性物质和其他有毒、有害物质等因素而引起的疾病。关于职业病分类，目前执行的是《职业病目录》（卫法监发〔2002〕108号）。按照该目录的规定职业病包括如下十类：尘肺，职业性放射性疾病，职业中毒，物理因素所致职业病，生物因素所致职业病，职业性皮肤病，职业性眼病，职业性耳鼻喉口腔疾病，职业性肿瘤和其他职业病。随着情况的发展变化，职业病的分类和目录也将作出相应的调整。本条例中所称的职业病必须是条例覆盖范围内的用人单位的职工在职工活动中引起的疾病。如果某病人患有职业病目录中规定的某种疾病，但不是在职业活动中因接触粉尘、放射性物质和其他有毒、有害物质等因素引起的，而是由于其居住环境周围生产有毒物质的单位引起的，那么，该人的这种疾病就不属于本条例中的职业病。其所受到的伤害，应通过司法途径加以解决，而不能按工伤保险的有关规定执行。

（5）因公外出期间，由于工作原因受到伤害或者发生事故下落不明的。

实际工作中，职工除了在本单位内工作外，由于工作需要，有时还必须到本单位外去工作，这时如果职工由于工作原因受到事故伤害，按照工伤保险的基本精神，也应当认定为工伤。同时，考虑到职工因工外出期间，如果遇到事故下落不明的，很难确定职工是在事故中死亡了，还是由于事故暂时无法与单位取得联系。本着尽量维护职工合法权益的基本精神，条例规定，只要是在因公外出期间，发生事故造成职工下落不明的，就应该认定为工伤。这里的“因公外出”，是指职工不在本单位的工作范围内，由于工作需要被领导指派到本单位以外工作，或者为了更好地完成工作，自己到单位以外从事与本职有关的工作。这里的“外出”包括两层含义：一是指到本单位以外，但还是在本地的范围内；二是指不仅离开了本单位，并且到了外地去了。“由于工作原因受到伤害”，是指由于工作原因直接或间接造成的伤害，包括事故伤害、暴力伤害和其他形式的伤害。这里的“事故”，包括事故伤害、暴力伤害和其他形式的伤害。这里的“事故”，包括安全事故、意外事故以及自然灾害等各种形式的事故。

（6）在上下班途中，受到机动车事故伤害的。

这里的“上下班途中”，包括职工按正常工作时间上下班的途中，以及职工加班加点上下班的途中。例如，按规定，职工上午 8 点前来到单位途中，都属于上班的途中。如果职工应该下午 5 点下班，但是由于单位安排加班，职工晚 6 点才从单位走，那么职工在 6 点后从单位回家途中，也应属于下班途中。

“受到机动车事故伤害”，应从两方面理解：一方面职工在上下班途中，无论是驾驶机动车发生事故造成伤害的，还是没有驾驶机动车而被机动车撞伤的，都应当认定为工伤；另一方面，不管这种机动车事故发生在城市街道还是发生在其他道路上，也不管受到伤害的职工在机动车事故中承担主要责任、次要责任还是根本不承担责任，只要职工是在上下班途中，受到机动车事故伤害的，就应该认定为工伤。

（7）法律、行政法规规定应当认定为工伤的其他情形。

这是对应当认定为工伤的情况的一项兜底性规定。《工伤保险条例》第十四条对应当认定为工伤的情况逐一进行了列举，但是实现生活是复杂的，随着社会的发展，可能会出现新的应该认定为工伤的情况。对于未来要出现的情形，我们不可能在这个条例中穷尽。为了使工伤范围的规定更科学、更合理，使那些随着时间的推移应当纳入工伤的情形能够纳入，条例规定了“法律、行政法规规定应当认定为工伤的其他情形”，这主要是指条例出台后，由全国人大及其常委会制定并颁布实施的法律，以及国务院制定并颁布实施的行政法规，可以规定应该认定为工伤的其他情形。

需要指出的是，为了保证工伤制度的同一性、严肃性，避免地方随意扩大伤害范围，造成基金的不合理支出，条例没有将规定工伤范围的权力赋予地方性法规，而是限于法律和行政法规。

在本案中，本案争议的焦点问题是：2004 年 10 月 18 日，原告王某受用人单位永发公司的指派，驾车前往上海运送货物。次日，原告王某在驾车过程中，因违章超车导致交通事故的发生，且经公安交警现场勘查认定，原告王某负交通事故的全部责任。原告王某在交通事故中严重受伤，造成下肢多处骨折，此时原告王某的受伤是否应当享受因工负伤的待遇？

根据上述《工伤保险条例》第十四条的规定和本案的基本书实可知，首先，原告王某是在执行用人单位的工作任务，虽然由于超车导致发生交通事故，但并不能以此就可以剥夺原告王某的工伤保险待遇。因为公差外出执行用人单位的工作任务，特别是驾驶司机驾车外出运货，更是增添了其人身安全的风险性，如果以此作为剥夺劳动者的工伤保险待遇，则有失法律的公平。因此，在本案中，原告王某由于工作的原因受到事故伤害，按照工伤保险的基本立法精神，应当认定为工伤。其次，根据《工伤保险条例》第十六条规定：“职工有下列情形之一的，不得认定为工伤或视同工伤：（一）因犯罪或者违反治安管理伤亡的；（二）醉酒导致伤亡的；（三）自残或者自杀的。”因此，在本案中，原告王某尽管在运输途中违章超车，但此次违章行为不属于“蓄意违章”。此外，原告王某的违章行为，也未达到犯罪的程度。因此，原告王某受伤的行为排除在上述三款中任何一款中的规定，故可以认定原告王某受伤的行为属于工伤。最后，考虑到工伤保险分散风险的宗旨及汽车运输途中的高度危险性特征，原告王某的受伤也纯属从事工作中受伤，且其受伤的行为符合《工伤保险条例》第十四条规定的工伤条件，因此，应当给予原告王某因工负伤的待遇。

综上所述，在本案中，原告王某受伤的行为应当认定为工伤，根据《工伤保险条例》的有关规定，原告王某应当享受工伤保险待遇，据此，用人单位永发公司应当支付原告王某已支付的医药费、就医路费、住院伙食补助费、治疗期间的工资合计 19568.5 元以及今后所需的医疗费用。

保险待遇争议案

2004 年 5 月 26 日，申诉人张某乘坐被诉人河北省廊坊市施工处工程队汽车前往工厂拉石子，当汽车行至河北省廊坊市新华路段时发生车祸，车队当班司机当场死亡，申诉人张某从汽车上摔下当场休克，后被路人送往医院接受治疗。在医院治疗期间，被诉人河北省廊坊市施工处工程队先为其垫付医药费 2.4 万元。医疗终结后，申诉人张某经劳动保障行政部门鉴定为七级伤残。

申诉人出院后，要求被诉人河北省廊坊市施工处工程队为自己申请工伤，并享受工伤保险待遇。但遭到被申诉人的拒绝。

被诉人河北省廊坊市施工处工程队认为，申诉人是经人介绍到自己的工地上临时帮忙的，属于临时工。何况，申诉人与自己没有签订劳动合同，未建立劳动关系，不能认定申诉人为工伤，其不能享有工伤保险待遇。故不同意承担申诉人的任何费用。

为此，申诉人张某向河北省廊坊市劳动争议仲裁委员会提出申诉，请求被诉人按因工伤残承担申诉人所有医疗费用，并享受二级伤残待遇。

河北省廊坊市劳动争议仲裁委员会受理此案后，经调查，申诉人张某到被诉人施工处做工，是由其姐夫（施工队副队长）介绍的，到施工工地已经参加劳动26天，被诉人未与申诉人签订劳动合同，但发给了申诉人施工证，根据此事实，足可以认定申诉人与被诉人之间已经形成事实上的劳动关系。根据《工伤保险条例》的有关规定，申诉人是为被诉人进行劳动时负伤的，被诉人应承担其所有的医疗费用。在本案中，申诉人伤残属于工伤，应享受工伤待遇。根据《工伤保险条例》第十四条、第三十五条之规定，裁决如下：

（1）被诉人为申诉人报销全部医疗费用3.7万元，先期垫付的2.4万元可以从3.7万元中扣除；

（2）被诉人应一次性发给申诉人伤残补助金5700元；

（3）被诉人为申诉人安排适当的工作。

律师点评：

在本案中，仲裁机关对本案的裁决是正确的。本案争议所涉及的法律问题主要体现在下列三个方面：

首先，关于临时工的用工形式问题。被诉人把申诉人说成是临时工，这是不正确的。临时工是在《劳动法》实施前，计划经济条件下相对于正式工而言的一种用工形式。其区别是正式工是计划指标内用工，而临时工是计划指标外用工。《劳动法》实施后，企业用工形式统一按市场经济条件下的劳动合同制度实行，用人单位也有了用工自主权，其使用劳动力通过签订劳动合同确立劳动关系，临时工的概念已不存在。原劳动部办公厅在《对〈关于临时工等问题的请示〉的复函》（劳办发〔1996〕238号）就已指出，《劳动法》实施后，所有用人单位与职工全面实行劳动合同制度，在用人单位各类职工享有的权利是一样的，过去意义上相对于正式工而言的临时工名称已不复存在，用人单位在临时性岗位上用工，应当与劳动者签订劳动合同并依法为其建立各种社会保险。因此，在本案中，被诉人以申诉人是临时工为由，不承担申诉人的医疗费用是没有法律根据的。

其次，未签订劳动合同不等于没有劳动关系。在本案中，被诉人以未与申诉人签订劳动合同，没有劳动关系为由，不承担其工伤待遇是错误的。本来不签订劳动合同就已违法，而员工因工受伤后又不承担全部工伤待遇更是错上加错。被诉人虽未与申诉人签订劳动合同，但彼此之间已经形成事实劳动关系。所谓事实劳动关系，即用人单位与劳动者应当履行法律手续而没有履行法律手续而形成的劳动力的使用和被使用关系。在本案中，申诉人经人介绍到被诉人处做工，为被诉人劳动已有26天，被诉人也发给了申诉人施工证，申诉人是在为被诉人拉石子的途中因车祸受伤的，申诉人为被诉人提供劳动的事实证明申诉人与被诉人已存在事实的劳动关系。

最后，劳动者因工负伤后应根据伤残程度享有下列工伤待遇。

（1）职工因工作遭受事故伤害或者患职业病进行治疗，享受工伤医疗待遇。职工治疗工伤应当在签订服务协议的医疗机构就医，情况紧急时可以先到就近的医疗机构急救。治疗工伤所需费用符合工伤保险诊疗项目目录、工伤保险药品目录、工伤保险住院服务标准的，从工伤保险基金支付。工伤保险诊疗项目目录、工伤保险药品目录、工伤保险住院服务标准，由国务院劳动保障行政部门、国务院卫生行政部门、药品监督管理部门等部门规定。职工住院治疗工伤的，由所在单位按照本单位因公出差伙食补助标准的70%发给住院伙食补助费；经医疗机构出具证明，报经办机构同意，工伤职工到统筹地区以外就医的，所需交通、食宿费用由所在单位按照本单位职工因公出差标准报销。

（2）职工因工致残被鉴定为一级至四级伤残的，保留劳动关系，退出工作岗位，享受以下待遇：①从工伤保险基金按伤残等级支付一次性伤残补助金，标准为：一级伤残为24个月的本人工资，二级伤残为22个月的本人工资，三级伤残为20个月的本人工资，四级伤残为18个月的本人工资。②从工伤保险基金按月支付伤残津贴，标准为：一级伤残为本人工资的90%，二级伤残为本人工资的85%，三级伤残为本人工资的80%，四级伤残为本人工资的75%。伤残津贴实际金额低于当地最低工资标准的，由工伤保险基金补足差额。③工伤职工达到退休年龄并办理退休手续后，停发伤残津贴，享受基本养老保险待遇。基本养老保险待遇低于伤残津贴的，由工伤保险基金补足差额。职工因工致残被鉴定为一级至四级伤残的，由用人单位和职工个人以伤残津贴为基数，缴纳基本医疗保险费。

（3）职工因工致残被鉴定为五级、六级伤残的，享受以下待遇：①从工伤保险基金按伤残等级支付一次性伤残补助金，标准为：五级伤残为16个月的本人工资，六级伤残为14个月的本人工资；②保留与用人单位的劳动关系，由用人单位安排适当工作。难以安排工作的，由用人单位按月发给伤残津贴，标准为：五级伤残为本人工资的70%，六级伤残为本人工资的60%，并由用人单位按照规定为其缴纳应缴纳的各项社会保险费。伤残津贴实际金额低于当地最低工资标准的，由用人单位补足差额。经工伤职工本人提出，该职工可以与用人单位解除或者终止劳动关系，由用人单位支付一次性工伤医疗补助金和伤残就业补助金。具体标准由省、自治区、直辖市人民政府规定。

（4）职工因工致残被鉴定为七级至十级伤残的，享受以下待遇：①从工伤保险基金按伤残等级支付一次性伤残补助金，标准为：七级伤残为12个月的本人工资，八级伤残为10个月的本人工资，九级伤残为8个月的本人工资，十级伤残为6个月的本人工资；②劳动合同期满终止，或者职工本人提出解除劳动合同的，由用人单位支付一次性工伤医疗补助金和伤残就业补助金。具体标准由省、自治区、直辖市人民政府规定。

（5）职工因工死亡，其直系亲属按照下列规定从工伤保险基金领取丧葬补助金、供养亲属抚恤金和一次性工亡补助金：①丧葬补助金为6个月的统筹地区上年度职工月平均工资。②供养亲属抚恤金按照职工本人工资的一定比例发给由因工死亡职工生前提供主要生活来源、无劳动能力的亲属。标准为：配偶每月40%，其他亲属每人每月30%，孤寡老人或者孤儿每人每月在上述标准的基础上增加10%。核定的各供养亲属的抚恤金之和不应高于因工死亡职工生前的工资。供养亲属的具体范围由国务院劳动保障行政部门规定。③一次性工亡补助金标准为48个月至60个月的统筹地区上年度职工月平均工资。具体标准由统筹地区的人民政府根据当地经济、社会发展状况规定，报省、自治区、直辖市人民政府备案。

综上所述，在本案中，申诉人医疗终结后被鉴定为伤残七级，应当享受上述工伤待遇，而被诉人只承担了2.4万元的医疗费是不符合规定的。故仲裁裁决让其承担全部工伤医疗费，支付一次性伤残补助金，并安排申诉人适当工作，是完全正确的，也是符合工伤保险待遇的规定的。

不服劳动工伤认定诉讼案

2004年2月23日，张某到北京市朝阳区某企划设计有限公司上班，具体工作由该公司业务经理王某安排，但双方没有签订劳动合同。同年3月3日张某接到王某的通知，到某公司送投标资料，次日到某公司与公司经理杨某、王某等人会合后，张某就与公司人员在一起工作。3月6日一行4人乘车返回北京市市区的途中发生交通事故，张某受伤被送往附近医院救治，3月16日转入北京市和平医院治疗，4月20日又转北京市中医院治疗，于同年6月9日出院。某企划设计有限公司为其支付了全部医疗费用和3个月的工资1800元。

2004年8月12日，张某到北京市朝阳区劳动和社会保障局（以下简称市劳动局）申请工伤认定。市劳动局经调查取证后，依据《工伤保险条例》的有关规定，于同年8月30日作出北朝劳保〔2004〕041号“工伤认定书”，认定张某因交通事故受伤为工伤。某企划设计有限公司对某市劳动局作出的工伤认定不服，向北京市劳动保障局申请复议。北京市劳动保障局认为朝阳区劳动保障局作出的工伤认定符合法律的规定，予以维持。某企划设计有限公司不服复议决定，向北京市朝阳区人民法院提起行政诉讼。

原告某企划设计有限公司诉称，第三人张某不是原告单位的职工，双方没有签订劳动合同，也未形成事实上的劳动关系。张某到某送投标资料是王某的个人行为，与公司没有关系。被告北京市劳动局对张某的工伤认定是错误的，应当予以撤销。

被告市劳动局辩称，根据被告调查查明的事实，第三人张某在原告单位工作是事实，去某出差也是公司指派的工作，发生交通事故造成受伤后，原告承担了医疗费用并支付了3个月的工资。张某与原告虽没有签订劳动合同，但双方形成了事实上的劳动关系，张某在因公出差途中发生交通事故造成伤害应认定为工伤。故被告所作的工伤认定，事实清楚，适用规章正确，程序合法，请求法院驳回原告的诉讼请求。

第三人张某辩称，本人与原告单位形成的事实劳动关系是清楚的，既参加原告单位工作，付出劳动，又与原告公司经理及同事一起出差，途中不幸发生交通事故造成伤害。本人向被告申请工伤认定，被告作出的工伤认定是正确的。原告否认与本人之间形成的事实劳动关系，否认被告的工伤认定，是推卸责任，不让本人享受工伤待遇。请求法院维持被告作出的工伤认定，保护本人的合法权益。

北京市朝阳区人民法院经审理认为，依据国务院颁发的《工伤保险条例》第五条第二款规定："县级以上地方各级人民政府劳动保障行政部门负责本行政区域内的工伤保险工作。"从上述的规定可知，被告市劳动局作为劳动保障行政部门，具有工伤认定的法定职责。第三人张某为原告单位工作，虽然没有签订劳动合同，但双方形成了事实上的劳动关系，证据确凿充分。第三人因公出差途中发生交通事故造成伤害，本人没有一点过错责任，符合申报工伤认定的条件。被告市劳动局在收到第三人张某的工伤认定申请后，进行了调查取证，依据《工伤保险条例》和其他规范性文件的规定，作出北朝劳保〔2004〕041号"工伤认定书"，认定张某为工伤，事实清楚，证据充分，适用规章正确，程序合法，是正确的行政行为，本院应予维持。原告否认与第三人之间形成的劳动关系，主张撤销被告对第三人作出的工伤认定，因原告提供的证据不足，理由不充分，更与法庭查明的事实不符，故原告的诉讼请求本院不予支持。依据《中华人民共和国行政诉讼法》第五十四条第（一）项、第五十三条第一款，《工伤保险条例》第五条第二款、第十九条、第二十条和劳动部《关于贯彻执行（中华人民共和国劳动法）若干问题的意见》第二条之规定，该院于2004年10月20日作出如下判决：

维持被告市劳动局作出的北朝劳保〔2004〕041号"工伤认定书"。

案件受理费人民币100元由原告负担。

一审宣判后，某企划设计有限公司不服，向北京市第一中级人民法院提起上诉。诉称：一审判决认定本公司与张某之间形成事实劳动关系属认定事实错误，请求二审法院在查明事实的基础上撤销一审判决。

被上诉人市劳动局辩称，被上诉人在一审中提供的证据足以证明上诉人某企划设计有限公司与张某之间存在事实上的劳动关系。原审判决认定事实清楚，适用法律正确，请求二审法院维持原审判决。

北京市第一中级人民法院经庭审质证及审查后认为，原审判决认定事实清楚，证据充分，适用法律正确，程序合法。据此，依照《中华人民共和国行政诉讼法》第六十一条第（一）项的规定，该院于2005年2月8日作出如下判决：

驳回上诉，维持原判。

上诉案件受理费100元，由上诉人某企划设计有限公司负担。

律师点评：

（1）对劳动保障行政部门作出的工伤认定不服。当事人可以以“劳动保障行政部门”作为被告。依法向人民法院提起行政诉讼。

根据《行政复议法》和《行政诉讼法》的规定，公民、法人或者其他组织对行政机关作出的具体行政行为不服而产生的行政争议，都可以申请行政复议或提起行政诉讼。劳动保障行政部门是工伤保险行政主管部门，社会保险经办机构是《工伤保险条例》授予一定工伤保险行政管理职责的机构，都可以依法实施具体行政行为。因此，社会劳动保障部门作出的工伤认定的行为属于具体行政行为，当事人对工伤认定的行为不服，属于行政争议，当事人可以通过行政复议程序和行政诉讼程序解决。

根据《工伤保险条例》第五十三条规定：“有下列情形之一的，有关单位和个人可以依法申请行政复议；对复议决定不服的，可以依法提起行政诉讼：（一）申请工伤认定的职工或者其直系亲属、该职工所在单位对工伤认定结论不服的；（二）用人单位对经办机构确定的单位缴费费率不服的；（三）签订服务协议的医疗机构、辅助器具配置机构认为经办机构未履行有关协议或者规定的；（四）工伤职工或者其直系亲属对经办机构核定的工伤保险待遇有异议的。”因此，对于有上述规定情形之一的，有关单位和个人可以依法提起行政复议，对行政复议不服的，可以依法向人民法院提起诉讼。在本案中，原告某企划设计有限公司不服北京市朝阳区劳动保障行政部门作出的工伤认定，依法向北京市劳动保障部门申请复议，而北京市劳动保障部门维持北京市朝阳区劳动保障行政部门的工伤认定，原告某企划设计有限公司仍然不服工伤的认定，遂向人民法院提起诉讼。可见，对劳动保障行政部门作出的工伤认定不服，当事人可以以“劳动保障行政部门”作为被告，依法向人民法院提起行政诉讼，这也是当事人享有的起诉权利。

(2) 在本案中。劳动保障行政部门作出的工伤认定的程序是符合法律法规规定的。

在本案中，被告市劳动局对第三人张某作出的工伤认定是否合法正确？根据《工伤保险条例》有关规定，所谓工伤，主要是指职工在从事本单位日常生产或工作，或者因公外出期间，由于工作原因遭受交通事故或其他法定情形，而受到的负伤、致残或死亡等急性伤害。工伤成立的要件有三：一是职工与用人单位之间存在着劳动关系（包括事实劳动关系）；二是职工身体受到伤害的事实，这种伤害仅限于负伤、致残或死亡等物质性的人身权所遭受的伤害；三是职工受到的伤害须是在工作过程与工作范围内以及与工作有关的情形。因此，在本案中，判定被告市劳动局对第三人张某作出的工伤认定是否合法正确，主要涉及以下三个法律问题：

第一，被告是否具有工伤认定的职权。根据国务院《工伤保险条例》第五条第二款“县级以上地方各级人民政府劳动保障行政部门负责本行政区域内的工伤保险工作”的规定，被告市劳动局作为本市劳动行政管理部门，具有对本市范围内的企业职工工伤申请进行认定的法定职责。本案原告某企划设计有限公司属本市范围内的企业，而第三人张某属原告单位的职工，因此，被告市劳动局具有对第三人张某工伤申请进行认定的职权。

第二，被告对第三人作出的工伤认定程序是否合法。《工伤保险条例》第十九条第一款规定：“劳动保障行政部门受理工伤认定申请后，根据审核需要可以对事故伤害进行调查核实，用人单位、职工、工会组织、医疗机构以及有关部门应当予以协助。职业病诊断和诊断争议的鉴定，依照职业病防治法的有关规定执行。对依法取得职业病诊断证明书或者职业病诊断鉴定书的，劳动保障行政部门不再进行调查核实。”第二十条第一款规定：“劳动保障行政部门应当自受理工伤认定申请之日起60日内作出工伤认定的决定，并书面通知申请工伤认定的职工或者其直系亲属和该职工所在单位。”按此规定，劳动行政保障部门接到工伤报告或职工的工伤保险待遇申请后，应当进行调查取证，并应在60日内作出是否认定为工伤的决定。因此，在本案中，第三人张某于2004年8月12日向被告市劳动局申请工伤认定，被告市劳动局接到该工伤申请后，经调查取证，并在60日之内作出工伤认定，即于2004年8月30日作出北朝劳保〔2004〕041号“工伤认定书”，符合上述规章的规定，故该工伤认定行政行为程序合法。

第三，被告对第三人作出的工伤认定事实是否清楚、证据是否充分、适用规章是否正确。根据被告市劳动局在一审、二审中提供的有关认定本案第三人与原告之间存在事实劳动关系的证据和一、二审法院庭审中查明的本案其他事实情况来看，可以认定第三人张某与原告某企划设计有限公司之间存在事实上的劳动关系。同时，依据《工伤保险条例》第十四条第（五）项“因工外出期间，由于工作原因受到伤害或其发生事故下落不明的”应认定为工伤的规定，对本案第三人张某因工外出返回途中发生交通事故造成的伤害，应当认定为工伤。因此，被告市劳动局对第三人张某作出的工伤认定的行政行为，认定的基本事实清楚，证据充分，适用规章正确。而原告向法庭提供的证据，不足以证明其与第三人张某之间不存在事实上的劳动关系，也不足以证明原告公司经理王某指派张某到某送公司投标资料不是原告的公司行为，故其要求法院撤销被告市劳动局所作工伤认定的诉讼请求，人民法院依法不予支持。

综上所述，我们认为，被告市劳动局对第三人张某在因工外出期间遭受交通事故造成的伤害认定为工伤是合法正确的。一、二审法院均作出维持被告市劳动局北朝劳保〔2004〕041号“工伤认定书”的判决，不仅合法正确，有效地保护了处于弱势地位劳动者的合法权益，同时也有力地支持了劳动保障行政部门的依法行政。

附　录

劳动法

第一章　总　则

第一条　为了保护劳动者的合法权益，调整劳动关系，建立和维护适应社会主义市场经济的劳动制度，促进经济发展和社会进步，根据宪法，制定本法。

第二条　在中华人民共和国境内的企业、个体经济组织（以下统称用人单位）和与之形成劳动关系的劳动者，适用本法。

国家机关、事业组织、社会团体和与之建立劳动合同关系的劳动者，依照本法执行。

第三条　劳动者享有平等就业和选择职业的权利、取得劳动报酬的权利、休息休假的权利、获得劳动安全卫生保护的权利、接受职业技能培训的权利、享受社会保险和福利的权利、提请劳动争议处理的权利以及法律规定的其他劳动权利。

劳动者应当完成劳动任务，提高职业技能，执行劳动安全卫生规程，遵守劳动纪律和职业道德。

第四条　用人单位应当依法建立和完善规章制度，保障劳动者享有劳动权利和履行劳动义务。

第五条　国家采取各种措施，促进劳动就业，发展职业教育，制定劳动标准，调节社会收入，完善社会保险，协调劳动关系，逐步提高劳动者的生活水平。

第六条　国家提倡劳动者参加社会义务劳动，开展劳动竞赛和合理化建议活动，鼓励和保护劳动者进行科学研究、技术革新和发明创造，表彰和奖励劳动模范和先进工作者。

第七条 劳动者有权依法参加和组织工会。

工会代表和维护劳动者的合法权益，依法独立自主地开展活动。

第八条 劳动者依照法律规定，通过职工大会、职工代表大会或者其他形式，参与民主管理或者就保护劳动者合法权益与用人单位进行平等协商。

第九条 国务院劳动行政部门主管全国劳动工作。

县级以上地方人民政府劳动行政部门主管本行政区域内的劳动工作。

第二章 促进就业

第十条 国家通过促进经济和社会发展，创造就业条件，扩大就业机会。

国家鼓励企业、事业组织、社会团体在法律、行政法规规定的范围内兴办产业或者拓展经营，增加就业。

国家支持劳动者自愿组织起来就业和从事个体经营实现就业。

第十一条 地方各级人民政府应当采取措施，发展多种类型的职业介绍机构，提供就业服务。

第十二条 劳动者就业，不因民族、种族、性别、宗教信仰不同而受歧视。

第十三条 妇女享有与男子平等的就业权利。在录用职工时，除国家规定的不适合妇女的工种或者岗位外，不得以性别为由拒绝录用妇女或者提高对妇女的录用标准。

第十四条 残疾人、少数民族人员、退出现役的军人的就业，法律、法规有特别规定的，从其规定。

第十五条 禁止用人单位招用未满十六周岁的未成年人。

文艺、体育和特种工艺单位招用未满十六周岁的未成年人，必须依照国家有关规定，履行审批手续，并保障其接受义务教育的权利。

第三章 劳动合同和集体合同

第十六条 劳动合同是劳动者与用人单位确立劳动关系、明确双方权利和义务的协议。建立劳动关系应当订立劳动合同。

第十七条 订立和变更劳动合同，应当遵循平等自愿、协商一致的原则，不得违反法律、行政法规的规定。

劳动合同依法订立即具有法律约束力，当事人必须履行劳动合同规定的义务。

第十八条 下列劳动合同无效：

（一）违反法律、行政法规的劳动合同。

（二）采取欺诈、威胁等手段订立的劳动合同。

无效的劳动合同，从订立的时候起，就没有法律约束力。确认劳动合同部分无效的，如果不影响其余部分的效力，其余部分仍然有效。

劳动合同的无效，由劳动争议仲裁委员会或者人民法院确认。

第十九条 劳动合同应当以书面形式订立，并具备以下条款：

（一）劳动合同期限；

（二）工作内容；

（三）劳动保护和劳动条件；

（四）劳动报酬；

（五）劳动纪律；

（六）劳动合同终止的条件；

（七）违反劳动合同的责任。

劳动合同除前款规定的必备条款外，当事人可以协商约定其他内容。

第二十条 劳动合同的期限分为有固定期限、无固定期限和以完成一定的工作为期限。

劳动者在同一用人单位连续工作满十年以上，当事人双方同意延续劳动合同的，如果劳动者提出订立无固定期限的劳动合同，应当订立无固定期限的劳动合同。

第二十一条 劳动合同可以约定试用期。试用期最长不得超过六个月。

第二十二条 劳动合同当事人可以在劳动合同中约定保守用人单位商业秘密的有关事项。

第二十三条 劳动合同期满或者当事人约定的劳动合同终止条件出现，

劳动合同即行终止。

第二十四条 经劳动合同当事人协商一致，劳动合同可以解除。

第二十五条 劳动者有下列情形之一的，用人单位可以解除劳动合同：

（一）在试用期间被证明不符合录用条件的；

（二）严重违反劳动纪律或者用人单位规章制度的；

（三）严重失职，营私舞弊，对用人单位利益造成重大损害的；

（四）被依法追究刑事责任的。

第二十六条 有下列情形之一的，用人单位可以解除劳动合同，但是应当提前三十日以书面形式通知劳动者本人：

（一）劳动者患病或者非因工负伤，医疗期满后，不能从事原工作也不能从事由用人单位另行安排的工作的；

（二）劳动者不能胜任工作，经过培训或者调整工作岗位，仍不能胜任工作的；

（三）劳动合同订立时所依据的客观情况发生重大变化，致使原劳动合同无法履行，经当事人协商不能就变更劳动合同达成协议的。

第二十七条 用人单位濒临破产进行法定整顿期间或者生产经营状况发生严重困难，确需裁减人员的，应当提前三十日向工会或者全体职工说明情况，听取工会或者职工的意见，经向劳动行政部门报告后，可以裁减人员。

用人单位依据本条规定裁减人员，在六个月内录用人员的，应当优先录用被裁减的人员。

第二十八条 用人单位依据本法第二十四条、第二十六条、第二十七条的规定解除劳动合同的，应当依照国家有关规定给予经济补偿。

第二十九条 劳动者有下列情形之一的，用人单位不得依据本法第二十六条、第二十七条的规定解除劳动合同：

（一）患职业病或者因工负伤并被确认丧失或者部分丧失劳动能力的；

（二）患病或者负伤，在规定的医疗期内的；

（三）女职工在孕期、产期、哺乳期内的；

（四）法律、行政法规规定的其他情形。

第三十条 用人单位解除劳动合同，工会认为不适当的，有权提出意见。

如果用人单位违反法律、法规或者劳动合同，工会有权要求重新处理；劳动者申请仲裁或者提起诉讼的，工会应当依法给予支持和帮助。

第三十一条 劳动者解除劳动合同，应当提前三十日以书面形式通知用人单位。

第三十二条 有下列情形之一的，劳动者可以随时通知用人单位解除劳动合同：

（一）在试用期内的；

（二）用人单位以暴力、威胁或者非法限制人身自由的手段强迫劳动的；

（三）用人单位未按照劳动合同约定支付劳动报酬或者提供劳动条件的。

第三十三条 企业职工一方与企业可以就劳动报酬、工作时间、休息休假、劳动安全卫生、保险福利等事项，签订集体合同。集体合同草案应当提交职工代表大会或者全体职工讨论通过。

集体合同由工会代表职工与企业签订；没有建立工会的企业，由职工推举的代表与企业签订。

第三十四条 集体合同签订后应当报送劳动行政部门；劳动行政部门自收到集体合同文本之日起十五日内未提出异议的，集体合同即行生效。

第三十五条 依法签订的集体合同对企业和企业全体职工具有约束力。职工个人与企业订立的劳动合同中劳动条件和劳动报酬等标准不得低于集体合同的规定。

第四章 工作时间和休息休假

第三十六条 国家实行劳动者每日工作时间不超过八小时、平均每周工作时间不超过四十四小时的工时制度。

第三十七条 对实行计件工作的劳动者，用人单位应当根据本法第三十六条规定的工时制度合理确定其劳动定额和计件报酬标准。

第三十八条 用人单位应当保证劳动者每周至少休息一日。

第三十九条 企业因生产特点不能实行本法第三十六条、第三十八条规定的，经劳动行政部门批准，可以实行其他工作和休息办法。

第四十条 用人单位在下列节日期间应当依法安排劳动者休假：

（一）元旦；

（二）春节；

（三）国际劳动节；

（四）国庆节；

（五）法律、法规规定的其他休假节日。

第四十一条 用人单位由于生产经营需要，经与工会和劳动者协商后可以延长工作时间，一般每日不得超过一小时；因特殊原因需要延长工作时间的，在保障劳动者身体健康的条件下延长工作时间每日不得超过三小时，但是每月不得超过三十六小时。

第四十二条 有下列情形之一的，延长工作时间不受本法第四十一条规定的限制：

（一）发生自然灾害、事故或者因其他原因，威胁劳动者生命健康和财产安全，需要紧急处理的；

（二）生产设备、交通运输线路、公共设施发生故障，影响生产和公众利益，必须及时抢修的；

（三）法律、行政法规规定的其他情形。

第四十三条 用人单位不得违反本法规定延长劳动者的工作时间。

第四十四条 有下列情形之一的，用人单位应当按照下列标准支付高于劳动者正常工作时间工资的工资报酬：

（一）安排劳动者延长工作时间的，支付不低于工资的百分之一百五十的工资报酬；

（二）休息日安排劳动者工作又不能安排补休的，支付不低于工资的百分之二百的工资报酬；

（三）法定休假日安排劳动者工作的，支付不低于工资的百分之三百的工资报酬。

第四十五条 国家实行带薪年休假制度。

劳动者连续工作一年以上的，享受带薪年休假。具体办法由国务院规定。

第五章 工资

第四十六条 工资分配应当遵循按劳分配原则，实行同工同酬。

工资水平在经济发展的基础上逐步提高。国家对工资总量实行宏观调控。

第四十七条 用人单位根据本单位的生产经营特点和经济效益，依法自主确定本单位的工资分配方式和工资水平。

第四十八条 国家实行最低工资保障制度。最低工资的具体标准由省、自治区、直辖市人民政府规定，报国务院备案。

用人单位支付劳动者的工资不得低于当地最低工资标准。

第四十九条 确定和调整最低工资标准应当综合参考下列因素：

（一）劳动者本人及平均赡养人口的最低生活费用；

（二）社会平均工资水平；

（三）劳动生产率；

（四）就业状况；

（五）地区之间经济发展水平的差异。

第五十条 工资应当以货币形式按月支付给劳动者本人。不得克扣或者无故拖欠劳动者的工资。

第五十一条 劳动者在法定休假日和婚丧假期间以及依法参加社会活动期间，用人单位应当依法支付工资。

第六章 劳动安全卫生

第五十二条 用人单位必须建立、健全劳动安全卫生制度，严格执行国家劳动安全卫生规程和标准，对劳动者进行劳动安全卫生教育，防止劳动过程中的事故，减少职业危害。

第五十三条 劳动安全卫生设施必须符合国家规定的标准。

新建、改建、扩建工程的劳动安全卫生设施必须与主体工程同时设计、同时施工、同时投入生产和使用。

第五十四条 用人单位必须为劳动者提供符合国家规定的劳动安全卫生条件和必要的劳动防护用品，对从事有职业危害作业的劳动者应当定期进行健康检查。

第五十五条 从事特种作业的劳动者必须经过专门培训并取得特种作业资格。

第五十六条 劳动者在劳动过程中必须严格遵守安全操作规程。

劳动者对用人单位管理人员违章指挥、强令冒险作业，有权拒绝执行；对危害生命安全和身体健康的行为，有权提出批评、检举和控告。

第五十七条 国家建立伤亡事故和职业病统计报告和处理制度。县级以上各级人民政府劳动行政部门、有关部门和用人单位应当依法对劳动者在劳动过程中发生的伤亡事故和劳动者的职业病状况，进行统计、报告和处理。

第七章 女职工和未成年工特殊保护

第五十八条 国家对女职工和未成年工实行特殊劳动保护。

未成年工是指年满十六周岁未满十八周岁的劳动者。

第五十九条 禁止安排女职工从事矿山井下、国家规定的第四级体力劳动强度的劳动和其他禁忌从事的劳动。

第六十条 不得安排女职工在经期从事高处、低温、冷水作业和国家规定的第三级体力劳动强度的劳动。

第六十一条 不得安排女职工在怀孕期间从事国家规定的第三级体力劳动强度的劳动和孕期禁忌从事的活动。对怀孕七个月以上的女职工，不得安排其延长工作时间和夜班劳动。

第六十二条 女职工生育享受不少于九十天的产假。

第六十三条 不得安排女职工在哺乳未满一周岁的婴儿期间从事国家规定的第三级体力劳动强度的劳动和哺乳期禁忌从事的其他劳动，不得安排其延长工作时间和夜班劳动。

第六十四条 不得安排未成年工从事矿山井下、有毒有害、国家规定的第四级体力劳动强度的劳动和其他禁忌从事的劳动。

第六十五条 用人单位应当对未成年工定期进行健康检查。

第八章 职业培训

第六十六条 国家通过各种途径，采取各种措施，发展职业培训事业，开发劳动者的职业技能，提高劳动者素质，增强劳动者的就业能力和工作能力。

第六十七条 各级人民政府应当把发展职业培训纳入社会经济发展的规划，鼓励和支持有条件的企业、事业组织、社会团体和个人进行各种形式的职业培训。

第六十八条 用人单位应当建立职业培训制度，按照国家规定提取和使用职业培训经费，根据本单位实际，有计划地对劳动者进行职业培训。

从事技术工种的劳动者，上岗前必须经过培训。

第六十九条 国家确定职业分类，对规定的职业制定职业技能标准，实行职业资格证书制度，由经过政府批准的考核鉴定机构负责对劳动者实施职业技能考核鉴定。

第九章 社会保险和福利

第七十条 国家发展社会保险事业，建立社会保险制度，设立社会保险基金，使劳动者在年老、患病、工伤、失业、生育等情况下获得帮助和补偿。

第七十一条 社会保险水平应当与社会经济发展水平和社会承受能力相适应。

第七十二条 社会保险基金按照保险类型确定资金来源，逐步实行社会统筹。用人单位和劳动者必须依法参加社会保险，缴纳社会保险费。

第七十三条 劳动者在下列情形下，依法享受社会保险待遇：

（一）退休；

（二）患病、负伤；

（三）因工伤残或者患职业病；

（四）失业；

（五）生育。

劳动者死亡后，其遗属依法享受遗属津贴。

劳动者享受社会保险待遇的条件和标准由法律、法规规定。

劳动者享受的社会保险金必须按时足额支付。

第七十四条 社会保险基金经办机构依照法律规定收支、管理和运营社会保险基金，并负有使社会保险基金保值增值的责任。

社会保险基金监督机构依照法律规定，对社会保险基金的收支、管理和运营实施监督。

社会保险基金经办机构和社会保险基金监督机构的设立和职能由法律规定。

任何组织和个人不得挪用社会保险基金。

第七十五条 国家鼓励用人单位根据本单位实际情况为劳动者建立补充保险。

国家提倡劳动者个人进行储蓄性保险。

第七十六条 国家发展社会福利事业，兴建公共福利设施，为劳动者休息、休养和疗养提供条件。

用人单位应当创造条件，改善集体福利，提高劳动者的福利待遇。

第十章　劳动争议

第七十七条 用人单位与劳动者发生劳动争议，当事人可以依法申请调解、仲裁、提起诉讼，也可以协商解决。

调解原则适用于仲裁和诉讼程序。

第七十八条 解决劳动争议，应当根据合法、公正、及时处理的原则，依法维护劳动争议当事人的合法权益。

第七十九条 劳动争议发生后，当事人可以向本单位劳动争议调解委员会申请调解；调解不成，当事人一方要求仲裁的，可以向劳动争议仲裁委员会申请仲裁。当事人一方也可以直接向劳动争议仲裁委员会申请仲裁。对仲裁裁决不服的，可以向人民法院提起诉讼。

第八十条 在用人单位内，可以设立劳动争议调解委员会。劳动争议调解委员会由职工代表、用人单位代表和工会代表组成。劳动争议调解委员会主任由工会代表担任。

劳动争议经调解达成协议的，当事人应当履行。

第八十一条 劳动争议仲裁委员会由劳动行政部门代表、同级工会代表、用人单位方面的代表组成。劳动争议仲裁委员会主任由劳动行政部门代表担任。

第八十二条　提出仲裁要求的一方应当自劳动争议发生之日起六十日内向劳动争议仲裁委员会提出书面申请。仲裁裁决一般应在收到仲裁申请的六十日内作出。对仲裁裁决无异议的，当事人必须履行。

第八十三条　劳动争议当事人对仲裁裁决不服的，可以自收到仲裁裁决书之日起十五日内向人民法院提起诉讼。一方当事人在法定期限内不起诉又不履行仲裁裁决的，另一方当事人可以申请人民法院强制执行。

第八十四条　因签订集体合同发生争议，当事人协商解决不成的，当地人民政府劳动行政部门可以组织有关各方协调处理。

因履行集体合同发生争议，当事人协商解决不成的，可以向劳动争议仲裁委员会申请仲裁；对仲裁裁决不服的，可以自收到仲裁裁决书之日起十五日内向人民法院提起诉讼。

第十一章　监督检查

第八十五条　县级以上各级人民政府劳动行政部门依法对用人单位遵守劳动法律、法规的情况进行监督检查，对违反劳动法律、法规的行为有权制止，并责令改正。

第八十六条　县级以上各级人民政府劳动行政部门监督检查人员执行公务，有权进入用人单位了解执行劳动法律、法规的情况，查阅必要的资料，并对劳动场所进行检查。

县级以上各级人民政府劳动行政部门监督检查人员执行公务，必须出示证件，秉公执法并遵守有关规定。

第八十七条　县级以上各级人民政府有关部门在各自职责范围内，对用人单位遵守劳动法律、法规的情况进行监督。

第八十八条　各级工会依法维护劳动者的合法权益，对用人单位遵守劳动法律、法规的情况进行监督。

任何组织和个人对于违反劳动法律、法规的行为有权检举和控告。

第十二章　法律责任

第八十九条　用人单位制定的劳动规章制度违反法律、法规规定的，由劳动行政部门给予警告，责令改正；对劳动者造成损害的，应当承担赔偿责任。

第九十条 用人单位违反本法规定，延长劳动者工作时间的，由劳动行政部门给予警告，责令改正，并可以处以罚款。

第九十一条 用人单位有下列侵害劳动者合法权益情形之一的，由劳动行政部门责令支付劳动者的工资报酬、经济补偿，并可以责令支付赔偿金：

（一）克扣或者无故拖欠劳动者工资的；

（二）拒不支付劳动者延长工作时间工资报酬的；

（三）低于当地最低工资标准支付劳动者工资的；

（四）解除劳动合同后，未依照本法规定给予劳动者经济补偿的。

第九十二条 用人单位的劳动安全设施和劳动卫生条件不符合国家规定或者未向劳动者提供必要的劳动防护用品和劳动保护设施的，由劳动行政部门或者有关部门责令改正，可以处以罚款；情节严重的，提请县级以上人民政府决定责令停产整顿；对事故隐患不采取措施，致使发生重大事故，造成劳动者生命和财产损失的，对责任人员依照刑法有关规定追究刑事责任。

第九十三条 用人单位强令劳动者违章冒险作业，发生重大伤亡事故，造成严重后果的，对责任人员依法追究刑事责任。

第九十四条 用人单位非法招用未满十六周岁的未成年人的，由劳动行政部门责令改正，处以罚款；情节严重的，由工商行政管理部门吊销营业执照。

第九十五条 用人单位违反本法对女职工和未成年工的保护规定，侵害其合法权益的，由劳动行政部门责令改正，处以罚款；对女职工或者未成年工造成损害的，应当承担赔偿责任。

第九十六条 用人单位有下列行为之一，由公安机关对责任人员处以十五日以下拘留、罚款或者警告；构成犯罪的，对责任人员依法追究刑事责任：

（一）以暴力、威胁或者非法限制人身自由的手段强迫劳动的；

（二）侮辱、体罚、殴打、非法搜查和拘禁劳动者的。

第九十七条 由于用人单位的原因订立的无效合同，对劳动者造成损害的，应当承担赔偿责任。

第九十八条 用人单位违反本法规定的条件解除劳动合同或者故意拖延不订立劳动合同的，由劳动行政部门责令改正；对劳动者造成损害的，应当承担赔偿责任。

第九十九条 用人单位招用尚未解除劳动合同的劳动者，对原用人单位造成经济损失的，该用人单位应当依法承担连带赔偿责任。

第一〇〇条 用人单位无故不缴纳社会保险费的，由劳动行政部门责令其限期缴纳；逾期不缴的，可以加收滞纳金。

第一〇一条 用人单位无理阻挠劳动行政部门、有关部门及其工作人员行使监督检查权，打击报复举报人员的，由劳动行政部门或者有关部门处以罚款；构成犯罪的，对责任人员依法追究刑事责任。

第一〇二条 劳动者违反本法规定的条件解除劳动合同或者违反劳动合同中约定的保密事项，对用人单位造成经济损失的，应当依法承担赔偿责任。

第一〇三条 劳动行政部门或者有关部门的工作人员滥用职权、玩忽职守、徇私舞弊，构成犯罪的，依法追究刑事责任；不构成犯罪的，给予行政处分。

第一〇四条 国家工作人员和社会保险基金经办机构的工作人员挪用社会保险基金，构成犯罪的，依法追究刑事责任。

第一〇五条 违反本法规定侵害劳动者合法权益，其他法律、行政法规已规定处罚的，依照该法律、行政法规的规定处罚。

第十三章 附 则

第一〇六条 省、自治区、直辖市人民政府根据本法和本地区的实际情况，规定劳动合同制度的实施步骤，报国务院备案。

第一〇七条 本法自1995年1月1日起施行。

说明:《劳动合同法》已于2008年1月1日实行，如有冲突的地方，以《劳动合同法》为准。

劳动合同法

第一章　总　则

第一条　为了完善劳动合同制度，明确劳动合同双方当事人的权利和义务，保护劳动者的合法权益，构建和发展和谐稳定的劳动关系，制定本法。

第二条　中华人民共和国境内的企业、个体经济组织、民办非企业单位等组织（以下称用人单位）与劳动者建立劳动关系，订立、履行、变更、解除或者终止劳动合同，适用本法。

国家机关、事业单位、社会团体和与其建立劳动关系的劳动者，订立、履行、变更、解除或者终止劳动合同，依照本法执行。

第三条　订立劳动合同，应当遵循合法、公平、平等自愿、协商一致、诚实信用的原则。

依法订立的劳动合同具有约束力，用人单位与劳动者应当履行劳动合同约定的义务。

第四条　用人单位应当依法建立和完善劳动规章制度，保障劳动者享有劳动权利、履行劳动义务。

用人单位在制定、修改或者决定有关劳动报酬、工作时间、休息休假、劳动安全卫生、保险福利、职工培训、劳动纪律以及劳动定额管理等直接涉及劳动者切身利益的规章制度或者重大事项时，应当经职工代表大会或者全体职工讨论，提出方案和意见，与工会或者职工代表平等协商确定。

在规章制度和重大事项决定实施过程中，工会或者职工认为不适当的，有权向用人单位提出，通过协商予以修改完善。

用人单位应当将直接涉及劳动者切身利益的规章制度和重大事项决定公示，或者告知劳动者。

第五条　县级以上人民政府劳动行政部门会同工会和企业方面代表，建立健全协调劳动关系三方机制，共同研究解决有关劳动关系的重大问题。

第六条　工会应当帮助、指导劳动者与用人单位依法订立和履行劳动合同，并与用人单位建立集体协商机制，维护劳动者的合法权益。

第二章　劳动合同的订立

第七条　用人单位自用工之日起即与劳动者建立劳动关系。用人单位应当建立职工名册备查。

第八条　用人单位招用劳动者时，应当如实告知劳动者工作内容、工作条件、工作地点、职业危害、安全生产状况、劳动报酬，以及劳动者要求了解的其他情况；用人单位有权了解劳动者与劳动合同直接相关的基本情况，劳动者应当如实说明。

第九条　用人单位招用劳动者，不得扣押劳动者的居民身份证和其他证件，不得要求劳动者提供担保或者以其他名义向劳动者收取财物。

第十条　建立劳动关系，应当订立书面劳动合同。

已建立劳动关系，未同时订立书面劳动合同的，应当自用工之日起一个月内订立书面劳动合同。

用人单位与劳动者在用工前订立劳动合同的，劳动关系自用工之日起建立。

第十一条　用人单位未在用工的同时订立书面劳动合同，与劳动者约定的劳动报酬不明确的，新招用的劳动者的劳动报酬按照集体合同规定的标准执行；没有集体合同或者集体合同未规定的，实行同工同酬。

第十二条　劳动合同分为固定期限劳动合同、无固定期限劳动合同和以完成一定工作任务为期限的劳动合同。

第十三条　固定期限劳动合同，是指用人单位与劳动者约定合同终止时间的劳动合同。

用人单位与劳动者协商一致，可以订立固定期限劳动合同。

第十四条　无固定期限劳动合同，是指用人单位与劳动者约定无确定终止时间的劳动合同。

用人单位与劳动者协商一致，可以订立无固定期限劳动合同。有下列情形之一，劳动者提出或者同意续订、订立劳动合同的，除劳动者提出订立固定期限劳动合同外，应当订立无固定期限劳动合同：

（一）劳动者在该用人单位连续工作满十年的；

（二）用人单位初次实行劳动合同制度或者国有企业改制重新订立劳动合同时，劳动者在该用人单位连续工作满十年且距法定退休年龄不足十年的；

（三）连续订立二次固定期限劳动合同，且劳动者没有本法第三十九条和第四十条第（一）项、第（二）项规定的情形，续订劳动合同的。用人单位自用工之日起满一年不与劳动者订立书面劳动合同的，视为用人单位与劳动者已订立无固定期限劳动合同。

第十五条 以完成一定工作任务为期限的劳动合同，是指用人单位与劳动者约定以某项工作的完成为合同期限的劳动合同。

用人单位与劳动者协商一致，可以订立以完成一定工作任务为期限的劳动合同。

第十六条 劳动合同由用人单位与劳动者协商一致，并经用人单位与劳动者在劳动合同文本上签字或者盖章生效。

劳动合同文本由用人单位和劳动者各执一份。

第十七条 劳动合同应当具备以下条款：

（一）用人单位的名称、住所和法定代表人或者主要负责人；

（二）劳动者的姓名、住址和居民身份证或者其他有效身份证件号码；

（三）劳动合同期限；

（四）工作内容和工作地点；

（五）工作时间和休息休假；

（六）劳动报酬；

（七）社会保险；

（八）劳动保护、劳动条件和职业危害防护；

（九）法律、法规规定应当纳入劳动合同的其他事项。

劳动合同除前款规定的必备条款外，用人单位与劳动者可以约定试用期、培训、保守秘密、补充保险和福利待遇等其他事项。

第十八条 劳动合同对劳动报酬和劳动条件等标准约定不明确，引发争议的，用人单位与劳动者可以重新协商；协商不成的，适用集体合同规定；没有集体合同或者集体合同未规定劳动报酬的，实行同工同酬；没有集体合同同或者集体合同未规定劳动条件等标准的，适用国家有关规定。

第十九条 劳动合同期限三个月以上不满一年的，试用期不得超过一个月；劳动合同期限一年以上不满三年的，试用期不得超过二个月；三年以上固定期限和无固定期限的劳动合同，试用期不得超过六个月。

同一用人单位与同一劳动者只能约定一次试用期。

以完成一定工作任务为期限的劳动合同或者劳动合同期限不满三个月的，不得约定试用期。

试用期包含在劳动合同期限内。劳动合同仅约定试用期的，试用期不成立，该期限为劳动合同期限。

第二十条 劳动者在试用期的工资不得低于本单位相同岗位最低档工资或者劳动合同约定工资的百分之八十，并不得低于用人单位所在地的最低工资标准。

第二十一条 在试用期中，除劳动者有本法第三十九条和第四十条第（一）项、第（二）项规定的情形外，用人单位不得解除劳动合同。用人单位在试用期解除劳动合同的，应当向劳动者说明理由。

第二十二条 用人单位为劳动者提供专项培训费用，对其进行专业技术培训的，可以与该劳动者订立协议，约定服务期。

劳动者违反服务期约定的，应当按照约定向用人单位支付违约金。违约金的数额不得超过用人单位提供的培训费用。用人单位要求劳动者支付的违约金不得超过服务期尚未履行部分所应分摊的培训费用。

用人单位与劳动者约定服务期的，不影响按照正常的工资调整机制提高劳动者在服务期期间的劳动报酬。

第二十三条 用人单位与劳动者可以在劳动合同中约定保守用人单位的商业秘密和与知识产权相关的保密事项。

对负有保密义务的劳动者，用人单位可以在劳动合同或者保密协议中与劳动者约定竞业限制条款，并约定在解除或者终止劳动合同后，在竞业限制期限内按月给予劳动者经济补偿。劳动者违反竞业限制约定的，应当按照约定向用人单位支付违约金。

第二十四条 竞业限制的人员限于用人单位的高级管理人员、高级技术人员和其他负有保密义务的人员。竞业限制的范围、地域、期限由用人单位与劳动者约定，竞业限制的约定不得违反法律、法规的规定。

在解除或者终止劳动合同后，前款规定的人员到与本单位生产或者经营同类产品、从事同类业务的有竞争关系的其他用人单位，或者自己开业生产或者经营同类产品、从事同类业务的竞业限制期限，不得超过二年。

第二十五条 除本法第二十二条和第二十三条规定的情形外，用人单位不得与劳动者约定由劳动者承担违约金。

第二十六条 下列劳动合同无效或者部分无效：

（一）以欺诈、胁迫的手段或者乘人之危，使对方在违背真实意思的情况下订立或者变更劳动合同的；

（二）用人单位免除自己的法定责任、排除劳动者权利的；

（三）违反法律、行政法规强制性规定的。

对劳动合同的无效或者部分无效有争议的，由劳动争议仲裁机构或者人民法院确认。

第二十七条 劳动合同部分无效，不影响其他部分效力的，其他部分仍然有效。

第二十八条 劳动合同被确认无效，劳动者已付出劳动的，用人单位应当向劳动者支付劳动报酬。劳动报酬的数额，参照本单位相同或者相近岗位劳动者的劳动报酬确定。

第三章　劳动合同的履行和变更

第二十九条 用人单位与劳动者应当按照劳动合同的约定，全面履行各自的义务。

第三十条 用人单位应当按照劳动合同约定和国家规定，向劳动者及时足额支付劳动报酬。

用人单位拖欠或者未足额支付劳动报酬的，劳动者可以依法向当地人民法院申请支付令，人民法院应当依法发出支付令。

第三十一条 用人单位应当严格执行劳动定额标准，不得强迫或者变相强迫劳动者加班。用人单位安排加班的，应当按照国家有关规定向劳动者支付加班费。

第三十二条 劳动者拒绝用人单位管理人员违章指挥、强令冒险作业的，不视为违反劳动合同。

劳动者对危害生命安全和身体健康的劳动条件，有权对用人单位提出批评、检举和控告。

第三十三条 用人单位变更名称、法定代表人、主要负责人或者投资人等事项，不影响劳动合同的履行。

第三十四条 用人单位发生合并或者分立等情况，原劳动合同继续有效，劳动合同由承继其权利和义务的用人单位继续履行。

第三十五条 用人单位与劳动者协商一致，可以变更劳动合同约定的内容。变更劳动合同，应当采用书面形式。

变更后的劳动合同文本由用人单位和劳动者各执一份。

第四章 劳动合同的解除和终止

第三十六条 用人单位与劳动者协商一致，可以解除劳动合同。

第三十七条 劳动者提前三十日以书面形式通知用人单位，可以解除劳动合同。劳动者在试用期内提前三日通知用人单位，可以解除劳动合同。

第三十八条 用人单位有下列情形之一的，劳动者可以解除劳动合同：

（一）未按照劳动合同约定提供劳动保护或者劳动条件的；

（二）未及时足额支付劳动报酬的；

（三）未依法为劳动者缴纳社会保险费的；

（四）用人单位的规章制度违反法律、法规的规定，损害劳动者权益的；

（五）因本法第二十六条第一款规定的情形致使劳动合同无效的；

（六）法律、行政法规规定劳动者可以解除劳动合同的其他情形。

用人单位以暴力、威胁或者非法限制人身自由的手段强迫劳动者劳动的，或者用人单位违章指挥、强令冒险作业危及劳动者人身安全的，劳动者可以立即解除劳动合同，不需事先告知用人单位。

第三十九条 劳动者有下列情形之一的，用人单位可以解除劳动合同：

（一）在试用期间被证明不符合录用条件的；

（二）严重违反用人单位的规章制度的；

（三）严重失职，营私舞弊，给用人单位造成重大损害的；

（四）劳动者同时与其他用人单位建立劳动关系，对完成本单位的工作任务造成严重影响，或者经用人单位提出，拒不改正的；

（五）因本法第二十六条第一款第（一）项规定的情形致使劳动合同无效的；

（六）被依法追究刑事责任的。

第四十条 有下列情形之一的，用人单位提前三十日以书面形式通知劳动者本人或者额外支付劳动者一个月工资后，可以解除劳动合同：

（一）劳动者患病或者非因工负伤，在规定的医疗期满后不能从事原工作，也不能从事由用人单位另行安排的工作的；

（二）劳动者不能胜任工作，经过培训或者调整工作岗位，仍不能胜任工作的；

（三）劳动合同订立时所依据的客观情况发生重大变化，致使劳动合同无法履行，经用人单位与劳动者协商，未能就变更劳动合同内容达成协议的。

第四十一条 有下列情形之一，需要裁减人员二十人以上或者裁减不足二十人但占企业职工总数百分之十以上的，用人单位提前三十日向工会或者全体职工说明情况，听取工会或者职工的意见后，裁减人员方案经向劳动行政部门报告，可以裁减人员：

（一）依照企业破产法规定进行重整的；

（二）生产经营发生严重困难的；

（三）企业转产、重大技术革新或者经营方式调整，经变更劳动合同后，仍需裁减人员的；

（四）其他因劳动合同订立时所依据的客观经济情况发生重大变化，致使劳动合同无法履行的。

裁减人员时，应当优先留用下列人员：

（一）与本单位订立较长期限的固定期限劳动合同的；

（二）与本单位订立无固定期限劳动合同的；

（三）家庭无其他就业人员，有需要抚养的老人或者未成年人的。

用人单位依照本条第一款规定裁减人员，在六个月内重新招用人员的，应当通知被裁减的人员，并在同等条件下优先招用被裁减的人员。

第四十二条 劳动者有下列情形之一的，用人单位不得依照本法第四十条、第四十一条的规定解除劳动合同：

（一）从事接触职业病危害作业的劳动者未进行离岗前职业健康检查，或者疑似职业病病人在诊断或者医学观察期间的；

（二）在本单位患职业病或者因工负伤并被确认丧失或者部分丧失劳动能力的；

（三）患病或者非因工负伤，在规定的医疗期内的；

（四）女职工在孕期、产期、哺乳期的；

（五）在本单位连续工作满十五年，且距法定退休年龄不足五年的；

（六）法律、行政法规规定的其他情形。

第四十三条 用人单位单方解除劳动合同，应当事先将理由通知工会。用人单位违反法律、行政法规规定或者劳动合同约定的，工会有权要求用人单位纠正。用人单位应当研究工会的意见，并将处理结果书面通知工会。

第四十四条 有下列情形之一的，劳动合同终止：

（一）劳动合同期满的；

（二）劳动者开始依法享受基本养老保险待遇的；

（三）劳动者死亡，或者被人民法院宣告死亡或者宣告失踪的；

（四）用人单位被依法宣告破产的；

（五）用人单位被吊销营业执照、责令关闭、撤销或者用人单位决定提前解散的；

（六）法律、行政法规规定的其他情形。

第四十五条 劳动合同期满，有本法第四十二条规定情形之一的，劳动合同应当续延至相应的情形消失时终止。但是，本法第四十二条第二项规定丧失或者部分丧失劳动能力劳动者的劳动合同的终止，按照国家有关工伤保险的规定执行。

第四十六条 有下列情形之一的，用人单位应当向劳动者支付经济补偿：

（一）劳动者依照本法第三十八条规定解除劳动合同的；

（二）用人单位依照本法第三十六条规定向劳动者提出解除劳动合同并与劳动者协商一致解除劳动合同的；

（三）用人单位依照本法第四十条规定解除劳动合同的；

（四）用人单位依照本法第四十一条第一款规定解除劳动合同的；

（五）除用人单位维持或者提高劳动合同约定条件续订劳动合同，劳动者不同意续订的情形外，依照本法第四十四条第一项规定终止固定期限劳动合同的；

（六）依照本法第四十四条第（四）项、第（五）项规定终止劳动合同的；

（七）法律、行政法规规定的其他情形。

第四十七条 经济补偿按劳动者在本单位工作的年限，每满一年支付一个月工资的标准向劳动者支付。六个月以上不满一年的，按一年计算；不满六个月的，向劳动者支付半个月工资的经济补偿。

劳动者月工资高于用人单位所在直辖市、设区的市级人民政府公布的本地区上年度职工月平均工资三倍的，向其支付经济补偿的标准按职工月平均工资三倍的数额支付，向其支付经济补偿的年限最高不超过十二年。

本条所称月工资是指劳动者在劳动合同解除或者终止前十二个月的平均工资。

第四十八条 用人单位违反本法规定解除或者终止劳动合同，劳动者要求继续履行劳动合同的，用人单位应当继续履行；劳动者不要求继续履行劳动合同或者劳动合同已经不能继续履行的，用人单位应当依照本法第八十七条规定支付赔偿金。

第四十九条 国家采取措施，建立健全劳动者社会保险关系跨地区转移接续制度。

第五十条 用人单位应当在解除或者终止劳动合同时出具解除或者终止劳动合同的证明，并在十五日内为劳动者办理档案和社会保险关系转移手续。

劳动者应当按照双方约定，办理工作交接。用人单位依照本法有关规定应当向劳动者支付经济补偿的，在办理工作交接时支付。

用人单位对已经解除或者终止的劳动合同的文本，至少保存二年备查。

第五章 特别规定

第一节 集体合同

第五十一条 企业职工一方与用人单位通过平等协商，可以就劳动报酬、工作时间、休息休假、劳动安全卫生、保险福利等事项订立集体合同。集体合同草案应当提交职工代表大会或者全体职工讨论通过。

集体合同由工会代表企业职工一方与用人单位订立；尚未建立工会的用人单位，由上级工会指导劳动者推举的代表与用人单位订立。

第五十二条 企业职工一方与用人单位可以订立劳动安全卫生、女职工权益保护、工资调整机制等专项集体合同。

第五十三条 在县级以下区域内，建筑业、采矿业、餐饮服务业等行业可以由工会与企业方面代表订立行业性集体合同，或者订立区域性集体合同。

第五十四条 集体合同订立后，应当报送劳动行政部门；劳动行政部门自收到集体合同文本之日起十五日内未提出异议的，集体合同即行生效。

依法订立的集体合同对用人单位和劳动者具有约束力。行业性、区域性集体合同对当地本行业、本区域的用人单位和劳动者具有约束力。

第五十五条 集体合同中劳动报酬和劳动条件等标准不得低于当地人民政府规定的最低标准；用人单位与劳动者订立的劳动合同中劳动报酬和劳动条件等标准不得低于集体合同规定的标准。

第五十六条 用人单位违反集体合同，侵犯职工劳动权益的，工会可以依法要求用人单位承担责任；因履行集体合同发生争议，经协商解决不成的，工会可以依法申请仲裁、提起诉讼。

第二节 劳务派遣

第五十七条 （一）注册资本不得少于人民币二百万元；（二）有与开展业务相适应的固定的经营场所和设施；（三）有符合法律、行政法规规定的劳务派遣管理制度；（四）法律、行政法规规定的其他条件。

经营劳务派遣业务，应当向劳动行政部门依法申请行政许可；经许可的，依法办理相应的公司登记。未经许可，任何单位和个人不得经营劳务派遣业务。

第五十八条 劳务派遣单位是本法所称用人单位，应当履行用人单位对劳动者的义务。劳务派遣单位与被派遣劳动者订立的劳动合同，除应当载明本法第十七条规定的事项外，还应当载明被派遣劳动者的用工单位以及派遣期限、工作岗位等情况。

劳务派遣单位应当与被派遣劳动者订立二年以上的固定期限劳动合同，按月支付劳动报酬；被派遣劳动者在无工作期间，劳务派遣单位应当按照所在地人民政府规定的最低工资标准，向其按月支付报酬。

第五十九条 劳务派遣单位派遣劳动者应当与接受以劳务派遣形式用工的单位（以下称用工单位）订立劳务派遣协议。劳务派遣协议应当约定派遣岗位和人员数量、派遣期限、劳动报酬和社会保险费的数额与支付方式以及违反协议的责任。

用工单位应当根据工作岗位的实际需要与劳务派遣单位确定派遣期限，不得将连续用工期限分割订立数个短期劳务派遣协议。

第六十条 劳务派遣单位应当将劳务派遣协议的内容告知被派遣劳动者。

劳务派遣单位不得克扣用工单位按照劳务派遣协议支付给被派遣劳动者的劳动报酬。

劳务派遣单位和用工单位不得向被派遣劳动者收取费用。

第六十一条 劳务派遣单位跨地区派遣劳动者的，被派遣劳动者享有的劳动报酬和劳动条件，按照用工单位所在地的标准执行。

第六十二条 用工单位应当履行下列义务：

（一）执行国家劳动标准，提供相应的劳动条件和劳动保护；

（二）告知被派遣劳动者的工作要求和劳动报酬；

（三）支付加班费、绩效奖金，提供与工作岗位相关的福利待遇；

（四）对在岗被派遣劳动者进行工作岗位所必需的培训；

（五）连续用工的，实行正常的工资调整机制。

用工单位不得将被派遣劳动者再派遣到其他用人单位。

第六十三条 被派遣劳动者享有与用工单位的劳动者同工同酬的权利。用工单位应当按照同工同酬原则，对被派遣劳动者与本单位同类岗位的劳动者实行相同的劳动报酬分配办法。用工单位无同类岗位劳动者的，参照用工单位所在地相同或者相近岗位劳动者的劳动报酬确定。

劳务派遣单位与被派遣劳动者订立的劳动合同和与用工单位订立的劳务派遣协议，载明或者约定的向被派遣劳动者支付的劳动报酬应当符合前款规定。

第六十四条 被派遣劳动者有权在劳务派遣单位或者用工单位依法参加或者组织工会，维护自身的合法权益。

第六十五条 被派遣劳动者可以依照本法第三十六条、第三十八条的规定与劳务派遣单位解除劳动合同。

被派遣劳动者有本法第三十九条和第四十条第（一）项、第（二）项规定情形的，用工单位可以将劳动者退回劳务派遣单位，劳务派遣单位依照本法有关规定，可以与劳动者解除劳动合同。

第六十六条 劳动合同用工是我国的企业基本用工形式。劳务派遣用工是补充形式，只能在临时性、辅助性或者替代性的工作岗位上实施。

前款规定的临时性工作岗位是指存续时间不超过六个月的岗位；辅助性工作岗位是指为主营业务岗位提供服务的非主营业务岗位；替代性工作岗位是指用工单位的劳动者因脱产学习、休假等原因无法工作的一定期间内，可以由其他劳动者替代工作的岗位。

用工单位应当严格控制劳务派遣用工数量，不得超过其用工总量的一定比例，具体比例由国务院劳动行政部门规定。

第六十七条 用人单位不得设立劳务派遣单位向本单位或者所属单位派遣劳动者。

第三节 非全日制用工

第六十八条 非全日制用工，是指以小时计酬为主，劳动者在同一用人单位一般平均每日工作时间不超过四小时，每周工作时间累计不超过二十四小时的用工形式。

第六十九条 非全日制用工双方当事人可以订立口头协议。

从事非全日制用工的劳动者可以与一个或者一个以上用人单位订立劳动合同；但是，后订立的劳动合同不得影响先订立的劳动合同的履行。

第七十条 非全日制用工双方当事人不得约定试用期。

第七十一条 非全日制用工双方当事人任何一方都可以随时通知对方终止用工。终止用工，用人单位不向劳动者支付经济补偿。

第七十二条 非全日制用工小时计酬标准不得低于用人单位所在地人民政府规定的最低小时工资标准。非全日制用工劳动报酬结算支付周期最长不得超过十五日。

第六章 监督检查

第七十三条 国务院劳动行政部门负责全国劳动合同制度实施的监督管理。

县级以上地方人民政府劳动行政部门负责本行政区域内劳动合同制度实施的监督管理。

县级以上各级人民政府劳动行政部门在劳动合同制度实施的监督管理工作中，应当听取工会、企业方面代表以及有关行业主管部门的意见。

第七十四条 县级以上地方人民政府劳动行政部门依法对下列实施劳动合同制度的情况进行监督检查：

（一）用人单位制定直接涉及劳动者切身利益的规章制度及其执行的情况；

（二）用人单位与劳动者订立和解除劳动合同的情况；

（三）劳务派遣单位和用工单位遵守劳务派遣有关规定的情况；

（四）用人单位遵守国家关于劳动者工作时间和休息休假规定的情况；

（五）用人单位支付劳动合同约定的劳动报酬和执行最低工资标准的情况；

（六）用人单位参加各项社会保险和缴纳社会保险费的情况；

（七）法律、法规规定的其他劳动监察事项。

第七十五条 县级以上地方人民政府劳动行政部门实施监督检查时，有权查阅与劳动合同、集体合同有关的材料，有权对劳动场所进行实地检查，用人单位和劳动者都应当如实提供有关情况和材料。

劳动行政部门的工作人员进行监督检查，应当出示证件，依法行使职权，文明执法。

第七十六条 县级以上人民政府建设、卫生、安全生产监督管理等有关主管部门在各自职责范围内，对用人单位执行劳动合同制度的情况进行监督管理。

第七十七条 劳动者合法权益受到侵害的，有权要求有关部门依法处理，或者依法申请仲裁、提起诉讼。

第七十八条 工会依法维护劳动者的合法权益，对用人单位履行劳动合同、集体合同的情况进行监督。用人单位违反劳动法律、法规和劳动合同、集体合同的，工会有权提出意见或者要求纠正；劳动者申请仲裁、提起诉讼的，工会依法给予支持和帮助。

第七十九条 任何组织或者个人对违反本法的行为都有权举报，县级以上人民政府劳动行政部门应当及时核实、处理，并对举报有功人员给予奖励。

第七章 法律责任

第八十条 用人单位直接涉及劳动者切身利益的规章制度违反法律、法规规定的，由劳动行政部门责令改正，给予警告；给劳动者造成损害的，应当承担赔偿责任。

第八十一条 用人单位提供的劳动合同文本未载明本法规定的劳动合同必备条款或者用人单位未将劳动合同文本交付劳动者的，由劳动行政部门责令改正；给劳动者造成损害的，应当承担赔偿责任。

第八十二条 用人单位自用工之日起超过一个月不满一年未与劳动者订立书面劳动合同的，应当向劳动者每月支付二倍的工资。

用人单位违反本法规定不与劳动者订立无固定期限劳动合同的，自应当订立无固定期限劳动合同之日起向劳动者每月支付二倍的工资。

第八十三条 用人单位违反本法规定与劳动者约定试用期的，由劳动行政部门责令改正；违法约定的试用期已经履行的，由用人单位以劳动者试用期满月工资为标准，按已经履行的超过法定试用期的期间向劳动者支付赔偿金。

第八十四条 用人单位违反本法规定，扣押劳动者居民身份证等证件的，由劳动行政部门责令限期退还劳动者本人，并依照有关法律规定给予处罚。

用人单位违反本法规定，以担保或者其他名义向劳动者收取财物的，由劳动行政部门责令限期退还劳动者本人，并以每人五百元以上二千元以下的标准处以罚款；给劳动者造成损害的，应当承担赔偿责任。

劳动者依法解除或者终止劳动合同，用人单位扣押劳动者档案或者其他物品的，依照前款规定处罚。

第八十五条 用人单位有下列情形之一的，由劳动行政部门责令限期支付劳动报酬、加班费或者经济补偿；劳动报酬低于当地最低工资标准的，应当支付其差额部分；逾期不支付的，责令用人单位按应付金额百分之五十以上百分之一百以下的标准向劳动者加付赔偿金：

（一）未按照劳动合同的约定或者国家规定及时足额支付劳动者劳动报酬的；

（二）低于当地最低工资标准支付劳动者工资的；

（三）安排加班不支付加班费的；

（四）解除或者终止劳动合同，未依照本法规定向劳动者支付经济补偿的。

第八十六条 劳动合同依照本法第二十六条规定被确认无效，给对方造成损害的，有过错的一方应当承担赔偿责任。

第八十七条 用人单位违反本法规定解除或者终止劳动合同的，应当依照本法第四十七条规定的经济补偿标准的二倍向劳动者支付赔偿金。

第八十八条 用人单位有下列情形之一的，依法给予行政处罚；构成犯罪的，依法追究刑事责任；给劳动者造成损害的，应当承担赔偿责任：

（一）以暴力、威胁或者非法限制人身自由的手段强迫劳动的；

（二）违章指挥或者强令冒险作业危及劳动者人身安全的；

（三）侮辱、体罚、殴打、非法搜查或者拘禁劳动者的；

（四）劳动条件恶劣、环境污染严重，给劳动者身心健康造成严重损害的。

第八十九条 用人单位违反本法规定未向劳动者出具解除或者终止劳动合同的书面证明，由劳动行政部门责令改正；给劳动者造成损害的，应当承担赔偿责任。

第九十条 劳动者违反本法规定解除劳动合同，或者违反劳动合同中约定的保密义务或者竞业限制，给用人单位造成损失的，应当承担赔偿责任。

第九十一条 用人单位招用与其他用人单位尚未解除或者终止劳动合同的劳动者，给其他用人单位造成损失的，应当承担连带赔偿责任。

第九十二条 违反本法规定，未经许可，擅自经营劳务派遣业务的，由劳动行政部门责令停止违法行为，没收违法所得，并处违法所得一倍以上五倍以下的罚款；没有违法所得的，可以处五万元以下的罚款。

劳务派遣单位、用工单位违反本法有关劳务派遣规定的，由劳动行政部门责令限期改正；逾期不改正的，以每人五千元以上一万元以下的标准处以罚款，对劳务派遣单位，吊销其劳务派遣业务经营许可证。用工单位给被派遣劳动者造成损害的，劳务派遣单位与用工单位承担连带赔偿责任。

第九十三条 对不具备合法经营资格的用人单位的违法犯罪行为，依法追究法律责任；劳动者已经付出劳动的，该单位或者其出资人应当依照本法有关规定向劳动者支付劳动报酬、经济补偿、赔偿金；给劳动者造成损害的，应当承担赔偿责任。

第九十四条 个人承包经营违反本法规定招用劳动者，给劳动者造成损害的，发包的组织与个人承包经营者承担连带赔偿责任。

第九十五条 劳动行政部门和其他有关主管部门及其工作人员玩忽职守、不履行法定职责，或者违法行使职权，给劳动者或者用人单位造成损害的，应当承担赔偿责任；对直接负责的主管人员和其他直接责任人员，依法给予行政处分；构成犯罪的，依法追究刑事责任。

第八章 附 则

第九十六条 事业单位与实行聘用制的工作人员订立、履行、变更、解除或者终止劳动合同，法律、行政法规或者国务院另有规定的，依照其规定；未作规定的，依照本法有关规定执行。

第九十七条 本法施行前已依法订立且在本法施行之日存续的劳动合同，继续履行；本法第十四条第二款第（三）项规定连续订立固定期限劳动合同的次数，自本法施行后续订固定期限劳动合同时开始计算。

本法施行前已建立劳动关系，尚未订立书面劳动合同的，应当自本法施行之日起1个月内订立。

本法施行之日存续的劳动合同在本法施行后解除或者终止，依照本法第四十六条规定应当支付经济补偿的，经济补偿年限自本法施行之日起计算；本法施行前按照当时有关规定，用人单位应当向劳动者支付经济补偿的，按照当时有关规定执行。

第九十八条 本决定自2013年7月1日起施行。

中华人民共和国劳动争议调解仲裁法

第一章　总　则

第一条　为了公正及时解决劳动争议，保护当事人合法权益，促进劳动关系和谐稳定，制定本法。

第二条　中华人民共和国境内的用人单位与劳动者发生的下列劳动争议，适用本法：

（一）因确认劳动关系发生的争议；

（二）因订立、履行、变更、解除和终止劳动合同发生的争议；

（三）因除名、辞退和辞职、离职发生的争议；

（四）因工作时间、休息休假、社会保险、福利、培训以及劳动保护发生的争议；

（五）因劳动报酬、工伤医疗费、经济补偿或者赔偿金等发生的争议；

（六）法律、法规规定的其他劳动争议。

第三条　解决劳动争议，应当根据事实，遵循合法、公正、及时、着重调解的原则，依法保护当事人的合法权益。

第四条　发生劳动争议，劳动者可以与用人单位协商，也可以请工会或者第三方共同与用人单位协商，达成和解协议。

第五条　发生劳动争议，当事人不愿协商、协商不成或者达成和解协议后不履行的，可以向调解组织申请调解；不愿调解、调解不成或者达成调解协议后不履行的，可以向劳动争议仲裁委员会申请仲裁；对仲裁裁决不服的，除本法另有规定的外，可以向人民法院提起诉讼。

第六条　发生劳动争议，当事人对自己提出的主张，有责任提供证据。与争议事项有关的证据属于用人单位掌握管理的，用人单位应当提供；用人单位不提供的，应当承担不利后果。

第七条　发生劳动争议的劳动者一方在十人以上，并有共同请求的，可以推举代表参加调解、仲裁或者诉讼活动。

第八条 县级以上人民政府劳动行政部门会同工会和企业方面代表建立协调劳动关系三方机制，共同研究解决劳动争议的重大问题。

第九条 用人单位违反国家规定，拖欠或者未足额支付劳动报酬，或者拖欠工伤医疗费、经济补偿或者赔偿金的，劳动者可以向劳动行政部门投诉，劳动行政部门应当依法处理。

第二章 调 解

第十条 发生劳动争议，当事人可以到下列调解组织申请调解：

（一）企业劳动争议调解委员会；

（二）依法设立的基层人民调解组织；

（三）在乡镇、街道设立的具有劳动争议调解职能的组织。

企业劳动争议调解委员会由职工代表和企业代表组成。职工代表由工会成员担任或者由全体职工推举产生，企业代表由企业负责人指定。企业劳动争议调解委员会主任由工会成员或者双方推举的人员担任。

第十一条 劳动争议调解组织的调解员应当由公道正派、联系群众、热心调解工作，并具有一定法律知识、政策水平和文化水平的成年公民担任。

第十二条 当事人申请劳动争议调解可以书面申请，也可以口头申请。口头申请的，调解组织应当当场记录申请人基本情况、申请调解的争议事项、理由和时间。

第十三条 调解劳动争议，应当充分听取双方当事人对事实和理由的陈述，耐心疏导，帮助其达成协议。

第十四条 经调解达成协议的，应当制作调解协议书。

调解协议书由双方当事人签名或者盖章，经调解员签名并加盖调解组织印章后生效，对双方当事人具有约束力，当事人应当履行。

自劳动争议调解组织收到调解申请之日起十五日内未达成调解协议的，当事人可以依法申请仲裁。

第十五条 达成调解协议后，一方当事人在协议约定期限内不履行调解协议的，另一方当事人可以依法申请仲裁。

第十六条 因支付拖欠劳动报酬、工伤医疗费、经济补偿或者赔偿金事项达成调解协议，用人单位在协议约定期限内不履行的，劳动者可以持调解协议书依法向人民法院申请支付令。人民法院应当依法发出支付令。

第三章 仲 裁

第一节 一般规定

第十七条 劳动争议仲裁委员会按照统筹规划、合理布局和适应实际需要的原则设立。省、自治区人民政府可以决定在市、县设立；直辖市人民政府可以决定在区、县设立。直辖市、设区的市也可以设立一个或者若干个劳动争议仲裁委员会。劳动争议仲裁委员会不按行政区划层层设立。

第十八条 国务院劳动行政部门依照本法有关规定制定仲裁规则。省、自治区、直辖市人民政府劳动行政部门对本行政区域的劳动争议仲裁工作进行指导。

第十九条 劳动争议仲裁委员会由劳动行政部门代表、工会代表和企业方面代表组成。劳动争议仲裁委员会组成人员应当是单数。

劳动争议仲裁委员会依法履行下列职责：

（一）聘任、解聘专职或者兼职仲裁员；

（二）受理劳动争议案件；

（三）讨论重大或者疑难的劳动争议案件；

（四）对仲裁活动进行监督。

劳动争议仲裁委员会下设办事机构，负责办理劳动争议仲裁委员会的日常工作。

第二十条 劳动争议仲裁委员会应当设仲裁员名册。

仲裁员应当公道正派并符合下列条件之一：

（一）曾任审判员的；

（二）从事法律研究、教学工作并具有中级以上职称的；

（三）具有法律知识、从事人力资源管理或者工会等专业工作满五年的；

（四）律师执业满三年的。

第二十一条 劳动争议仲裁委员会负责管辖本区域内发生的劳动争议。

劳动争议由劳动合同履行地或者用人单位所在地的劳动争议仲裁委员会

管辖。双方当事人分别向劳动合同履行地和用人单位所在地的劳动争议仲裁委员会申请仲裁的，由劳动合同履行地的劳动争议仲裁委员会管辖。

第二十二条 发生劳动争议的劳动者和用人单位为劳动争议仲裁案件的双方当事人。

劳务派遣单位或者用工单位与劳动者发生劳动争议的，劳务派遣单位和用工单位为共同当事人。

第二十三条 与劳动争议案件的处理结果有利害关系的第三人，可以申请参加仲裁活动或者由劳动争议仲裁委员会通知其参加仲裁活动。

第二十四条 当事人可以委托代理人参加仲裁活动。委托他人参加仲裁活动，应当向劳动争议仲裁委员会提交有委托人签名或者盖章的委托书，委托书应当载明委托事项和权限。

第二十五条 丧失或者部分丧失民事行为能力的劳动者，由其法定代理人代为参加仲裁活动；无法定代理人的，由劳动争议仲裁委员会为其指定代理人。劳动者死亡的，由其近亲属或者代理人参加仲裁活动。

第二十六条 劳动争议仲裁公开进行，但当事人协议不公开进行或者涉及国家秘密、商业秘密和个人隐私的除外。

第二节 申请和受理

第二十七条 劳动争议申请仲裁的时效期间为一年。仲裁时效期间从当事人知道或者应当知道其权利被侵害之日起计算。

前款规定的仲裁时效，因当事人一方向对方当事人主张权利，或者向有关部门请求权利救济，或者对方当事人同意履行义务而中断。从中断时起，仲裁时效期间重新计算。

因不可抗力或者有其他正当理由，当事人不能在本条第一款规定的仲裁时效期间申请仲裁的，仲裁时效中止。从中止时效的原因消除之日起，仲裁时效期间继续计算。

劳动关系存续期间因拖欠劳动报酬发生争议的，劳动者申请仲裁不受本条第一款规定的仲裁时效期间的限制；但是，劳动关系终止的，应当自劳动关系终止之日起一年内提出。

第二十八条 申请人申请仲裁应当提交书面仲裁申请，并按照被申请人人数提交副本。

仲裁申请书应当载明下列事项：

（一）劳动者的姓名、性别、年龄、职业、工作单位和住所，用人单位的名称、住所和法定代表人或者主要负责人的姓名、职务；

（二）仲裁请求和所根据的事实、理由；

（三）证据和证据来源、证人姓名和住所。

书写仲裁申请确有困难的，可以口头申请，由劳动争议仲裁委员会记入笔录，并告知对方当事人。

第二十九条　劳动争议仲裁委员会收到仲裁申请之日起五日内，认为符合受理条件的，应当受理，并通知申请人；认为不符合受理条件的，应当书面通知申请人不予受理，并说明理由。对劳动争议仲裁委员会不予受理或者逾期未作出决定的，申请人可以就该劳动争议事项向人民法院提起诉讼。

第三十条　劳动争议仲裁委员会受理仲裁申请后，应当在五日内将仲裁申请书副本送达被申请人。

被申请人收到仲裁申请书副本后，应当在十日内向劳动争议仲裁委员会提交答辩书。劳动争议仲裁委员会收到答辩书后，应当在五日内将答辩书副本送达申请人。被申请人未提交答辩书的，不影响仲裁程序的进行。

第三节　开庭和裁决

第三十一条　劳动争议仲裁委员会裁决劳动争议案件实行仲裁庭制。仲裁庭由三名仲裁员组成，设首席仲裁员。简单劳动争议案件可以由一名仲裁员独任仲裁。

第三十二条　劳动争议仲裁委员会应当在受理仲裁申请之日起五日内将仲裁庭的组成情况书面通知当事人。

第三十三条　仲裁员有下列情形之一，应当回避，当事人也有权以口头或者书面方式提出回避申请：

（一）是本案当事人或者当事人、代理人的近亲属的；

（二）与本案有利害关系的；

（三）与本案当事人、代理人有其他关系，可能影响公正裁决的；

（四）私自会见当事人、代理人，或者接受当事人、代理人的请客送礼的。

劳动争议仲裁委员会对回避申请应当及时作出决定，并以口头或者书面方式通知当事人。

第三十四条 仲裁员有本法第三十三条第（四）项规定情形，或者有索贿受贿、徇私舞弊、枉法裁决行为的，应当依法承担法律责任。劳动争议仲裁委员会应当将其解聘。

第三十五条 仲裁庭应当在开庭五日前，将开庭日期、地点书面通知双方当事人。当事人有正当理由的，可以在开庭三日前请求延期开庭。是否延期，由劳动争议仲裁委员会决定。

第三十六条 申请人收到书面通知，无正当理由拒不到庭或者未经仲裁庭同意中途退庭的，可以视为撤回仲裁申请。

被申请人收到书面通知，无正当理由拒不到庭或者未经仲裁庭同意中途退庭的，可以缺席裁决。

第三十七条 仲裁庭对专门性问题认为需要鉴定的，可以交由当事人约定的鉴定机构鉴定；当事人没有约定或者无法达成约定的，由仲裁庭指定的鉴定机构鉴定。

根据当事人的请求或者仲裁庭的要求，鉴定机构应当派鉴定人参加开庭。当事人经仲裁庭许可，可以向鉴定人提问。

第三十八条 当事人在仲裁过程中有权进行质证和辩论。质证和辩论终结时，首席仲裁员或者独任仲裁员应当征询当事人的最后意见。

第三十九条 当事人提供的证据经查证属实的，仲裁庭应当将其作为认定事实的根据。

劳动者无法提供由用人单位掌握管理的与仲裁请求有关的证据，仲裁庭可以要求用人单位在指定期限内提供。用人单位在指定期限内不提供的，应当承担不利后果。

第四十条 仲裁庭应当将开庭情况记入笔录。当事人和其他仲裁参加人认为对自己陈述的记录有遗漏或者差错的，有权申请补正。如果不予补正，应当记录该申请。

笔录由仲裁员、记录人员、当事人和其他仲裁参加人签名或者盖章。

第四十一条 当事人申请劳动争议仲裁后，可以自行和解。达成和解协议的，可以撤回仲裁申请。

第四十二条 仲裁庭在作出裁决前，应当先行调解。

调解达成协议的，仲裁庭应当制作调解书。

调解书应当写明仲裁请求和当事人协议的结果。调解书由仲裁员签名，加盖劳动争议仲裁委员会印章，送达双方当事人。调解书经双方当事人签收后，发生法律效力。

调解不成或者调解书送达前，一方当事人反悔的，仲裁庭应当及时作出裁决。

第四十三条 仲裁庭裁决劳动争议案件，应当自劳动争议仲裁委员会受理仲裁申请之日起四十五日内结束。案情复杂需要延期的，经劳动争议仲裁委员会主任批准，可以延期并书面通知当事人，但是延长期限不得超过十五日。逾期未作出仲裁裁决的，当事人可以就该劳动争议事项向人民法院提起诉讼。

仲裁庭裁决劳动争议案件时，其中一部分事实已经清楚，可以就该部分先行裁决。

第四十四条 仲裁庭对追索劳动报酬、工伤医疗费、经济补偿或者赔偿金的案件，根据当事人的申请，可以裁决先予执行，移送人民法院执行。

仲裁庭裁决先予执行的，应当符合下列条件：

（一）当事人之间权利义务关系明确；

（二）不先予执行将严重影响申请人的生活。

劳动者申请先予执行的，可以不提供担保。

第四十五条 裁决应当按照多数仲裁员的意见作出，少数仲裁员的不同意见应当记入笔录。仲裁庭不能形成多数意见时，裁决应当按照首席仲裁员的意见作出。

第四十六条 裁决书应当载明仲裁请求、争议事实、裁决理由、裁决结果和裁决日期。裁决书由仲裁员签名，加盖劳动争议仲裁委员会印章。对裁决持不同意见的仲裁员，可以签名，也可以不签名。

第四十七条 下列劳动争议，除本法另有规定的外，仲裁裁决为终局裁决，裁决书自作出之日起发生法律效力：

（一）追索劳动报酬、工伤医疗费、经济补偿或者赔偿金，不超过当地月最低工资标准十二个月金额的争议；

（二）因执行国家的劳动标准在工作时间、休息休假、社会保险等方面发生的争议。

第四十八条 劳动者对本法第四十七条规定的仲裁裁决不服的，可以自收到仲裁裁决书之日起十五日内向人民法院提起诉讼。

第四十九条 用人单位有证据证明本法第四十七条规定的仲裁裁决有下列情形之一，可以自收到仲裁裁决书之日起三十日内向劳动争议仲裁委员会所在地的中级人民法院申请撤销裁决：

（一）适用法律、法规确有错误的；

（二）劳动争议仲裁委员会无管辖权的；

（三）违反法定程序的；

（四）裁决所根据的证据是伪造的；

（五）对方当事人隐瞒了足以影响公正裁决的证据的；

（六）仲裁员在仲裁该案时有索贿受贿、徇私舞弊、枉法裁决行为的。

人民法院经组成合议庭审查核实裁决有前款规定情形之一的，应当裁定撤销。

仲裁裁决被人民法院裁定撤销的，当事人可以自收到裁定书之日起十五日内就该劳动争议事项向人民法院提起诉讼。

第五十条 当事人对本法第四十七条规定以外的其他劳动争议案件的仲裁裁决不服的，可以自收到仲裁裁决书之日起十五日内向人民法院提起诉讼；期满不起诉的，裁决书发生法律效力。

第五十一条 当事人对发生法律效力的调解书、裁决书，应当依照规定的期限履行。一方当事人逾期不履行的，另一方当事人可以依照民事诉讼法的有关规定向人民法院申请执行。受理申请的人民法院应当依法执行。

第四章 附 则

第五十二条 事业单位实行聘用制的工作人员与本单位发生劳动争议的，

依照本法执行；法律、行政法规或者国务院另有规定的，依照其规定。

第五十三条 劳动争议仲裁不收费。劳动争议仲裁委员会的经费由财政予以保障。

第五十四条 本法自 2008 年 5 月 1 日起施行。

失业保险条例

第一章 总 则

第一条 为了保障失业人员失业期间的基本生活，促进其再就业，制定本条例。

第二条 城镇企业事业单位、城镇企业事业单位职工依照本条例的规定，缴纳失业保险费。

城镇企业事业单位失业人员依照本条例的规定，享受失业保险待遇。

本条所称城镇企业，是指国有企业、城镇集体企业、外商投资企业、城镇私营企业以及其他城镇企业。

第三条 国务院劳动保障行政部门主管全国的失业保险工作。县级以上地方各级人民政府劳动保障行政部门主管本行政区域内的失业保险工作。劳动保障行政部门按照国务院规定设立的经办失业保险业务的社会保险经办机构依照本条例的规定，具体承办失业保险工作。

第四条 失业保险费按照国家有关规定征缴。

第二章 失业保险基金

第五条 失业保险基金由下列各项构成：

（一）城镇企业事业单位、城镇企业事业单位职工缴纳的失业保险费；

（二）失业保险基金的利息；

（三）财政补贴；

（四）依法纳入失业保险基金的其他资金。

第六条 城镇企业事业单位按照本单位工资总额的百分之二缴纳失业保险费。城镇企业事业单位职工按照本人工资的百分之一缴纳失业保险费。城镇企业事业单位招用的农民合同制工人本人不缴纳失业保险费。

第七条 失业保险基金在直辖市和设区的市实行全市统筹；其他地区的

统筹层次由省、自治区人民政府规定。

第八条 省、自治区可以建立失业保险调剂金。

失业保险调剂金以统筹地区依法应当征收的失业保险费为基数，按照省、自治区人民政府规定的比例筹集。统筹地区的失业保险基金不敷使用时，由失业保险调剂金调剂、地方财政补贴。

失业保险调剂金的筹集、调剂使用以及地方财政补贴的具体办法，由省、自治区人民政府规定。

第九条 省、自治区、直辖市人民政府根据本行政区域失业人员数量和失业保险基金数额，报经国务院批准，可以适当调整本行政区域失业保险费的费率。

第十条 失业保险基金用于下列支出：

（一）失业保险金；

（二）领取失业保险金期间的医疗补助金；

（三）领取失业保险金期间死亡的失业人员的丧葬补助金和其供养的配偶、直系亲属的抚恤金；

（四）领取失业保险金期间接受职业培训、职业介绍的补贴，补贴的办法和标准由省、自治区、直辖市人民政府规定。

（五）国务院规定或者批准的与失业保险有关的其他费用。

第十一条 失业保险基金必须存入财政部门在国有商业银行开设的社会保障基金财政专户，实行收支两条线管理，由财政部门依法进行监督。

存入银行和按照国家规定购买国债的失业保险基金，分别按照城乡居民同期存款利率和国债利息计息。失业保险基金的利息并入失业保险基金。

失业保险基金专款专用，不得挪作他用，不得用于平衡财政收支。

第十二条 失业保险基金收支的预算、决算，由统筹地区社会保险经办机构编制，经同级劳动保障行政部门复核、同级财政部门审核，报同级人民政府审批。

第十三条 失业保险基金的财务制度和会计制度按照国家有关规定执行。

第三章 失业保险待遇

第十四条 具备下列条件的失业人员，可以领取失业保险金：

（一）按照规定参加失业保险，所在单位和本人已按照规定履行缴费义务满1年的；

（二）非因本人意愿中断就业的；

（三）已办理失业登记，并有求职要求的。

失业人员在领取失业保险金期间，按照规定同时享受其他失业保险待遇。

第十五条 失业人员在领取失业保险金期间有下列情形之一的，停止领取失业保险金，并同时停止享受其他失业保险待遇：

（一）重新就业的；

（二）应征服兵役的；

（三）移居境外的；

（四）享受基本养老保险待遇的；

（五）被判刑收监执行或者被劳动教养的；

（六）无正当理由，拒不接受当地人民政府指定的部门或者机构介绍的工作的；

（七）有法律、行政法规规定的其他情形的。

第十六条 城镇企业事业单位应当及时为失业人员出具终止或者解除劳动关系的证明，告知其按照规定享受失业保险待遇的权利，并将失业人员的名单自终止或者解除劳动关系之日起七日内报社会保险经办机构备案。

城镇企业事业单位职工失业后，应当持本单位为其出具的终止或者解除劳动关系的证明，及时到指定的社会保险经办机构办理失业登记。失业保险金自办理失业登记之日起计算。

失业保险金由社会保险经办机构按月发放。社会保险经办机构为失业人员开具领取失业保险金的单证，失业人员凭单证到指定银行领取失业保险金。

第十七条 失业人员失业前所在单位和本人按照规定累计缴费时间满一年不足五年的，领取失业保险金的期限最长为十二个月；累计缴费时间满五年不足十年的，领取失业保险金的期限最长为十八个月；累计缴费时间十年以上的，领取失业保险金的期限最长为二十四个月。重新就业后，再次失业的，缴费时间重新计算。再次失业领取失业保险金的期限可以与前次失业应领取而尚未领取的失业保险金的期限合并计算，但是最长不得超过二十四个月。

第十八条 失业保险金的标准，按照低于当地最低工资标准、高于城市居民最低生活保障标准的水平，由省、自治区、直辖市人民政府确定。

第十九条 失业人员在领取失业保险金期间患病就医的，可以按照规定向社会保险经办机构申请领取医疗补助金。医疗补助金的标准由省、自治区、直辖市人民政府规定。

第二十条 失业人员在领取失业保险金期间死亡的，参照当地对在职职工的规定，对其家属一次性发给丧葬补助金和抚恤金。

第二十一条 单位招用的农民合同制工人连续工作满一年，本单位并已缴纳失业保险费，劳动合同期满未续订或者提前解除劳动合同的，由社会保险经办机构根据其工作时间长短，对其支付一次性生活补助金。补助的办法和标准由省、自治区、直辖市人民政府规定。

第二十二条 城镇企业事业单位成建制跨统筹地区转移，失业人员跨统筹地区流动的，失业保险关系随之转迁。

第二十三条 失业人员符合城市居民最低生活保障条件的，按照规定享受城市居民最低生活保障待遇。

第四章 管理和监督

第二十四条 劳动保障行政部门管理失业保险工作，履行下列职责：

（一）贯彻实施失业保险法律、法规；

（二）指导社会保险经办机构的工作；

（三）对失业保险费的征收和失业保险待遇的支付进行监督检查。

第二十五条 社会保险经办机构具体承办失业保险工作，履行下列职责：

（一）负责失业人员的登记、调查、统计；

（二）按照规定负责失业保险基金的管理；

（三）按照规定核定失业保险待遇，开具失业人员在指定银行领取失业保险金和其他补助金的单证；

（四）拨付失业人员职业培训、职业介绍补贴费用；

（五）为失业人员提供免费咨询服务；

（六）国家规定由其履行的其他职责。

第二十六条 财政部门和审计部门依法对失业保险基金的收支、管理情况进行监督。

第二十七条 社会保险经办机构所需经费列入预算，由财政拨付。

第五章 罚 则

第二十八条 不符合享受失业保险待遇条件，骗取失业保险金和其他失业保险待遇的，由社会保险经办机构责令退还；情节严重的，由劳动保障行政部门处骗取金额一倍以上三倍以下的罚款。

第二十九条 社会保险经办机构工作人员违反规定向失业人员开具领取失业保险金或者享受其他失业保险待遇单证，致使失业保险基金损失的，由劳动保障行政部门责令追回；情节严重的，依法给予行政处分。

第三十条 劳动保障行政部门和社会保险经办机构的工作人员滥用职权、徇私舞弊、玩忽职守，造成失业保险基金损失的，由劳动保障行政部门追回损失的失业保险基金；构成犯罪的，依法追究刑事责任；尚不构成犯罪的，依法给予行政处分。

第三十一条 任何单位、个人挪用失业保险基金的，追回挪用的失业保险基金；有违法所得的，没收违法所得，并入失业保险基金；构成犯罪的，依法追究刑事责任；尚不构成犯罪的，对直接负责的主管人员和其他直接责任人员依法给予行政处分。

第六章 附 则

第三十二条 省、自治区、直辖市人民政府根据当地实际情况，可以决定本条例适用于本行政区域内的社会团体及其专职人员、民办非企业单位及其职工、有雇工的城镇个体工商户及其雇工。

第三十三条 本条例自发布之日起施行。1993 年 4 月 12 日国务院发布的《国有企业职工待业保险规定》同时废止。

工伤保险条例

第一章 总 则

第一条 为了保障因工作遭受事故伤害或者患职业病的职工获得医疗救治和经济补偿，促进工伤预防和职业康复，分散用人单位的工伤风险，制定本条例。

第二条 中华人民共和国境内的各类企业、有雇工的个体工商户（以下称用人单位）应当依照本条例规定参加工伤保险，为本单位全部职工或者雇工（以下称职工）缴纳工伤保险费。

中华人民共和国境内的各类企业的职工和个体工商户的雇工，均有依照本条例的规定享受工伤保险待遇的权利。

有雇工的个体工商户参加工伤保险的具体步骤和实施办法，由省、自治区、直辖市人民政府规定。

第三条 工伤保险费的征缴按照《社会保险费征缴暂行条例》关于基本养老保险费、基本医疗保险费、失业保险费的征缴规定执行。

第四条 用人单位应当将参加工伤保险的有关情况在本单位内公示。

用人单位和职工应当遵守有关安全生产和职业病防治的法律法规，执行安全卫生规程和标准，预防工伤事故发生，避免和减少职业病危害。

职工发生工伤时，用人单位应当采取措施使工伤职工得到及时救治。

第五条 国务院劳动保障行政部门负责全国的工伤保险工作。

县级以上地方各级人民政府劳动保障行政部门负责本行政区域内的工伤保险工作。

劳动保障行政部门按照国务院有关规定设立的社会保险经办机构（以下称经办机构）具体承办工伤保险事务。

第六条 劳动保障行政部门等部门制定工伤保险的政策、标准，应当征求工会组织、用人单位代表的意见。

第二章　工伤保险基金

第七条　工伤保险基金由用人单位缴纳的工伤保险费、工伤保险基金的利息和依法纳入工伤保险基金的其他资金构成。

第八条　工伤保险费根据以支定收、收支平衡的原则，确定费率。

国家根据不同行业的工伤风险程度确定行业的差别费率，并根据工伤保险费使用、工伤发生率等情况在每个行业内确定若干费率档次。行业差别费率及行业内费率档次由国务院劳动保障行政部门会同国务院财政部门、卫生行政部门、安全生产监督管理部门制定，报国务院批准后公布施行。

统筹地区经办机构根据用人单位工伤保险费使用、工伤发生率等情况，适用所属行业内相应的费率档次确定单位缴费费率。

第九条　国务院劳动保障行政部门应当定期了解全国各统筹地区工伤保险基金收支情况，及时会同国务院财政部门、卫生行政部门、安全生产监督管理部门提出调整行业差别费率及行业内费率档次的方案，报国务院批准后公布施行。

第十条　用人单位应当按时缴纳工伤保险费。职工个人不缴纳工伤保险费。

用人单位缴纳工伤保险费的数额为本单位职工工资总额乘以单位缴费费率之积。

第十一条　工伤保险基金在直辖市和设区的市实行全市统筹，其他地区的统筹层次由省、自治区人民政府确定。

跨地区、生产流动性较大的行业，可以采取相对集中的方式异地参加统筹地区的工伤保险。具体办法由国务院劳动保障行政部门会同有关行业的主管部门制定。

第十二条　工伤保险基金存入社会保障基金财政专户，用于本条例规定的工伤保险待遇、劳动能力鉴定以及法律、法规规定的用于工伤保险的其他费用的支付。任何单位或者个人不得将工伤保险基金用于投资运营、兴建或者改建办公场所、发放奖金，或者挪作其他用途。

第十三条　工伤保险基金应当留有一定比例的储备金，用于统筹地区重大事故的工伤保险待遇支付；储备金不足支付的，由统筹地区的人民政府垫付。储备金占基金总额的具体比例和储备金的使用办法，由省、自治区、直辖市人民政府规定。

第三章　工伤认定

第十四条　职工有下列情形之一的，应当认定为工伤：

（一）在工作时间和工作场所内，因工作原因受到事故伤害的；

（二）工作时间前后在工作场所内，从事与工作有关的预备性或者收尾性工作受到事故伤害的；

（三）在工作时间和工作场所内，因履行工作职责受到暴力等意外伤害的；

（四）患职业病的；

（五）因工外出期间，由于工作原因受到伤害或者发生事故下落不明的；

（六）在上下班途中，受到机动车事故伤害的；

（七）法律、行政法规规定应当认定为工伤的其他情形。

第十五条　职工有下列情形之一的，视同工伤：

（一）在工作时间和工作岗位，突发疾病死亡或者在48小时之内经抢救无效死亡的；

（二）在抢险救灾等维护国家利益、公共利益活动中受到伤害的；

（三）职工原在军队服役，因战、因公负伤致残，已取得革命伤残军人证，到用人单位后旧伤复发的。

职工有前款第（一）项、第（二）项情形的，按照本条例的有关规定享受工伤保险待遇；职工有前款第（三）项情形的，按照本条例的有关规定享受除一次性伤残补助金以外的工伤保险待遇。

第十六条　职工有下列情形之一的，不得认定为工伤或者视同工伤：

（一）因犯罪或者违反治安管理伤亡的；

（二）醉酒导致伤亡的；

（三）自残或者自杀的。

第十七条　职工发生事故伤害或者按照职业病防治法规定被诊断、鉴定为职业病，所在单位应当自事故伤害发生之日或者被诊断、鉴定为职业病之日起30日内，向统筹地区劳动保障行政部门提出工伤认定申请。遇有特殊情况，经报劳动保障行政部门同意，申请时限可以适当延长。

用人单位未按前款规定提出工伤认定申请的，工伤职工或者其直系亲属、工会组织在事故伤害发生之日或者被诊断、鉴定为职业病之日起1年内，可以直接向用人单位所在地统筹地区劳动保障行政部门提出工伤认定申请。

按照本条第一款规定应当由省级劳动保障行政部门进行工伤认定的事项，根据属地原则由用人单位所在地的设区的市级劳动保障行政部门办理。

用人单位未在本条第一款规定的时限内提交工伤认定申请，在此期间发生符合本条例规定的工伤待遇等有关费用由该用人单位负担。

第十八条 提出工伤认定申请应当提交下列材料：

（一）工伤认定申请表；

（二）与用人单位存在劳动关系（包括事实劳动关系）的证明材料；

（三）医疗诊断证明或者职业病诊断证明书（或者职业病诊断鉴定书）。

工伤认定申请表应当包括事故发生的时间、地点、原因以及职工伤害程度等基本情况。

工伤认定申请人提供材料不完整的，劳动保障行政部门应当一次性书面告知工伤认定申请人需要补正的全部材料。申请人按照书面告知要求补正材料后，劳动保障行政部门应当受理。

第十九条 劳动保障行政部门受理工伤认定申请后，根据审核需要可以对事故伤害进行调查核实，用人单位、职工、工会组织、医疗机构以及有关部门应当予以协助。职业病诊断和诊断争议的鉴定，依照职业病防治法的有关规定执行。对依法取得职业病诊断证明书或者职业病诊断鉴定书的，劳动保障行政部门不再进行调查核实。

职工或者其直系亲属认为是工伤，用人单位不认为是工伤的，由用人单位承担举证责任。

第二十条 劳动保障行政部门应当自受理工伤认定申请之日起60日内作出工伤认定的决定，并书面通知申请工伤认定的职工或者其直系亲属和该职工所在单位。

劳动保障行政部门工作人员与工伤认定申请人有利害关系的，应当回避。

第四章 劳动能力鉴定

第二十一条 职工发生工伤，经治疗伤情相对稳定后存在残疾、影响劳动能力的，应当进行劳动能力鉴定。

第二十二条 劳动能力鉴定是指劳动功能障碍程度和生活自理障碍程度的等级鉴定。

劳动功能障碍分为10个伤残等级，最重的为一级，最轻的为十级。

生活自理障碍分为3个等级：生活完全不能自理、生活大部分不能自理和生活部分不能自理。

劳动能力鉴定标准由国务院劳动保障行政部门会同国务院卫生行政部门等部门制定。

第二十三条 劳动能力鉴定由用人单位、工伤职工或者其直系亲属向设区的市级劳动能力鉴定委员会提出申请，并提供工伤认定决定和职工工伤医疗的有关资料。

第二十四条 省、自治区、直辖市劳动能力鉴定委员会和设区的市级劳动能力鉴定委员会分别由省、自治区、直辖市和设区的市级劳动保障行政部门、人事行政部门、卫生行政部门、工会组织、经办机构代表以及用人单位代表组成。

劳动能力鉴定委员会建立医疗卫生专家库。列入专家库的医疗卫生专业技术人员应当具备下列条件：

（一）具有医疗卫生高级专业技术职务任职资格；

（二）掌握劳动能力鉴定的相关知识；

（三）具有良好的职业品德。

第二十五条 设区的市级劳动能力鉴定委员会收到劳动能力鉴定申请后，应当从其建立的医疗卫生专家库中随机抽取三名或者五名相关专家组成专家组，由专家组提出鉴定意见。设区的市级劳动能力鉴定委员会根据专家组的鉴定意见作出工伤职工劳动能力鉴定结论；必要时，可以委托具备资格的医疗机构协助进行有关的诊断。

设区的市级劳动能力鉴定委员会应当自收到劳动能力鉴定申请之日起六十日内作出劳动能力鉴定结论，必要时，作出劳动能力鉴定结论的期限可以延长三十日。劳动能力鉴定结论应当及时送达申请鉴定的单位和个人。

第二十六条 申请鉴定的单位或者个人对设区的市级劳动能力鉴定委员会作出的鉴定结论不服的，可以在收到该鉴定结论之日起十五日内向省、自治区、直辖市劳动能力鉴定委员会提出再次鉴定申请。省、自治区、直辖市劳动能力鉴定委员会作出的劳动能力鉴定结论为最终结论。

第二十七条 劳动能力鉴定工作应当客观、公正。劳动能力鉴定委员会组成人员或者参加鉴定的专家与当事人有利害关系的，应当回避。

第二十八条 自劳动能力鉴定结论作出之日起一年后，工伤职工或者其直系亲属、所在单位或者经办机构认为伤残情况发生变化的，可以申请劳动能力复查鉴定。

第五章 工伤保险待遇

第二十九条 职工因工作遭受事故伤害或者患职业病进行治疗，享受工伤医疗待遇。

职工治疗工伤应当在签订服务协议的医疗机构就医，情况紧急时可以先到就近的医疗机构急救。

治疗工伤所需费用符合工伤保险诊疗项目目录、工伤保险药品目录、工伤保险住院服务标准的，从工伤保险基金支付。工伤保险诊疗项目目录、工伤保险药品目录、工伤保险住院服务标准，由国务院劳动保障行政部门会同国务院卫生行政部门、药品监督管理部门等部门规定。

职工住院治疗工伤的，由所在单位按照本单位因公出差伙食补助标准的70%发给住院伙食补助费；经医疗机构出具证明，报经办机构同意，工伤职工到统筹地区以外就医的，所需交通、食宿费用由所在单位按照本单位职工因公出差标准报销。

工伤职工治疗非工伤引发的疾病，不享受工伤医疗待遇，按照基本医疗保险办法处理。

工伤职工到签订服务协议的医疗机构进行康复性治疗的费用，符合本条第三款规定的，从工伤保险基金支付。

第三十条 工伤职工因日常生活或者就业需要，经劳动能力鉴定委员会确认，可以安装假肢、矫形器、假眼、假牙和配置轮椅等辅助器具，所需费用按照国家规定的标准从工伤保险基金支付。

第三十一条 职工因工作遭受事故伤害或者患职业病需要暂停工作接受工伤医疗的，在停工留薪期内，原工资福利待遇不变，由所在单位按月支付。

停工留薪期一般不超过十二个月。伤情严重或者情况特殊，经设区的市级劳动能力鉴定委员会确认，可以适当延长，但延长不得超过十二个月。工伤职工评定伤残等级后，停发原待遇，按照本章的有关规定享受伤残待遇。工伤职工在停工留薪期满后仍需治疗的，继续享受工伤医疗待遇。

生活不能自理的工伤职工在停工留薪期需要护理的，由所在单位负责。

第三十二条 工伤职工已经评定伤残等级并经劳动能力鉴定委员会确认需要生活护理的，从工伤保险基金按月支付生活护理费。

生活护理费按照生活完全不能自理、生活大部分不能自理或行生活部分不能自理三个不同等级支付，其标准分别为统筹地区上年度职工月平均工资的百分之五十、百分之四十或者百分之三十。

第三十三条 职工因工致残被鉴定为一级至四级伤残的，保留劳动关系，退出工作岗位，享受以下待遇：

（一）从工伤保险基金按伤残等级支付一次性伤残补助金，标准为：一级伤残为二十四个月的本人工资，二级伤残为二十二个月的本人工资，三级伤残为二十个月的本人工资，四级伤残为十八个月的本人工资；

（二）从工伤保险基金按月支付伤残津贴，标准为：一级伤残为本人工资的百分之九十，二级伤残为本人工资的百分之八十五，三级伤残为本人工资的百分之八十，四级伤残为本人工资的百分之七十五。伤残津贴实际金额低于当地最低工资标准的，由工伤保险基金补足差额；

（三）工伤职工达到退休年龄并办理退休手续后，停发伤残津贴，享受基本养老保险待遇。基本养老保险待遇低于伤残津贴的，由工伤保险基金补足差额。

职工因工致残被鉴定为一级至四级伤残的，由用人单位和职工个人以伤残津贴为基数，缴纳基本医疗保险费。

第三十四条 职工因工致残被鉴定为五级、六级伤残的，享受以下待遇：

（一）从工伤保险基金按伤残等级支付一次性伤残补助金，标准为：五级伤残为十六个月的本人工资，六级伤残为十四个月的本人工资；

（二）保留与用人单位的劳动关系，由用人单位安排适当工作。难以安排工作的，由用人单位按月发给伤残津贴，标准为：五级伤残为本人工资的百分之七十，六级伤残为本人工资的百分之六十，并由用人单位按照规定为其缴纳应缴纳的各项社会保险费。伤残津贴实际金额低于当地最低工资标准的，由用人单位补足差额。

经工伤职工本人提出，该职工可以与用人单位解除或者终止劳动关系，由用人单位支付一次性工伤医疗补助金和伤残就业补助金。具体标准由省、自治区、直辖市人民政府规定。

第三十五条 职工因工致残被鉴定为七级至十级伤残的，享受以下待遇：

（一）从工伤保险基金按伤残等级支付一次性伤残补助金，标准为：七级伤残为十二个月的本人工资，八级伤残为十个月的本人工资，九级伤残为八个月的本人工资，十级伤残为六个月的本人工资；

（二）劳动合同期满终止，或者职工本人提出解除劳动合同的，由用人单位支付一次性工伤医疗补助金和伤残就业补助金。具体标准由省、自治区、直辖市人民政府规定。

第三十六条 工伤职工工伤复发，确认需要治疗的，享受本条例第二十九条、第三十条和第三十一条规定的工伤待遇。

第三十七条 职工因工死亡，其直系亲属按照下列规定从工伤保险基金领取丧葬补助金、供养亲属抚恤金和一次性工亡补助金：

（一）丧葬补助金为六个月的统筹地区上年度职工月平均工资；

（二）供养亲属抚恤金按照职工本人工资的一定比例发给由因工死亡职工生前提供主要生活来源、无劳动能力的亲属。标准为：配偶每月百分之四十，其他亲属每人每月百分之三十，孤寡老人或者孤儿每人每月在上述标准的基础上增加百分之十。核定的各供养亲属的抚恤金之和不应高于因工死亡职工生前的工资。供养亲属的具体范围由国务院劳动保障行政部门规定；

（三）一次性工亡补助金标准为四十八个月至六十个月的统筹地区上年度职工月平均工资。具体标准由统筹地区的人民政府根据当地经济、社会发展状况规定，报省、自治区、直辖市人民政府备案。

伤残职工在停工留薪期内因工伤导致死亡的，其直系亲属享受本条第一款规定的待遇。

一级至四级伤残职工在停工留薪期满后死亡的，其直系亲属可以享受本条第一款第（一）项、第（二）项规定的待遇。

第三十八条 伤残津贴、供养亲属抚恤金、生活护理费由统筹地区劳动保障行政部门根据职工平均工资和生活费用变化等情况适时调整。调整办法由省、自治区、直辖市人民政府规定。

第三十九条 职工因工外出期间发生事故或者在抢险救灾中下落不明的，从事故发生当月起三个月内照发工资，从第四个月起停发工资，由工伤保险基金向其供养亲属按月支付供养亲属抚恤金。生活有困难的，可以预支一次性工亡补助金的百分之五十。职工被人民法院宣告死亡的，按照本条例第三十七条职工因工死亡的规定处理。

第四十条 工伤职工有下列情形之一的，停止享受工伤保险待遇：

（一）丧失享受待遇条件的；

（二）拒不接受劳动能力鉴定的；

（三）拒绝治疗的；

（四）被判刑正在收监执行的。

第四十一条 用人单位分立、合并、转让的，承继单位应当承担原用人单位的工伤保险责任；原用人单位已经参加工伤保险的，承继单位应当到当地经办机构办理工伤保险变更登记。

用人单位实行承包经营的，工伤保险责任由职工劳动关系所在单位承担。

职工被借调期间受到工伤事故伤害的，由原用人单位承担工伤保险责任，但原用人单位与借调单位可以约定补偿办法。

企业破产的，在破产清算时优先拨付依法应由单位支付的工伤保险待遇费用。

第四十二条 职工被派遣出境工作，依据前往国家或者地区的法律应当参加当地工伤保险的，参加当地工伤保险，其国内工伤保险关系中止；不能参加当地工伤保险的，其国内工伤保险关系不中止。

第四十三条 职工再次发生工伤，根据规定应当享受伤残津贴的，按照新认定的伤残等级享受伤残津贴待遇。

第六章 监督管理

第四十四条 经办机构具体承办工伤保险事务，履行下列职责：

（一）根据省、自治区、直辖市人民政府规定，征收工伤保险费；

（二）核查用人单位的工资总额和职工人数，办理工伤保险登记，并负责保存用人单位缴费和职工享受工伤保险待遇情况的记录；

（三）进行工伤保险的调查、统计；

（四）按照规定管理工伤保险基金的支出；

（五）按照规定核定工伤保险待遇；

（六）为工伤职工或者其直系亲属免费提供咨询服务。

第四十五条 经办机构与医疗机构、辅助器具配置机构在平等协商的基础上签订服务协议，并公布签订服务协议的医疗机构、辅助器具配置机构的名单。具体办法由国务院劳动保障行政部门分别会同国务院卫生行政部门、民政部门等部门制定。

第四十六条 经办机构按照协议和国家有关目录、标准对工伤职工医疗费用、康复费用、辅助器具费用的使用情况进行核查，并按时足额结算费用。

第四十七条 经办机构应当定期公布工伤保险基金的收支情况，及时向劳动保障行政部门提出调整费率的建议。

第四十八条 劳动保障行政部门、经办机构应当定期听取工伤职工、医疗机构、辅助器具配置机构以及社会各界对改进工伤保险工作的意见。

第四十九条 劳动保障行政部门依法对工伤保险费的征缴和工伤保险基金的支付情况进行监督检查。

财政部门和审计机关依法对工伤保险基金的收支、管理情况进行监督。

第五十条 任何组织和个人对有关工伤保险的违法行为，有权举报。劳动保障行政部门对举报应当及时调查，按照规定处理，并为举报人保密。

第五十一条 工会组织依法维护工伤职工的合法权益，对用人单位的工伤保险工作实行监督。

第五十二条 职工与用人单位发生工伤待遇方面的争议，按照处理劳动争议的有关规定处理。

第五十三条 有下列情形之一的，有关单位和个人可以依法申请行政复议；对复议决定不服的，可以依法提起行政诉讼：

（一）申请工伤认定的职工或者其直系亲属、该职工所在单位对工伤认定结论不服的；

（二）用人单位对经办机构确定的单位缴费费率不服的；

（三）签订服务协议的医疗机构、辅助器具配置机构认为经办机构未履行有关协议或者规定的；

（四）工伤职工或者其直系亲属对经办机构核定的工伤保险待遇有异议的。

第七章 法律责任

第五十四条 单位或者个人违反本条例第十二条规定挪用工伤保险基金，构成犯罪的，依法追究刑事责任；尚不构成犯罪的，依法给予行政处分或者纪律处分。被挪用的基金由劳动保障行政部门追回，并入工伤保险基金；没收的违法所得依法上缴国库。

第五十五条 劳动保障行政部门工作人员有下列情形之一的，依法给予行政处分；情节严重，构成犯罪的，依法追究刑事责任：

（一）无正当理由不受理工伤认定申请，或者弄虚作假将不符合工伤条件的人员认定为工伤职工的；

（二）未妥善保管申请工伤认定的证据材料，致使有关证据灭失的；

（三）收受当事人财物的。

第五十六条 经办机构有下列行为之一的，由劳动保障行政部门责令改正，对直接负责的主管人员和其他责任人员依法给予纪律处分；情节严重，构成犯罪的，依法追究刑事责任；造成当事人经济损失的，由经办机构依法承担赔偿责任：

（一）未按规定保存用人单位缴费和职工享受工伤保险待遇情况记录的；

（二）不按规定核定工伤保险待遇的；

（三）收受当事人财物的。

第五十七条 医疗机构、辅助器具配置机构不按服务协议提供服务的，经办机构可以解除服务协议。

经办机构不按时足额结算费用的，由劳动保障行政部门责令改正；医疗机构、辅助器具配置机构可以解除服务协议。

第五十八条 用人单位瞒报工资总额或者职工人数的，由劳动保障行政部门责令改正，并处瞒报工资数额一倍以上三倍以下的罚款。

用人单位、工伤职工或者其直系亲属骗取工伤保险待遇，医疗机构、辅助器具配置机构骗取工伤保险基金支出的，由劳动保障行政部门责令退还，并处骗取金额一倍以上三倍以下的罚款；情节严重，构成犯罪的，依法追究刑事责任。

第五十九条 从事劳动能力鉴定的组织或者个人有下列情形之一的，由劳动保障行政部门责令改正，并处二千元以上一万元以下的罚款；情节严重，构成犯罪的，依法追究刑事责任：

（一）提供虚假鉴定意见的；

（二）提供虚假诊断证明的；

（三）收受当事人财物的。

第六十条 用人单位依照本条例规定应当参加工伤保险而未参加的，由劳动保障行政部门责令改正；未参加工伤保险期间用人单位职工发生工伤的，由该用人单位按照本条例规定的工伤保险待遇项目和标准支付费用。

第八章　附　则

第六十一条 本条例所称职工，是指与用人单位存在劳动关系（包括事实劳动关系）的各种用工形式、各种用工期限的劳动者。

本条例所称工资总额，是指用人单位直接支付给本单位全部职工的劳动报酬总额。

本条例所称本人工资，是指工伤职工因工作遭受事故伤害或者患职业病前十二个月平均月缴费工资。本人工资高于统筹地区职工平均工资百分之三百的，按照统筹地区职工平均工资的百分之三百计算；本人工资低于统筹地区职工平均工资百分之六十的，按照统筹地区职工平均工资的百分之六十计算。

第六十二条 国家机关和依照或者参照国家公务员制度进行人事管理的事业单位、社会团体的工作人员因工作遭受事故伤害或者患职业病的，由所在单位支付费用。具体办法由国务院劳动保障行政部门会同国务院人事行政部门、财政部门规定。

其他事业单位、社会团体以及各类民办非企业单位的工伤保险等办法，由国务院劳动保障行政部门会同国务院人事行政部门、民政部门、财政部门等部门参照本条例另行规定，报国务院批准后施行。

第六十三条 无营业执照或者未经依法登记、备案的单位以及被依法吊销营业执照或者撤销登记、备案的单位的职工受到事故伤害或者患职业病的，由该单位向伤残职工或者死亡职工的直系亲属给予一次性赔偿，赔偿标准不得低于本条例规定的工伤保险待遇；用人单位不得使用童工，用人单位使用童工造成童工伤残、死亡的，由该单位向童工或者童工的直系亲属给予一次性赔偿，赔偿标准不得低于本条例规定的工伤保险待遇。具体办法由国务院劳动保障行政部门规定。

前款规定的伤残职工或者死亡职工的直系亲属就赔偿数额与单位发生争议的，以及前款规定的童工或者童工的直系亲属就赔偿数额与单位发生争议的，按照处理劳动争议的有关规定处理。

第六十四条 本条例自2004年1月1日起施行。本条例施行前已受到事故伤害或者患职业病的职工尚未完成工伤认定的，按照本条例的规定执行。

工伤认定办法

第一条 为规范工伤认定程序，依法进行工伤认定，维护当事人的合法权益，根据《工伤保险条例》的有关规定，制定本办法。

第二条 劳动保障行政部门进行工伤认定按照本办法执行。

第三条 职工发生事故伤害或者按照职业病防治法规定被诊断、鉴定为职业病，所在单位应当自事故伤害发生之日或者被诊断、鉴定为职业病之日起30日内，向统筹地区劳动保障行政部门提出工伤认定申请。遇有特殊情况，经报劳动保障行政部门同意，申请时限可以适当延长。

按照前款规定应当向省级劳动保障行政部门提出工伤认定申请的，根据属地原则应向用人单位所在地设区的市级劳动保障行政部门提出。

第四条 用人单位未在规定的期限内提出工伤认定申请的，受伤害职工或者其直系亲属、工会组织在事故伤害发生之日或者被诊断、鉴定为职业病之日起一年内，可以直接按本办法第三条规定提出工伤认定申请。

第五条 提出工伤认定申请应当填写《工伤认定申请表》，并提交下列材料：

（一）劳动合同文本复印件或其他建立劳动关系的有效证明；

（二）医疗机构出具的受伤后诊断证明书或者职业病诊断证明书（或者职业病诊断鉴定书）。

工伤认定申请表的样式由劳动保障部统一制定。

第六条 申请人提供材料不完整的，劳动保障行政部门应当当场或者在15个工作日内以书面形式一次性告知工伤认定申请人需要补正的全部材料。

第七条 工伤认定申请人提供的申请材料完整，属于劳动保障行政部门管辖范围且在受理时效内的，劳动保障行政部门应当受理。

劳动保障行政部门受理或者不予受理的，应当书面告知申请人并说明理由。

第八条 劳动保障行政部门受理工伤认定申请后，根据需要可以对提供的证据进行调查核实，有关单位和个人应当予以协助。用人单位、医疗机构、有关部门及工会组织应当负责安排相关人员配合工作，据实提供情况和证明材料。

第九条 劳动保障行政部门在进行工伤认定时，对申请人提供的符合国家有关规定的职业病诊断证明书或者职业病诊断鉴定书，不再进行调查核实。职业病诊断证明书或者职业病诊断鉴定书不符合国家规定的格式和要求的，劳动保障行政部门可以要求出具证据部门重新提供。

第十条 劳动保障行政部门受理工伤认定申请后，可以根据工作需要，委托其他统筹地区的劳动保障行政部门或相关部门进行调查核实。

第十一条 劳动保障行政部门工作人员进行调查核实，应由两名以上人员共同进行，并出示执行公务的证件。

第十二条 劳动保障行政部门工作人员进行调查核实时，可以行使下列职权：

（一）根据工作需要，进入有关单位和事故现场；

（二）依法查阅与工伤认定有关的资料，询问有关人员；

（三）记录、录音、录像和复制与工伤认定有关的资料。

第十三条 劳动保障行政部门人员进行调查核实时，应当履行下列义务：

（一）保守有关单位商业秘密及个人隐私；

（二）为提供情况的有关人员保密。

第十四条 职工或者其直系亲属认为是工伤，用人单位不认为是工伤的，由该用人单位承担举证责任。用人单位拒不举证的，劳动保障行政部门可以根据受伤害职工提供的证据依法作出工伤认定结论。

第十五条 劳动保障行政部门应当自受理工伤认定申请之日起60日内作出工伤认定决定。认定决定包括工伤或视同工伤的认定决定和不属于工伤或不视同工伤的认定决定。

第十六条 工伤认定决定应当载明下列事项：

（一）用人单位全称；

（二）职工的姓名、性别、年龄、职业、身份证号码；

（三）受伤部位、事故时间和诊治时间或职业病名称、伤害经过和核实情况、医疗救治的基本情况和诊断结论；

（四）认定为工伤、视同工伤或认定为不属于工伤、不视同工伤的依据；

（五）认定结论；

（六）不服认定决定申请行政复议的部门和期限；

（七）作出认定决定的时间。

工伤认定决定应加盖劳动保障行政部门工伤认定专用印章。

第十七条 劳动保障行政部门应当自工伤认定决定作出之日起二十个工作日内，将工伤认定决定送达工伤认定申请人以及受伤害职工（或其直系亲属）和用人单位，并抄送社会保险经办机构。

工伤认定法律文书的送达按照《民事诉讼法》有关送达的规定执行。

第十八条 工伤认定结束后，劳动保障行政部门应将工伤认定的有关资料至少保存二十年。

第十九条 职工或者其直系亲属、用人单位对不予受理决定不服或者对工伤认定决定不服的，可以依法申请行政复议或者提起行政诉讼。

第二十条 进行工伤认定调查核实时，用人单位及人员拒不依法履行协助义务的，由劳动保障行政部门责令改正。

第二十一条 本办法自 2004 年 1 月 1 日起施行。

社会保险费征缴暂行条例

第一章 总 则

第一条 为了加强和规范社会保险费征缴工作，保障社会保险金的发放，制定本条例。

第二条 基本养老保险费、基本医疗保险费、失业保险费（以下统称社会保险费）的征收、缴纳，适用本条例。

本条例所称缴费单位、缴费个人，是指依照有关法律、行政法规和国务院的规定，应当缴纳社会保险费的单位和个人。

第三条 基本养老保险费的征缴范围：国有企业、城镇集体企业、外商投资企业、城镇私营企业和其他城镇企业及其职工，实行企业化管理的事业单位及其职工。

基本医疗保险费的征缴范围：国有企业、城镇集体企业、外商投资企业、城镇私营企业和其他城镇企业及其职工，国家机关及其工作人员，事业单位及其职工，民办非企业单位及其职工，社会团体及其专职人员。

失业保险费的征缴范围：国有企业、城镇集体企业、外商投资企业、城镇私营企业和其他城镇企业及其职工，事业单位及其职工。

省、自治区、直辖市人民政府根据当地实际情况，可以规定将城镇个体工商户纳入基本养老保险、基本医疗保险的范围，并可以规定将社会团体及其专职人员、民办非企业单位及其职工以及有雇工的城镇个体工商户及其雇工纳入失业保险的范围。

社会保险费的费基、费率依照有关法律、行政法规和国务院的规定执行。

第四条 缴费单位、缴费个人应当按时足额缴纳社会保险费。

征缴的社会保险费纳入社会保险基金，专款专用，任何单位和个人不得挪用。

第五条 国务院劳动保障行政部门负责全国的社会保险费征缴管理和监督检查工作。县级以上地方各级人民政府劳动保障行政部门负责本行政区域内的社会保险费征缴管理和监督检查工作。

第六条 社会保险费实行三项社会保险费集中、统一征收。社会保险费的征收机构由省、自治区、直辖市人民政府规定，可以由税务机关征收，也可以由劳动保障行政部门按照国务院规定设立的社会保险经办机构（以下简称社会保险经办机构）征收。

第二章 征缴管理

第七条 缴费单位必须向当地社会保险经办机构办理社会保险登记，参加社会保险。登记事项包括：单位名称、住所、经营地点、单位类型、法定代表人或者负责人、开户银行账号以及国务院劳动保障行政部门规定的其他事项。

第八条 本条例施行前已经参加社会保险的缴费单位，应当自本条例施行之日起六个月内到当地社会保险经办机构补办社会保险登记，由社会保险经办机构发给社会保险登记证件。

本条例施行前尚未参加社会保险的缴费单位应当自本条例施行之日起三十日内，本条例施行后成立的缴费单位应当自成立之日起三十日内，持营业执照或者登记证书等有关证件，到当地社会保险经办机构申请办理社会保险登记。社会保险经办机构审核后，发给社会保险登记证件。

社会保险登记证件不得伪造、变造。

社会保险登记证件的样式由国务院劳动保障行政部门制定。

第九条 缴费单位的社会保险登记事项发生变更或者缴费单位依法终止的，应当自变更或者终止之日起三十日内，到社会保险经办机构办理变更或者注销社会保险登记手续。

第十条 缴费单位必须按月向社会保险经办机构申报应缴纳的社会保险费数额，经社会保险经办机构核定后，在规定的期限内缴纳社会保险费。

缴费单位不按规定申报应缴纳的社会保险费数额的，由社会保险经办机构暂按该单位上月缴费数额的百分之一百一确定应缴数额；没有上月缴费数额的，由社会保险经办机构暂按该单位的经营状况、职工人数等有关情况确定应缴数额。缴费单位补办申报手续并按核定数额缴纳社会保险费后，由社会保险经办机构按照规定结算。

第十一条　省、自治区、直辖市人民政府规定由税务机关征收社会保险费的，社会保险经办机构应当及时向税务机关提供缴费单位社会保险登记、变更登记、注销登记以及缴费申报的情况。

第十二条　缴费单位和缴费个人应当以货币形式全额缴纳社会保险费。

缴费个人应当缴纳的社会保险费，由所在单位从其本人工资中代扣代缴。

社会保险费不得减免。

第十三条　缴费单位未按规定缴纳和代扣代缴社会保险费的，由劳动保险行政部门或者税务机关责令限期缴纳；逾期仍不缴纳的，除补缴欠缴数额外，从欠缴之日起，按日加收千分之二的滞纳金。滞纳金并入社会保险基金。

第十四条　征收的社会保险费存入财政部门在国有商业银行开设的社会保障基金财政专户。

社会保险基金按照不同险种的统筹范围，分别建立基本养老保险基金、基本医疗保险基金、失业保险基金。各项社会保险基金分别单独核算。社会保险基金不计征税、费。

第十五条　省、自治区、直辖市人民政府规定由税务机关征收社会保险费的，税务机关应当及时向社会保险经办机构提供缴费单位和缴费个人的缴费情况；社会保险经办机构应当将有关情况汇总，报劳动保障行政部门。

第十六条　社会保险经办机构应当建立缴费记录，其中基本养老保险、基本医疗保险并应当按照规定记录个人账户。社会保险经办机构负责保存缴费记录，并保证其完整、安全。社会保险经办机构应当至少每年向缴费个人发送一次基本养老保险、基本医疗保险个人账户通知单。

缴费单位、缴费个人有权按照规定查询缴费记录。

第三章　监督检查

第十七条　缴费单位应当每年向本单位职工公布本单位全年社会保险费缴纳情况，接受职工监督。社会保险经办机构应当定期向社会公告社会保险费征收情况，接受社会监督。

第十八条　按照省、自治区、直辖市人民政府关于社会保险费征缴机构的规定，劳动保障行政部门或者税务机关依法对单位缴费情况进行检查时，被检查的单位应当提供与缴纳社会保险费有关的用人情况、工资表、财务报表等资料，如实反映情况，不得拒绝检查，不得谎报、瞒报。劳动保障行政部门或者税务机关可以记录、录音、录像、照相和复制有关资料；但是，应当为缴费单位保密。

劳动保障行政部门、税务机关的工作人员在行使前款所列职权时，应当出示执行公务证件。

第十九条 劳动保障行政部门或者税务机关调查社会保险费征缴违法案件时，有关部门、单位应当给予支持、协助。

第二十条 社会保险经办机构受劳动保障行政部门的委托，可以进行与社会保险费征缴有关的检查、调查工作。

第二十一条 任何组织和个人对有关社会保险费征缴的违法行为，有权举报。劳动保障行政部门或者税务机关对举报应当及时调查，按照规定处理，并为举报人保密。

第二十二条 社会保险基金实行收支两条线管理，由财政部门依法进行监督。审计部门依法对社会保险基金的收支情况进行监督。

第四章 罚 则

第二十三条 缴费单位未按照规定办理社会保险登记、变更登记或者注销登记，或者未按照规定申报应缴纳的社会保险费数额的，由劳动保障行政部门责令限期改正；情节严重的，对直接负责的主管人员和其他直接责任人员可以处一千元以上五千元以下的罚款；情节特别严重的，对直接负责的主管人员和其他直接责任人员可以处五千元以上一万元以下的罚款。

第二十四条 缴费单位违反有关财务、会计、统计的法律、行政法规和国家有关规定，伪造、变造、故意毁灭有关账册、材料，或者不设账册，致使社会保险费缴费基数无法确定的，除依照有关法律、行政法规的规定给予行政处罚、纪律处分、刑事处罚外，依照本条例第十条的规定征缴；迟延缴纳的，由劳动保障行政部门或者税务机关依照第十三条的规定决定加收滞纳金，并对直接负责的主管人员和其他直接责任人员处五千元以上二万元以下的罚款。

第二十五条 缴费单位的缴费个人对劳动保障行政部门或者税务机关的处罚决定不服的，可以依法申请复议；对复议决定不服的，可以依法提起诉讼。

第二十六条 缴费单位逾期拒不缴纳社会保险费、滞纳金的，由劳动保障行政部门或者税务机关申请人民法院依法强制征缴。

第二十七条 劳动保障行政部门、社会保险经办机构或者税务机关的工作人员滥用职权、徇私舞弊、玩忽职守，致使社会保险费流失的，由劳动保障行政部门或者税务机关追回流失的社会保险费；构成犯罪的，依法追究刑事责任；尚不构成犯罪的，依法给予行政处分。

第二十八条 任何单位、个人挪用社会保险基金的，追回被挪用的社会保险基金；有违法所得的，没收违法所得，并入社会保险基金；构成犯罪的，依法追究刑事责任；尚不构成犯罪的，对直接负责的主管人员和其他直接责任人员依法给予行政处分。

第五章 附 则

第二十九条 省、自治区、直辖市人民政府根据本地实际情况，可以决定本条例适用于行政区域内工伤保险费和生育保险费的征收、缴纳。

第三十条 税务机关、社会保险经办机构征收社会保险费，不得从社会保险基金中提取任何费用，所需经费列入预算，由财政拨付。

第三十一条 本条例自发布之日起施行。

工伤保险经办业务管理规程（试行）

第一章　总　则

第一条　为加强工伤保险业务管理，规范和统一工伤保险业务操作程序，依据《工伤保险条例》（国务院令第375号）和《社会保险费征缴暂行条例》（国务院令第259号）等有关法规，制定本规程。

第二条　全国各统筹地区社会保险经办机构（以下简称“社保机构”）经办工伤保险业务适用本规程。

负责征缴工伤保险费的税务机关应参照执行本规程的有关要求。

第三条　本规程将工伤保险经办业务划分为工伤保险登记、工伤保险费征缴、工伤医疗康复与辅助器具配置管理、待遇审核与支付、财务管理、稽核监督等内容。

已实行社会保险费统一征缴的地区，可依据本规程简化相关程序。

第四条　各级社保机构要明确岗位职责，建立考核制度，确保业务经办的畅通、快捷、高效、优质。

第二章　工伤保险登记

工伤保险登记包括参保登记、变更登记、注销登记、验证和补证等内容。

第一节　参保登记

第五条　用人单位（包括有雇工的个体工商户，下同）依法申报参加工伤保险时，社保机构登记部门为其办理工伤保险登记，用人单位需填报《社会保险登记表》和《参加工伤保险人员情况表》，并提供以下证件或资料：

（一）营业执照、批准成立证件或其他核准执业证件；

（二）组织机构统一代码证书；

（三）参保人员身份证复印件；

（四）省、自治区、直辖市社保机构规定的其他证件和资料。

已经参加其他社会保险的，用人单位只提交社会保险登记证，填写《社会保险登记表》、《参加工伤保险人员情况表》。

第六条 社保机构登记部门审核参保单位填报的有关表格和有关证件、资料，并在自受理之日起十个工作日内审核完毕。

审核通过的，社保机构登记部门应建立参保单位数据库，依据用人单位营业执照登记的内容，对照《国民经济行业分类》（GB/T4754—2002）和《工伤保险行业风险分类表》，确定行业风险类别，录入单位和参保人员信息，并将有关资料归档。已参加其他社会保险的，在其社会保险登记表上标注工伤保险项目。首次参加社会保险的，发给社会保险登记证。

未通过审核的，社保机构应向申报单位说明原因。

第二节 变更登记

第七条 参保单位在以下事项变更时，社保机构登记部门为其办理工伤保险变更登记手续。

（一）单位名称；

（二）单位地址；

（三）法定代表人或负责人；

（四）单位类型；

（五）组织机构统一代码；

（六）主管部门或隶属关系；

（七）开户银行及账号；

（八）经营范围；

（九）省、自治区、直辖市社保机构规定的其他事项。

第八条 参保单位需填写《社会保险变更登记表》，并提供以下证件和资料：

（一）工商变更登记表、有关部门或单位批准的变更证明；

（二）社会保险登记证；

（三）社保机构规定的其他证件和资料。

第九条 社保机构登记部门审核参保单位填写的《社会保险变更登记表》，核对有关证件和资料。审核通过的，应更改数据库的相关信息，并将有关资料归档，同时收回原登记证，并重新核发社会保险登记证。未通过审核的，社保机构应向申报单位说明原因。

第三节　注销登记

第十条　参保单位发生以下情形时，社保机构登记部门为其办理社会保险注销登记手续。

（一）营业执照注销或吊销；

（二）被批准解散、撤销、终止；

（三）跨统筹范围转出；

（四）国家法律、法规规定的其他情形。

第十一条　参保单位需填写《社会保险注销登记表》，并根据注销类型分别提供以下证件和资料：

（一）注销通知或法院裁定单位破产等法律文书；

（二）单位主管部门批准解散、撤销、终止的有关文件；

（三）社会保险登记证；

（四）社保机构规定的其他证件和资料。

第十二条　社保机构登记部门核验上述证件和资料，符合注销登记条件的，为其办理工伤保险注销登记手续，注销其社会保险登记证，在信息系统内进行标注，并通知征缴、待遇审核、待遇支付等部门，封存其参保信息及有关档案资料。

第四节　验证和补证

第十三条　社保机构登记部门定期进行工伤保险登记验证，参保单位应在规定的时间内填报《社会保险验证登记表》，并提供以下证件和资料：

（一）社会保险登记证；

（二）营业执照、批准成立证件或其他核准执业证件；

（三）组织机构统一代码证书；

（四）职工（雇工）工资发放明细表；

（五）社保机构规定的其他证件和资料。

第十四条　社保机构登记部门审核参保单位提供的证件和资料，审核的主要内容包括：

（一）办理社会保险登记、变更登记、上年度验证等情况；

（二）参保人数增减变化情况；

（三）申报缴费工资、缴纳工伤保险费情况；

（四）社保机构规定的其他内容。

第十五条　社保机构登记部门将初审意见送相关社保机构征求意见，并根据反馈信息确定审核结果。审核通过的，在信息系统内进行标注，并在社会保险登记证上加注核验标记或印章，期满时予以换证（不分社会保险险种，以首次登记为起点计算），并通知征缴和待遇支付等部门。

第十六条　参保单位因遗失社会保险登记证，到原发证机构办理补证，申请补证手续时，需提供与首次登记相同的资料。核实无误后，补发社会保险登记证，涉及相关社保机构时，应及时补办相关手续。

第三章　工伤保险费征缴

工伤保险费征缴包括申报受理、缴费核定、费用征收、补缴欠费等内容。

第一节　申报受理

第十七条　社保机构征缴部门按月受理参保单位填报的《工伤保险缴费申报核定表》，并要求提供以下资料：

（一）劳动工资统计月（年）报表；

（二）工资发放明细表；

（三）《参加工伤保险人员增减明细表》；

（四）社保机构规定的其他资料。

第二节　缴费核定

第十八条　社保机构征缴部门审核参保单位填报的缴费申报核定表格及有关资料。审核通过后，办理参保人员核定或增减手续。

第十九条　社保机构征缴部门根据缴费申报和核定情况，为新增参保人员及时记录参保时间、当期缴费工资等信息。社保机构征缴部门根据参保单位申报情况核定当期缴费基数。

第二十条　社保机构征缴部门依据统筹地区分类行业基准费率的具体标准，确定参保单位的初次缴费费率，以后根据用人单位工伤保险费使用、工伤发生率、职业病危害程度等因素，确定参保单位年度缴费费率。

第二十一条 社保机构征缴部门根据核定的参保单位当期缴费基数、缴费费率计算应缴数额，并将核定的《工伤保险缴费申报核定表》反馈申报单位。

对未按规定申报的参保单位，按其上年（月）缴费数额的百分之一百一确定应缴数额；没有上年（月）缴费数额的，根据单位所属统筹地区的社会平均工资、单位职工人数和行业费率的规定确定应缴数额。

第二十二条 社保机构征缴部门根据缴费核定结果，生成《工伤保险缴费核定汇总表》及《工伤保险缴费核定明细表》，并以此为依据进行征收。

第三节 费用征收

第二十三条 社保机构征收地区，采取委托收款方式的，通过“收入户存款”开户银行收费，也可采取支票、现金、电汇、本票等方式收费，并开具专用收款凭证。社保机构财务管理部门每月与银行对账结算，并将到账情况反馈给征缴部门。征缴部门每月定期根据财务管理部门反馈的信息生成《工伤保险费实缴清单》。

第二十四条 税务代征的地区，社保机构按月将《工伤保险缴费核定汇总表》及《工伤保险缴费核定明细表》传送给税务机关，作为其征收依据。税务机关收款后，每月在规定时间内向社保机构反馈到账信息，传送《工伤保险费实缴清单》及相关收款凭证，社保机构财务管理部门做人账处理。

第二十五条 社保机构征缴部门根据财务管理部门传送的《工伤保险费实缴清单》，向申报后未足额或未及时缴纳工伤保险费的参保单位发出《社会保险费催缴通知单》。逾期不执行的，向劳动保障行政部门提供相关情况和资料，由劳动保障行政部门限期改正。

第二十六条 社保机构征缴部门每月根据《工伤保险费实缴清单》，登记应缴、实缴、当期欠费等台账。

第四节 补缴欠费

第二十七条 社保机构征缴部门根据工伤保险欠费台账，建立欠费数据信息，填制《社会保险费补缴通知单》，通知参保单位补缴欠费。

第二十八条 对因筹资困难，无法一次足额缴清欠费的参保单位，社保机构征缴部门与其签订社会保险补缴协议。如欠费单位发生被兼并、分立、破产等情况时，按下列方法签订补缴协议。

（一）欠费单位被兼并的，与兼并方签订补缴协议；

（二）欠费单位分立的，与各分立方签订补缴协议；

（三）欠费单位进入破产程序的，与清算组签订清偿协议；

（四）单位被拍卖出售或租赁的，与主管部门签订补缴协议。

第二十九条 参保单位根据《社会保险费补缴通知单》或补缴协议办理补缴，社保机构征缴部门予以受理，并通知社保机构财务管理部门或税务机关收款。

第三十条 破产单位无法完全清偿的欠费，社保机构征缴部门受理单位破产清算组提出的申请，审核后送稽核监督部门处理。

第三十一条 社保机构征缴部门依据财务管理部门传来的补缴欠费到账信息和稽核监督部门传来的核销信息，编制征缴台账，调整参保单位欠费信息，按月生成工伤保险补缴欠费台账。

第四章 工伤医疗、康复与辅助器具配置管理

工伤医疗、康复与辅助器具配置管理包括协议管理和工伤医疗、康复与辅助器具配置程序等内容。

第一节 协议管理

第三十二条 社保机构按规定与获得《执业许可证》的医疗机构签订“医疗服务协议”；与医疗机构或康复机构签订“康复服务协议”；与辅助器具配置机构签订“辅助器具安装配置服务协议”。

工伤医疗、康复与辅助器具配置服务协议应包括服务人群、服务范围、服务内容、服务质量、费用结算办法、费用审核与控制、违约责任、争议处理、协议有效期限等内容。

第三十三条 工伤医疗、康复与辅助器具配置服务协议在履行过程中如遇情况变化，需要变更或补充的，双方应及时协商议定。

第三十四条 签订服务协议的医疗机构、康复机构和辅助器具配置机构违反工伤保险管理政策的，社保机构可单方解除协议。

第三十五条 社保机构将已签订服务协议医疗机构、康复机构和辅助器具配置机构的名单及时向社会公布。

第二节 工伤医疗、康复与辅助器具配置程序

第三十六条 职工受到事故伤害或患职业病后，所在用人单位应积极救治，并在 3 日内用书面或电话形式向当地社保机构报告。

第三十七条 工伤职工就医一般应到协议医疗机构就诊。工伤职工因急诊就医可就近诊疗，待生命体征稳定后再转往协议医疗机构。工伤职工在门诊就医，实行双联处方。工伤职工住院诊疗实行医疗服务项目费用明细制度。

第三十八条 工伤职工因伤情需要到统筹地区以外就医的，由社保机构指定的协议医疗机构提出建议，参保单位提出意见，填写《工伤职工转诊转院申请表》；经社保机构核准后方可前往。

第三十九条 工伤职工因旧伤复发需要治疗的，填写《工伤职工旧伤复发治疗申请表》，由就诊的协议医疗机构提出诊断意见，经社保机构核准后到协议医疗机构就医。对旧伤复发有争议的，由劳动能力鉴定委员会确认。

第四十条 工伤职工需要进行医疗、身体机能、心理、职业康复的，填写《工伤职工康复申请表》，医疗（康复）机构提出建议，参保单位提出意见，经社保机构核准后到协议医疗（康复）机构进行康复。

第四十一条 工伤职工需要配置辅助器具的，依据劳动能力鉴定结论，由参保单位或工伤职工填写《工伤职工辅助器具配置申请表》，社保机构按规定核准，到协议辅助器具配置机构配置。

第五章 待遇审核与支付

待遇审核与支付包括享受待遇资格审核与验证、医疗（康复）待遇审核、辅助器具费用审核、伤残待遇审核、工亡待遇审核、待遇调整审核和待遇支付等内容。

第一节 待遇资格审核与验证

第四十二条 社保机构待遇审核部门对下列人员进行享受待遇资格审核：

（一）经认定的工伤（亡）职工；

（二）视同工伤（亡）职工；

（三）符合领取供养亲属抚恤金的人员。

第四十三条 进行享受待遇资格审核时，社保机构待遇审核部门受理申请人填写的《工伤保险待遇申领表》，并要求其提供以下证件和资料：

（一）居民身份证或户口簿；

（二）工伤认定结论；

（三）工亡职工供养亲属身份及供养关系公证材料或其他证明材料等；

（四）省、自治区、直辖市社保机构规定的其他证件或资料。

第四十四条 社保机构待遇审核部门对下列内容进行审核：

（一）工伤认定结论；

（二）该职工在发生工伤时，单位参保、缴费情况；

（三）参保单位是否在事故发生或职业病诊断（鉴定）后的规定时间内申请了工伤认定；

（四）工亡职工供养亲属有关证明资料。

第四十五条 审核通过后，社保机构待遇审核部门在《工伤保险待遇申领表》上填写审核意见，并及时记录有关信息，形成享受工伤保险待遇人员信息库，将审核意见告知申请人。

第四十六条 享受待遇资格的验证。待遇审核部门对工伤职工享受工伤待遇和供养亲属待遇资格每年验证一次，验证时应综合考虑职工的参保信息，供养亲属生存状况证明和待遇支付信息等。

第二节 医疗（康复）待遇审核

第四十七条 工伤职工在门、急诊及外埠就医发生的医疗费用、工伤认定前的医疗费用由参保单位垫付，待接到工伤认定决定书后，到社保机构按规定办理审核手续。

第四十八条 社保机构待遇审核部门受理申请人填写的《工伤职工医疗（康复）费用核定表》，并要求提供以下资料：

（一）已通过资格核定的《工伤保险待遇申领表》；

（二）工伤职工的医疗（康复）票据、费用清单；

（三）医疗诊断证明书；

（四）经同意的《工伤职工转诊转院申请表》；

（五）省、自治区、直辖市社保机构规定的其他资料。

第四十九条 社保机构待遇审核部门对工伤职工发生的医疗费进行审核，审核内容包括：

各项检查治疗是否与工伤部位、职业病病情相符合，是否符合工伤保险诊疗项目目录、工伤保险药品目录、工伤保险住院服务标准的规定，以及其他需要审核的内容。

第五十条 审核通过后，社保机构待遇审核部门计算申请人的医疗（康复）待遇数额，在《工伤职工医疗（康复）费用核定表》上填写审核意见和核定金额，并及时记录有关信息，交社保机构待遇支付部门，将核定结果告知申请人。

第五十一条 职工经认定为工伤，或者工伤职工旧伤复发的，社保机构与协议医疗（康复）机构直接结算工伤医疗（康复）费用时，应对以下内容进行审核：医嘱处方、住院病历、治疗项目、病程记录、各种检查报告单及收费清单、用药清单等。

医疗（康复）费用的核定，必须遵守工伤保险诊疗项目目录、工伤保险药品目录、工伤保险住院服务标准及有关规定。

第五十二条 待遇申请人对工伤医疗（康复）待遇支付金额、费用结算金额有异议，提出重核时，社保机构待遇审核部门予以重核，并将重核结果通知待遇申请人。确有调整的，应及时通知社保机构待遇支付部门，并保留重核及修改记录。

第三节 辅助器具费用审核

第五十三条 社保机构待遇审核部门受理申请人安装、配置（更换）辅助器具的申请，并要求提供以下资料：

（一）已通过资格核定的《工伤保险待遇申领表》；

（二）劳动能力鉴定结论；

（三）经同意的《工伤职工辅助器具配置申请表》；

（四）省、自治区、直辖市社保机构规定的其他资料。

第五十四条 社保机构待遇审核部门按规定标准计算申请人的辅助器具安装、配置（更换）金额，在《工伤保险待遇申领表》上填写审核意见和核定金额，并及时记录有关信息，转社保机构待遇支付部门，将核定结果告知申请人。

第五十五条 社保机构与签订协议的辅助器具配置机构直接结算费用时，应按规定进行审核。

第五十六条 待遇申请人对配置（更换）辅助器具费用核定金额有异议，提出重核时，社保机构待遇审核部门予以重核，所需程序同第五十二条。

第四节 伤残待遇审核

伤残待遇的审核包括一次性伤残补助金、伤残津贴和生活护理费等内容。

第五十七条 社保机构待遇审核部门受理工伤职工伤残待遇申请，并审核以下资料：

（一）已通过资格核定的《工伤保险待遇申领表》；

（二）劳动能力鉴定结论；

（三）省、自治区、直辖市社保机构规定的其他资料。

第五十八条 审核通过后，社保机构待遇审核部门按照规定计算工伤职工的一次性伤残补助金、伤残津贴和生活护理费数额，在《工伤保险待遇申领表》上填写审核意见和核定金额，并及时记录有关信息，转社保机构待遇支付部门，将核定结果告知申请人。

第五十九条 工伤职工对一次性伤残补助金、伤残津贴和生活护理费核定金额有异议，提出重核时，社保机构待遇审核部门予以重核，所需程序同第五十二条。

第五节 工亡待遇审核

第六十条 职工因工死亡，社保机构待遇审核部门受理工亡待遇申请，并审核以下资料：

（一）已通过资格核定的《工伤保险待遇申领表》；

（二）工伤认定结论；

（三）省、自治区、直辖市社保机构规定的其他资料。

第六十一条 社保机构待遇审核部门按规定计算工亡职工的一次性工亡补助金、丧葬补助金，计算每一供养亲属享受的抚恤金数额，在《工伤保险待遇申领表》上填写审核意见和核定金额，并及时记录有关信息，转社保机构待遇支付部门，同时发给供养亲属资格证明，将核定结果告知申请人。

第六十二条 工亡职工供养亲属对工亡待遇核定金额有异议，提出重核时，社保机构待遇审核部门予以重核，所需程序同第五十二条。

第六节 待遇调整审核

第六十三条 当根据有关规定对享受工伤保险待遇人员的相关待遇进行统一调整时，待遇审核部门应依据有关规定，核对相关信息，建立待遇调整台账，送待遇支付部门。

第六十四条 工伤职工达到退休年龄、被收监执行、死亡的，供养亲属丧失或暂时丧失供养条件的，用人单位、工伤职工或其亲属应及时向社保机构报告并提供相应证明，社保机构待遇审核部门应及时核对相关信息，停止其工伤保险待遇。

第六十五条 工伤职工劳动能力鉴定结论发生变化或服刑完毕的，应重新填写《工伤保险待遇申领表》并提交劳动能力鉴定结论或服刑完毕证明。劳动能力鉴定结论发生变化的，在《工伤保险待遇申领表》备注栏写明原劳动能力鉴定结论变更时间、原鉴定结论及鉴定时间；服刑完毕的，在《工伤保险待遇申领表》备注栏写明收监日期、服刑完毕日期。

社保机构待遇审核部门应根据用人单位、工伤职工或其亲属提供的材料，核对相关信息，调整或恢复其工伤保险待遇。

第六十六条 享受工伤保险待遇人员对待遇调整金额有异议，提出重核时，社保机构待遇审核部门予以重核，所需程序同第五十二条。

第七节 待遇支付

第六十七条 待遇支付部门依据待遇审核部门提供的信息支付费用。伤残津贴、生活护理费从完成劳动能力鉴定的次月开始计发，供养亲属抚恤金从工伤职工死亡的次月开始计发。

第六十八条 社保机构待遇支付部门依据待遇审核部门核定的结果支付参保单位垫付的费用和协议医疗（康复）机构的医疗（康复）费。

第六十九条 社保机构待遇支付部门依据待遇审核部门核定的相关项目、金额，及时支付给工伤职工或工亡职工供养亲属。

第七十条 社保机构待遇支付部门依据待遇审核部门核定的相关项目、

金额，及时支付给有关协议医疗（康复）机构或辅助器具配置机构。

第七十一条 社保机构待遇支付部门每月根据上月待遇支付记录及待遇审核部门传来的新增工伤职工工伤保险待遇、待遇调整、待遇重核等相关信息，建立当月工伤职工待遇支付台账，生成《工伤保险基金支出核定汇总表》。

第七十二条 社保机构待遇支付部门每月将《工伤保险基金支出核定汇总表》送社保机构财务管理部门。

第六章 财务管理

财务管理包括基金收入、支出、核算和预决算管理等内容。

第一节 收 入

第七十三条 社保机构财务管理部门根据工伤保险费到账信息，编制《工伤保险费实缴清单》，反馈社保机构征缴部门。

第七十四条 每月月末，社保机构财务管理部门将收入户存款全部转入财政专户。

第七十五条 社保机构财务管理部门应定期与财政、税务等部门对账。对账有差异的，须逐笔查清原因，调整相符。

第二节 支 出

第七十六条 社保机构财务管理部门根据基金支出计划，于每月月末填制下月用款申请书，报送同级财政部门审批，并确认资金到账情况。

第七十七条 对补助下级支出、上解上级支出、其他支出等款项，社保机构财务管理部门根据规定或计划从“支出户”支付。

第七十八条 社保机构财务管理部门应根据银行回单，将基金支出信息定期反馈给待遇支付、稽核监督等部门。

第三节 会计核算

第七十九条 社保机构财务管理部门根据基金收入情况，及时填制收入记账凭证。

（一）社保机构征缴收入应根据银行回单、工伤保险基金专用收款收据、《工伤保险缴费核定汇总表》《工伤保险缴费核定明细表》，填制记账凭证。

税务机关征收地区，社保机构以收款银行（即财政专户开户行）或税务机关传来的税收通用缴款书或税收完税凭证作为原始凭证，并根据税务机关报送的《工伤保险费实缴清单》，填制记账凭证。

（二）对“收入户存款”“支出户存款”“财政专户存款”“债券投资”生成的利息，根据银行转来的利息回单或财政转来的财政专户缴拨凭证等，填制记账凭证。

（三）对上级下拨和下级上解收入，以财政专户缴拨凭证作为原始凭证，填制记账凭证。

（四）对滞纳金等其他收入，根据银行回单或财政部门转来的财政专户缴拨凭证等，填制记账凭证。

第八十条 对发生的每笔基金支出，社保机构财务管理部门应及时填制支出记账凭证。

（一）工伤待遇支出，根据电汇单、转账支票存根和银行回单以及社保机构待遇支付部门传来的《工伤保险基金支出核定汇总表》，填制记账凭证。

（二）经财政部门核准的其他非工伤保险待遇性质支出，劳动能力鉴定费支出分列科目，其他支出（如临时借款的利息等），通过“其他支出”科目核算，从“支出户”划转，以支票存根、支付银行借款利息回单等相关支付凭据作为原始凭证，填制记账凭证。

（三）补助下级和上解上级的支出，以相关账户缴拨凭证作为原始凭证，填制记账凭证。

第八十一条 社保机构财务管理部门根据记账凭证登记现金日记账、银行日记账和明细分类账。按科目分类汇总记账凭证，制作科目汇总表，登记总分类账。

第八十二条 每月月终，收到银行对账单后，社保机构财务管理部门与银行日记账核对，编制银行存款余额调节表，并将现金日记账、银行日记账、财政存款日记账、明细分类账与总分类账核对。

第八十三条 社保机构财务管理部门根据总分类账、明细分类账等，编制月、季、年度会计报表。

第四节 预 算

第八十四条 社保机构财务管理部门根据本年度实际征缴和支出、结余情况以及征缴和待遇支付部门传来的下年度征缴年度计划和待遇支出年度计划，编制预算草案，按程序报批。

第八十五条 社保机构财务管理部门根据批准的预算草案，填制预算报表，将其传给征缴部门和待遇支付部门，并根据征缴情况及实际收支情况，定期报告预算执行情况。

第八十六条 因特殊情况需要调整预算时，社保机构财务管理部门要根据具体情况编制预算调整方案，按程序报批。

第五节 决 算

第八十七条 社保机构财务管理部门根据决算编制工作要求，于年度终了前核对各项收支，清理往来款项，同开户银行、财政专户对账，并进行年终结账。

第八十八条 社保机构财务管理部门根据本年度各账户余额，编制年终决算资产负债表和有关明细表，编写报表附注及收支情况说明书，对重要指标进行财务分析，形成年度会计决算报告，并按程序报批。

第七章 稽核监督

稽核监督包括参保对象稽核和内部监督等内容。

第一节 参保对象稽核

第八十九条 社保机构稽核监督部门按照年度工作计划，采取以下方式确定稽核对象。

（一）从数据库中随机抽取；

（二）根据数据库信息异常情况确定；

（三）根据举报、有关部门转办、上级交办和异地信函协查件等资料确定；

（四）根据国家有关规定确定。

第九十条 社保机构稽核监督部门向被稽核对象发出《社会保险稽核通知书》，进行实地稽核或书面稽核。稽核包括参保单位缴费情况以及工伤保险待遇享受人员情况等内容。

（一）参保单位缴费情况

1. 查阅《工伤保险缴费申报核定表》，摘录参保单位已申报、缴费的人数和缴费数额。

2. 查阅《职工工资发放明细表》《劳动工资统计台账》及与缴费基数有关的会计总账、明细账、原始凭证、年度会计决算表及职工名册、人事档案，核实缴费人数及工资总额、缴费基数。

3. 对长期欠费的参保单位，定期或不定期进行稽核，审核其资产负债表、损益表等，调查其生产经营、工资发放等情况，综合评估缴费能力，督促其履行还款协议。

4. 对破产单位无法完全清偿的欠费，社保机构稽核监督部门收到征缴部门传送的信息后，对单位财务状况和缴费情况予以稽核。对符合核销条件的，按程序报批，并将审批的核销欠费信息及资料送社保机构征缴部门。

（二）工伤保险待遇享受人员情况

1. 核查工伤保险待遇享受人员户口簿、身份证件、户籍所在地公安派出所或街道劳动保障事务所提供的居住证明，或通过指纹认证等手段，确定工伤保险待遇享受者的生存状况。

2. 审查供养亲属身份证件或就业管理部门出具的无业证明及其他资料，核实是否存在重复享受、冒领和骗取供养亲属抚恤金的行为。

（三）依据国家有关规定，需稽核的其他项目

第九十一条 社保机构稽核监督部门根据稽核情况填写《社会保险稽核工作记录》，全面记录检查中发现的问题及所涉及的凭证等资料。

第九十二条 社保机构稽核监督部门根据《社会保险稽核工作记录》和取得的证据，填写《社会保险稽核情况告知书》或《社会保险稽核整改意见书》，下达被稽核对象。

第九十三条 社保机构稽核监督部门将《社会保险稽核整改意见书》送社保机构征缴部门和待遇支付部门，并根据其执行情况建立稽核处理信息。

第九十四条 稽核对象不履行《社会保险稽核整改意见书》处理意见的，也未提出复查申请的，社保机构稽核监督部门通知社保机构征缴部门下达《社会保险费催缴通知单》，或通知待遇支付部门追回冒领金额。对拒不执行

的，填制《社会保险提请行政处罚建议书》，送劳动保障行政部门。

第二节　内部监督

第九十五条　社保机构稽核监督部门依据工作计划、群众举报等确定内审对象，按程序报批。

第九十六条　内审计划批准后，社保机构稽核监督部门组织实施，内审内容主要包括：

（一）抽查参保单位申报缴费的有关原始资料，验证参保单位的参保人数、缴费基数；

（二）抽查参保单位的缴费情况，验证是否按核定基数征缴；

（三）抽查缴费情况原始资料，验证工伤待遇计发标准的准确性；

（四）抽查工伤职工工伤保险待遇标准、调整待遇有关的原始资料，验证待遇调整的准确性；

（五）抽查工伤职工死亡、供养亲属证明等原始资料，验证待遇计发的准确性；

（六）抽查工伤保险基金收入、支出账目凭证，验证基金收入、支出的正确性；

（七）依据国家有关规定，需内部监督的其他内容。

第九十七条　社保机构稽核监督部门记录内审中发现的问题。根据内审记录和有关证据提出整改意见，按程序报批后送相关部门执行，并跟踪监督。

第八章　附　则

第九十八条　各业务部门应按照有关规定向统计部门传送本部门业务台账。统计部门对各业务台账信息进行整理、汇总，编制各类统计台账、统计报表和资料，与相关业务部门进行核对，撰写分析报告。

第九十九条　参保单位填写的原始表格，需经办人、审核人、负责人签字或签章，并注明经办日期；各业务部门之间传递信息的表格，转出、转入部门需认真复核，确保无误，经办人、审核人、复核人、主管领导均需签字盖章。

第一〇〇条　各业务部门应按有关规定对档案资料进行分类整理，确定密级，妥善保管，并做好电子文档的备份工作。

第一〇一条 社保机构要加强和规范票据管理，按照规定进行票据的印制、填写、整理、保管、销毁等工作。

第一〇二条 各省、自治区、直辖市可根据本规程制定经办细则。

第一〇三条 本规程由劳动保障部负责解释。

第一〇四条 本规程自发布之日起施行。

（说明本规程的附表略）

职业病诊断与鉴定管理办法

第一章 总 则

第一条 为了规范职业病诊断与鉴定工作，加强职业病诊断与鉴定管理，根据《中华人民共和国职业病防治法》（以下简称《职业病防治法》），制定本办法。

第二条 职业病诊断与鉴定工作应当按照《职业病防治法》、本办法的有关规定及国家职业病诊断标准进行，遵循科学、公正、及时、便民的原则。

第三条 职业病诊断机构的设置必须适应职业病防治工作实际需要，充分利用现有医疗卫生资源，实现区域覆盖。

第四条 各地要加强职业病诊断机构能力建设，提供必要的保障条件，配备相关的人员、设备和工作经费，以满足职业病诊断工作的需要。

第二章 诊断机构

第五条 省、自治区、直辖市人民政府卫生行政部门（以下简称省级卫生行政部门）应当结合本行政区域职业病防治工作制定职业病诊断机构设置规划，报省级人民政府批准后实施。

第六条 职业病诊断机构应当具备下列条件：

（一）持有《医疗机构执业许可证》；

（二）具有相应的诊疗科目及与开展职业病诊断相适应的职业病诊断医师等相关医疗卫生技术人员；

（三）具有与开展职业病诊断相适应的场所和仪器、设备；

（四）具有健全的职业病诊断质量管理制度。

第七条 医疗卫生机构申请开展职业病诊断，应当向省级卫生行政部门提交以下资料：

（一）职业病诊断机构申请表；

（二）《医疗机构执业许可证》及副本的复印件；

（三）与申请开展的职业病诊断项目相关的诊疗科目及相关资料；

（四）与申请项目相适应的职业病诊断医师等相关医疗卫生技术人员情况；

（五）与申请项目相适应的场所和仪器、设备清单；

（六）职业病诊断质量管理制度有关资料；

（七）省级卫生行政部门规定提交的其他资料。

第八条 省级卫生行政部门收到申请材料后，应当在五个工作日内作出是否受理的决定，不受理的应当说明理由并书面通知申请单位。

决定受理的，省级卫生行政部门应当及时组织专家组进行技术评审。专家组应当自卫生行政部门受理申请之日起六十日内完成和提交技术评审报告，并对提交的技术评审报告负责。

第九条 省级卫生行政部门应当自收到技术评审报告之日起二十个工作日内，作出是否批准的决定。

对批准的申请单位颁发职业病诊断机构批准证书；不批准的应当说明理由并书面通知申请单位。

职业病诊断机构批准证书有效期为五年。

第十条 职业病诊断机构需要延续依法取得的职业病诊断机构批准证书有效期的，应当在批准证书有效期届满三十日前，向原批准机关申请延续。经原批准机关审核合格的，延续批准证书。

第十一条 符合本办法第六条规定的公立医疗卫生机构可以申请开展职业病诊断工作。

设区的市没有医疗卫生机构申请开展职业病诊断的，省级卫生行政部门应当根据职业病诊断工作的需要，指定公立医疗卫生机构承担职业病诊断工作，并使其在规定时间内达到本办法第六条规定的条件。

第十二条 职业病诊断机构的职责是：

（一）在批准的职业病诊断项目范围内开展职业病诊断；

（二）报告职业病；

（三）报告职业病诊断工作情况；

（四）承担《职业病防治法》中规定的其他职责。

第十三条 职业病诊断机构依法独立行使诊断权，并对其作出的职业病诊断结论负责。

第十四条 职业病诊断机构应当建立和健全职业病诊断管理制度，加强职业病诊断医师等有关医疗卫生人员技术培训和政策、法律培训，并采取措施改善职业病诊断工作条件，提高职业病诊断服务质量和水平。

第十五条 职业病诊断机构应当公开职业病诊断程序，方便劳动者进行职业病诊断。

职业病诊断机构及其相关工作人员应当尊重、关心、爱护劳动者，保护劳动者的隐私。

第十六条 从事职业病诊断的医师应当具备下列条件，并取得省级卫生行政部门颁发的职业病诊断资格证书：

（一）具有医师执业证书；

（二）具有中级以上卫生专业技术职务任职资格；

（三）熟悉职业病防治法律法规和职业病诊断标准；

（四）从事职业病诊断、鉴定相关工作三年以上；

（五）按规定参加职业病诊断医师相应专业的培训，并考核合格。

第十七条 职业病诊断医师应当依法在其资质范围内从事职业病诊断工作，不得从事超出其资质范围的职业病诊断工作。

第十八条 省级卫生行政部门应当向社会公布本行政区域内职业病诊断机构名单、地址、诊断项目等相关信息。

第三章 诊 断

第十九条 劳动者可以选择用人单位所在地、本人户籍所在地或者经常居住地的职业病诊断机构进行职业病诊断。

第二十条 职业病诊断机构应当按照《职业病防治法》、本办法的有关规定和国家职业病诊断标准，依据劳动者的职业史、职业病危害接触史和工作场所职业病危害因素情况、临床表现以及辅助检查结果等，进行综合分析，作出诊断结论。

第二十一条 职业病诊断需要以下资料：

（一）劳动者职业史和职业病危害接触史（包括在岗时间、工种、岗位、接触的职业病危害因素名称等）；

（二）劳动者职业健康检查结果；

（三）工作场所职业病危害因素检测结果；

（四）职业性放射性疾病诊断还需要个人剂量监测档案等资料；

（五）与诊断有关的其他资料。

第二十二条 劳动者依法要求进行职业病诊断的，职业病诊断机构应当接诊，并告知劳动者职业病诊断的程序和所需材料。劳动者应当填写《职业病诊断就诊登记表》，并提交其掌握的本办法第二十一条规定的职业病诊断资料。

第二十三条 在确认劳动者职业史、职业病危害接触史时，当事人对劳动关系、工种、工作岗位或者在岗时间有争议的，职业病诊断机构应当告知当事人依法向用人单位所在地的劳动人事争议仲裁委员会申请仲裁。

第二十四条 职业病诊断机构进行职业病诊断时，应当书面通知劳动者所在的用人单位提供其掌握的本办法第二十一条规定的职业病诊断资料，用人单位应当在接到通知后的十日内如实提供。

第二十五条 用人单位未在规定时间内提供职业病诊断所需要资料的，职业病诊断机构可以依法提请安全生产监督管理部门督促用人单位提供。

第二十六条 劳动者对用人单位提供的工作场所职业病危害因素检测结果等资料有异议，或者因劳动者的用人单位解散、破产，无用人单位提供上述资料的，职业病诊断机构应当依法提请用人单位所在地安全生产监督管理部门进行调查。

职业病诊断机构在安全生产监督管理部门作出调查结论或者判定前应当中止职业病诊断。

第二十七条 职业病诊断机构需要了解工作场所职业病危害因素情况时，可以对工作场所进行现场调查，也可以依法提请安全生产监督管理部门组织现场调查。

第二十八条 经安全生产监督管理部门督促，用人单位仍不提供工作场所职业病危害因素检测结果、职业健康监护档案等资料或者提供资料不全的，职业病诊断机构应当结合劳动者的临床表现、辅助检查结果和劳动者的职业史、职业病危害接触史，并参考劳动者自述、安全生产监督管理部门提供的日常监督检查信息等，作出职业病诊断结论。仍不能作出职业病诊断的，应当提出相关医学意见或者建议。

第二十九条 职业病诊断机构在进行职业病诊断时，应当组织三名以上单数职业病诊断医师进行集体诊断。

职业病诊断医师应当独立分析、判断、提出诊断意见，任何单位和个人无权干预。

第三十条 职业病诊断机构在进行职业病诊断时，诊断医师对诊断结论有意见分歧的，应当根据半数以上诊断医师的一致意见形成诊断结论，对不同意见应当如实记录。参加诊断的职业病诊断医师不得弃权。

第三十一条 职业病诊断机构可以根据诊断需要，聘请其他单位职业病诊断医师参加诊断。必要时，可以邀请相关专业专家提供咨询意见。

第三十二条 职业病诊断机构作出职业病诊断结论后，应当出具职业病诊断证明书。

职业病诊断证明书应当包括以下内容：

（一）劳动者、用人单位基本信息；

（二）诊断结论。确诊为职业病的，应当载明职业病的名称、程度（期别）、处理意见；

（三）诊断时间。

职业病诊断证明书应当由参加诊断的医师共同签署，并经职业病诊断机构审核盖章。

职业病诊断证明书一式三份，劳动者、用人单位各一份，诊断机构存档一份。

职业病诊断证明书的格式由卫生部统一规定。

第三十三条 职业病诊断机构应当建立职业病诊断档案并永久保存，档案应当包括：

（一）职业病诊断证明书；

（二）职业病诊断过程记录，包括参加诊断的人员、时间、地点、讨论内容及诊断结论；

（三）用人单位、劳动者和相关部门、机构提交的有关资料；

（四）临床检查与实验室检验等资料；

（五）与诊断有关的其他资料。

第三十四条 职业病诊断机构发现职业病病人或者疑似职业病病人时，应当及时向所在地卫生行政部门和安全生产监督管理部门报告。

确诊为职业病的，职业病诊断机构可以根据需要，向相关监管部门、用人单位提出专业建议。

第三十五条 未取得职业病诊断资质的医疗卫生机构，在诊疗活动中怀疑劳动者健康损害可能与其所从事的职业有关时，应当及时告知劳动者到职业病诊断机构进行职业病诊断。

第四章 鉴 定

第三十六条 当事人对职业病诊断机构作出的职业病诊断结论有异议的，可以在接到职业病诊断证明书之日起三十日内，向职业病诊断机构所在地设区的市级卫生行政部门申请鉴定。

设区的市级职业病诊断鉴定委员会负责职业病诊断争议的首次鉴定。

当事人对设区的市级职业病鉴定结论不服的，可以在接到鉴定书之日起十五日内，向原鉴定组织所在地省级卫生行政部门申请再鉴定。

职业病鉴定实行两级鉴定制，省级职业病鉴定结论为最终鉴定。

第三十七条 卫生行政部门可以指定办事机构，具体承担职业病鉴定的组织和日常性工作。职业病鉴定办事机构的职责是：

（一）接受当事人申请；

（二）组织当事人或者接受当事人委托抽取职业病鉴定专家；

（三）组织职业病鉴定会议，负责会议记录、职业病鉴定相关文书的收发及其他事务性工作；

（四）建立并管理职业病鉴定档案；

（五）承担卫生行政部门委托的有关职业病鉴定的其他工作。

职业病诊断机构不能作为职业病鉴定办事机构。

第三十八条 设区的市级以上地方卫生行政部门应当向社会公布本行政区域内依法承担职业病鉴定工作的办事机构的名称、工作时间、地点和鉴定工作程序。

第三十九条 省级卫生行政部门应当设立职业病鉴定专家库（以下简称专家库），并根据实际工作需要及时调整其成员。专家库可以按照专业类别进行分组。

第四十条 专家库应当以取得各类职业病诊断资格的医师为主要成员，吸收临床相关学科、职业卫生、放射卫生等相关专业的专家组成。专家应当具备下列条件：

（一）具有良好的业务素质和职业道德；

（二）具有相关专业的高级专业技术职务任职资格；

（三）熟悉职业病防治法律法规和职业病诊断标准；

（四）身体健康，能够胜任职业病鉴定工作。

第四十一条 参加职业病鉴定的专家，应当由申请鉴定的当事人或者当事人委托的职业病鉴定办事机构从专家库中按照专业类别以随机抽取的方式确定。抽取的专家组成职业病鉴定专家组（以下简称专家组）。

经当事人同意，职业病鉴定办事机构可以根据鉴定需要聘请本省、自治区、直辖市以外的相关专业专家作为专家组成员，并有表决权。

第四十二条 专家组人数为五人以上单数，其中相关专业职业病诊断医师应当为本次专家人数的半数以上。疑难病例应当增加专家组人数，充分听取意见。专家组设组长一名，由专家组成员推举产生。

职业病鉴定会议由专家组组长主持。

第四十三条 参与职业病鉴定的专家有下列情形之一的，应当回避：

（一）是职业病鉴定当事人或者当事人近亲属的；

（二）已参加当事人职业病诊断或者首次鉴定的；

（三）与职业病鉴定当事人有利害关系的；

（四）与职业病鉴定当事人有其他关系，可能影响鉴定公正的。

第四十四条 当事人申请职业病鉴定时，应当提供以下资料：

（一）职业病鉴定申请书；

（二）职业病诊断证明书，申请省级鉴定的还应当提交市级职业病鉴定书；

（三）卫生行政部门要求提供的其他有关资料。

第四十五条 职业病鉴定办事机构应当自收到申请资料之日起五个工作日内完成资料审核，对资料齐全的发给受理通知书；资料不全的，应当书面通知当事人补充。资料补充齐全的，应当受理申请并组织鉴定。

职业病鉴定办事机构收到当事人鉴定申请之后，根据需要可以向原职业病诊断机构或者首次职业病鉴定的办事机构调阅有关的诊断、鉴定资料。原职业病诊断机构或者首次职业病鉴定办事机构应当在接到通知之日起十五日内提交。

职业病鉴定办事机构应当在受理鉴定申请之日起六十日内组织鉴定、形成鉴定结论，并在鉴定结论形成后十五日内出具职业病鉴定书。

第四十六条 根据职业病鉴定工作需要，职业病鉴定办事机构可以向有关单位调取与职业病诊断、鉴定有关的资料，有关单位应当如实、及时提供。

专家组应当听取当事人的陈述和申辩，必要时可以组织进行医学检查。

需要了解被鉴定人的工作场所职业病危害因素情况时，职业病鉴定办事机构根据专家组的意见可以对工作场所进行现场调查，或者依法提请安全生产监督管理部门组织现场调查。依法提请安全生产监督管理部门组织现场调查的，在现场调查结论或者判定作出前，职业病鉴定应当中止。

职业病鉴定应当遵循客观、公正的原则，专家组进行职业病鉴定时，可以邀请有关单位人员旁听职业病鉴定会。所有参与职业病鉴定的人员应当依法保护被鉴定人的个人隐私。

第四十七条 专家组应当认真审阅鉴定资料，依照有关规定和职业病诊断标准，经充分合议后，根据专业知识独立进行鉴定。在事实清楚的基础上，进行综合分析，作出鉴定结论，并制作鉴定书。

鉴定结论应当经专家组三分之二以上成员通过。

第四十八条 职业病鉴定书应当包括以下内容：

（一）劳动者、用人单位的基本信息及鉴定事由；

（二）鉴定结论及其依据，如果为职业病，应当注明职业病名称、程度（期别）；

（三）鉴定时间。

鉴定书加盖职业病诊断鉴定委员会印章。

首次鉴定的职业病鉴定书一式四份，劳动者、用人单位、原诊断机构各一份，职业病鉴定办事机构存档一份；再次鉴定的职业病鉴定书一式五份，劳动者、用人单位、原诊断机构、首次职业病鉴定办事机构各一份，再次职业病鉴定办事机构存档一份。

职业病鉴定书的格式由卫生部统一规定。

第四十九条 职业病鉴定书应当于鉴定结论作出之日起二十日内由职业病鉴定办事机构送达当事人。

第五十条 鉴定结论与诊断结论或者首次鉴定结论不一致的，职业病鉴定办事机构应当及时向相关卫生行政部门和安全生产监督管理部门报告。

第五十一条 职业病鉴定办事机构应当如实记录职业病鉴定过程，内容应当包括：

（一）专家组的组成；

（二）鉴定时间；

（三）鉴定所用资料；

（四）鉴定专家的发言及其鉴定意见；

（五）表决情况；

（六）经鉴定专家签字的鉴定结论；

（七）与鉴定有关的其他资料。

有当事人陈述和申辩的，应当如实记录。

鉴定结束后，鉴定记录应当随同职业病鉴定书一并由职业病鉴定办事机构存档，永久保存。

第五章 监督管理

第五十二条 县级以上地方卫生行政部门应当制定职业病诊断机构年度

监督检查计划，定期对职业病诊断机构进行监督检查，检查内容包括：

（一）法律法规、标准的执行情况；

（二）规章制度建立情况；

（三）人员、岗位职责落实和培训等情况；

（四）职业病报告情况等。

省级卫生行政部门每年应当至少组织一次监督检查；设区的市级卫生行政部门每年应当至少组织一次监督检查并不定期抽查；县级卫生行政部门负责日常监督检查。

第五十三条 设区的市级以上地方卫生行政部门应当加强对职业病鉴定办事机构的监督管理，对职业病鉴定工作程序、制度落实情况及职业病报告等相关工作情况进行监督检查。

第五十四条 省级卫生行政部门负责对职业病诊断机构进行定期考核。

第六章 法律责任

第五十五条 医疗卫生机构未经批准擅自从事职业病诊断的，由县级以上地方卫生行政部门按照《职业病防治法》第八十条的规定进行处罚。

第五十六条 职业病诊断机构有下列行为之一的，由县级以上地方卫生行政部门按照《职业病防治法》第八十一条的规定进行处罚：

（一）超出批准范围从事职业病诊断的；

（二）不按照《职业病防治法》规定履行法定职责的；

（三）出具虚假证明文件的。

第五十七条 职业病诊断机构未按照规定报告职业病、疑似职业病的，由县级以上地方卫生行政部门按照《职业病防治法》第七十五条的规定进行处罚。

第五十八条 职业病诊断机构违反本办法规定，有下列情形之一的，由县级以上地方卫生行政部门责令限期改正；逾期不改正的，给予警告，并可以根据情节轻重处以二万元以下的罚款：

（一）未建立职业病诊断管理制度；

（二）不按照规定向劳动者公开职业病诊断程序；

（三）泄露劳动者涉及个人隐私的有关信息、资料；

（四）其他违反本办法的行为。

第五十九条 职业病诊断鉴定委员会组成人员收受职业病诊断争议当事人的财物或者其他好处的，由省级卫生行政部门按照《职业病防治法》第八十二条的规定进行处罚。

第六十条 县级以上地方卫生行政部门及其工作人员未依法履行职责，按照《职业病防治法》第八十五条第二款的规定进行处理。

第七章 附 则

第六十一条 职业病诊断、鉴定的费用由用人单位承担。

第六十二条 本办法由卫生部解释。

第六十三条 本办法自2013年4月10日起施行。2002年3月28日卫生部公布的《职业病诊断与鉴定管理办法》同时废止。

中华人民共和国职业病防治法

第一章　总　则

第一条　为了预防、控制和消除职业病危害，防治职业病，保护劳动者健康及其相关权益，促进经济社会发展，根据宪法，制定本法。

第二条　本法适用于中华人民共和国领域内的职业病防治活动。

本法所称职业病，是指企业、事业单位和个体经济组织等用人单位的劳动者在职业活动中，因接触粉尘、放射性物质和其他有毒、有害因素而引起的疾病。

职业病的分类和目录由国务院卫生行政部门会同国务院安全生产监督管理部门、劳动保障行政部门制定、调整并公布。

第三条　职业病防治工作坚持预防为主、防治结合的方针，建立用人单位负责、行政机关监管、行业自律、职工参与和社会监督的机制，实行分类管理、综合治理。

第四条　劳动者依法享有职业卫生保护的权利。

用人单位应当为劳动者创造符合国家职业卫生标准和卫生要求的工作环境和条件，并采取措施保障劳动者获得职业卫生保护。

工会组织依法对职业病防治工作进行监督，维护劳动者的合法权益。用人单位制定或者修改有关职业病防治的规章制度，应当听取工会组织的意见。

第五条　用人单位应当建立、健全职业病防治责任制，加强对职业病防治的管理，提高职业病防治水平，对本单位产生的职业病危害承担责任。

第六条　用人单位的主要负责人对本单位的职业病防治工作全面负责。

第七条　用人单位必须依法参加工伤保险。

国务院和县级以上地方人民政府劳动保障行政部门应当加强对工伤保险的监督管理，确保劳动者依法享受工伤保险待遇。

第八条　国家鼓励和支持研制、开发、推广、应用有利于职业病防治和保护劳动者健康的新技术、新工艺、新设备、新材料，加强对职业病的机理和发生规律的基础研究，提高职业病防治科学技术水平；积极采用有效的职业病防治技术、工艺、设备、材料；限制使用或者淘汰职业病危害严重的技术、工艺、设备、材料。

国家鼓励和支持职业病医疗康复机构的建设。

第九条　国家实行职业卫生监督制度。

国务院安全生产监督管理部门、卫生行政部门、劳动保障行政部门依照本法和国务院确定的职责，负责全国职业病防治的监督管理工作。国务院有关部门在各自的职责范围内负责职业病防治的有关监督管理工作。

县级以上地方人民政府安全生产监督管理部门、卫生行政部门、劳动保障行政部门依据各自职责，负责本行政区域内职业病防治的监督管理工作。县级以上地方人民政府有关部门在各自的职责范围内负责职业病防治的有关监督管理工作。

县级以上人民政府安全生产监督管理部门、卫生行政部门、劳动保障行政部门（以下统称职业卫生监督管理部门）应当加强沟通，密切配合，按照各自职责分工，依法行使职权，承担责任。

第十条　国务院和县级以上地方人民政府应当制定职业病防治规划，将其纳入国民经济和社会发展计划，并组织实施。

县级以上地方人民政府统一负责、领导、组织、协调本行政区域的职业病防治工作，建立健全职业病防治工作体制、机制，统一领导、指挥职业卫生突发事件应对工作；加强职业病防治能力建设和服务体系建设，完善、落实职业病防治工作责任制。

乡、民族乡、镇的人民政府应当认真执行本法，支持职业卫生监督管理部门依法履行职责。

第十一条　县级以上人民政府职业卫生监督管理部门应当加强对职业病防治的宣传教育，普及职业病防治的知识，增强用人单位的职业病防治观念，提高劳动者的职业健康意识、自我保护意识和行使职业卫生保护权利的能力。

第十二条　有关防治职业病的国家职业卫生标准，由国务院卫生行政部门组织制定并公布。

国务院卫生行政部门应当组织开展重点职业病监测和专项调查，对职业健康风险进行评估，为制定职业卫生标准和职业病防治政策提供科学依据。

县级以上地方人民政府卫生行政部门应当定期对本行政区域的职业病防治情况进行统计和调查分析。

第十三条 任何单位和个人有权对违反本法的行为进行检举和控告。有关部门收到相关的检举和控告后，应当及时处理。

对防治职业病成绩显著的单位和个人，给予奖励。

第二章 前期预防

第十四条 用人单位应当依照法律、法规要求，严格遵守国家职业卫生标准，落实职业病预防措施，从源头上控制和消除职业病危害。

第十五条 产生职业病危害的用人单位的设立除应当符合法律、行政法规规定的设立条件外，其工作场所还应当符合下列职业卫生要求：

（一）职业病危害因素的强度或者浓度符合国家职业卫生标准；

（二）有与职业病危害防护相适应的设施；

（三）生产布局合理，符合有害与无害作业分开的原则；

（四）有配套的更衣间、洗浴间、孕妇休息间等卫生设施；

（五）设备、工具、用具等设施符合保护劳动者生理、心理健康的要求；

（六）法律、行政法规和国务院卫生行政部门、安全生产监督管理部门关于保护劳动者健康的其他要求。

第十六条 国家建立职业病危害项目申报制度。

用人单位工作场所存在职业病目录所列职业病的危害因素的，应当及时、如实向所在地安全生产监督管理部门申报危害项目，接受监督。

职业病危害因素分类目录由国务院卫生行政部门会同国务院安全生产监督管理部门制定、调整并公布。职业病危害项目申报的具体办法由国务院安全生产监督管理部门制定。

第十七条 新建、扩建、改建建设项目和技术改造、技术引进项目（以下统称建设项目）可能产生职业病危害的，建设单位在可行性论证阶段应当向安全生产监督管理部门提交职业病危害预评价报告。安全生产监督管理部门应当自收到职业病危害预评价报告之日起30日内，作出审核决定并书面通知建设单位。未提交预评价报告或者预评价报告未经安全生产监督管理部门审核同意的，有关部门不得批准该建设项目。

职业病危害预评价报告应当对建设项目可能产生的职业病危害因素及其对工作场所和劳动者健康的影响作出评价，确定危害类别和职业病防护措施。

建设项目职业病危害分类管理办法由国务院安全生产监督管理部门制定。

第十八条　建设项目的职业病防护设施所需费用应当纳入建设项目工程预算，并与主体工程同时设计，同时施工，同时投入生产和使用。职业病危害严重的建设项目的防护设施设计，应当经安全生产监督管理部门审查，符合国家职业卫生标准和卫生要求的，方可施工。

建设项目在竣工验收前，建设单位应当进行职业病危害控制效果评价。建设项目竣工验收时，其职业病防护设施经安全生产监督管理部门验收合格后，方可投入正式生产和使用。

第十九条　职业病危害预评价、职业病危害控制效果评价由依法设立的取得国务院安全生产监督管理部门或者设区的市级以上地方人民政府安全生产监督管理部门按照职责分工给予资质认可的职业卫生技术服务机构进行。职业卫生技术服务机构所作评价应当客观、真实。

第二十条　国家对从事放射性、高毒、高危粉尘等作业实行特殊管理。具体管理办法由国务院制定。

第三章　劳动过程中的防护与管理

第二十一条　用人单位应当采取下列职业病防治管理措施：

（一）设置或者指定职业卫生管理机构或者组织，配备专职或者兼职的职业卫生管理人员，负责本单位的职业病防治工作；

（二）制定职业病防治计划和实施方案；

（三）建立、健全职业卫生管理制度和操作规程；

（四）建立、健全职业卫生档案和劳动者健康监护档案；

（五）建立、健全工作场所职业病危害因素监测及评价制度；

（六）建立、健全职业病危害事故应急救援预案。

第二十二条　用人单位应当保障职业病防治所需的资金投入，不得挤占、挪用，并对因资金投入不足导致的后果承担责任。

第二十三条 用人单位必须采用有效的职业病防护设施，并为劳动者提供个人使用的职业病防护用品。

用人单位为劳动者个人提供的职业病防护用品必须符合防治职业病的要求；不符合要求的，不得使用。

第二十四条 用人单位应当优先采用有利于防治职业病和保护劳动者健康的新技术、新工艺、新设备、新材料，逐步替代职业病危害严重的技术、工艺、设备、材料。

第二十五条 产生职业病危害的用人单位，应当在醒目位置设置公告栏，公布有关职业病防治的规章制度、操作规程、职业病危害事故应急救援措施和工作场所职业病危害因素检测结果。

对产生严重职业病危害的作业岗位，应当在其醒目位置，设置警示标识和中文警示说明。警示说明应当载明产生职业病危害的种类、后果、预防以及应急救治措施等内容。

第二十六条 对可能发生急性职业损伤的有毒、有害工作场所，用人单位应当设置报警装置，配置现场急救用品、冲洗设备、应急撤离通道和必要的泄险区。

对放射工作场所和放射性同位素的运输、贮存，用人单位必须配置防护设备和报警装置，保证接触放射线的工作人员佩戴个人剂量计。

对职业病防护设备、应急救援设施和个人使用的职业病防护用品，用人单位应当进行经常性的维护、检修，定期检测其性能和效果，确保其处于正常状态，不得擅自拆除或者停止使用。

第二十七条 用人单位应当实施由专人负责的职业病危害因素日常监测，并确保监测系统处于正常运行状态。

用人单位应当按照国务院安全生产监督管理部门的规定，定期对工作场所进行职业病危害因素检测、评价。检测、评价结果存入用人单位职业卫生档案，定期向所在地安全生产监督管理部门报告并向劳动者公布。

职业病危害因素检测、评价由依法设立的取得国务院安全生产监督管理部门或者设区的市级以上地方人民政府安全生产监督管理部门按照职责分工给予资质认可的职业卫生技术服务机构进行。职业卫生技术服务机构所作检测、评价应当客观、真实。

发现工作场所职业病危害因素不符合国家职业卫生标准和卫生要求时，用人单位应当立即采取相应治理措施，仍然达不到国家职业卫生标准和卫生要求的，必须停止存在职业病危害因素的作业；职业病危害因素经治理后，符合国家职业卫生标准和卫生要求的，方可重新作业。

第二十八条 职业卫生技术服务机构依法从事职业病危害因素检测、评价工作，接受安全生产监督管理部门的监督检查。安全生产监督管理部门应当依法履行监督职责。

第二十九条 向用人单位提供可能产生职业病危害的设备的，应当提供中文说明书，并在设备的醒目位置设置警示标识和中文警示说明。警示说明应当载明设备性能、可能产生的职业病危害、安全操作和维护注意事项、职业病防护以及应急救治措施等内容。

第三十条 向用人单位提供可能产生职业病危害的化学品、放射性同位素和含有放射性物质的材料的，应当提供中文说明书。说明书应当载明产品特性、主要成份、存在的有害因素、可能产生的危害后果、安全使用注意事项、职业病防护以及应急救治措施等内容。产品包装应当有醒目的警示标识和中文警示说明。贮存上述材料的场所应当在规定的部位设置危险物品标识或者放射性警示标识。

国内首次使用或者首次进口与职业病危害有关的化学材料，使用单位或者进口单位按照国家规定经国务院有关部门批准后，应当向国务院卫生行政部门、安全生产监督管理部门报送该化学材料的毒性鉴定以及经有关部门登记注册或者批准进口的文件等资料。

进口放射性同位素、射线装置和含有放射性物质的物品的，按照国家有关规定办理。

第三十一条 任何单位和个人不得生产、经营、进口和使用国家明令禁止使用的可能产生职业病危害的设备或者材料。

第三十二条 任何单位和个人不得将产生职业病危害的作业转移给不具备职业病防护条件的单位和个人。不具备职业病防护条件的单位和个人不得接受产生职业病危害的作业。

第三十三条 用人单位对采用的技术、工艺、设备、材料，应当知悉其产生的职业病危害，对有职业病危害的技术、工艺、设备、材料隐瞒其危害而采用的，对所造成的职业病危害后果承担责任。

第三十四条 用人单位与劳动者订立劳动合同（含聘用合同，下同）时，应当将工作过程中可能产生的职业病危害及其后果、职业病防护措施和待遇等如实告知劳动者，并在劳动合同中写明，不得隐瞒或者欺骗。

劳动者在已订立劳动合同期间因工作岗位或者工作内容变更，从事与所订立劳动合同中未告知的存在职业病危害的作业时，用人单位应当依照前款规定，向劳动者履行如实告知的义务，并协商变更原劳动合同相关条款。

用人单位违反前两款规定的，劳动者有权拒绝从事存在职业病危害的作业，用人单位不得因此解除与劳动者所订立的劳动合同。

第三十五条 用人单位的主要负责人和职业卫生管理人员应当接受职业卫生培训，遵守职业病防治法律、法规，依法组织本单位的职业病防治工作。

用人单位应当对劳动者进行上岗前的职业卫生培训和在岗期间的定期职业卫生培训，普及职业卫生知识，督促劳动者遵守职业病防治法律、法规、规章和操作规程，指导劳动者正确使用职业病防护设备和个人使用的职业病防护用品。

劳动者应当学习和掌握相关的职业卫生知识，增强职业病防范意识，遵守职业病防治法律、法规、规章和操作规程，正确使用、维护职业病防护设备和个人使用的职业病防护用品，发现职业病危害事故隐患应当及时报告。

劳动者不履行前款规定义务的，用人单位应当对其进行教育。

第三十六条 对从事接触职业病危害的作业的劳动者，用人单位应当按照国务院安全生产监督管理部门、卫生行政部门的规定组织上岗前、在岗期间和离岗时的职业健康检查，并将检查结果书面告知劳动者。职业健康检查费用由用人单位承担。

用人单位不得安排未经上岗前职业健康检查的劳动者从事接触职业病危害的作业；不得安排有职业禁忌的劳动者从事其所禁忌的作业；对在职业健康检查中发现有与所从事的职业相关的健康损害的劳动者，应当调离原工作岗位，并妥善安置；对未进行离岗前职业健康检查的劳动者不得解除或者终止与其订立的劳动合同。

职业健康检查应当由省级以上人民政府卫生行政部门批准的医疗卫生机构承担。

第三十七条 用人单位应当为劳动者建立职业健康监护档案，并按照规定的期限妥善保存。

职业健康监护档案应当包括劳动者的职业史、职业病危害接触史、职业健康检查结果和职业病诊疗等有关个人健康资料。

劳动者离开用人单位时，有权索取本人职业健康监护档案复印件，用人单位应当如实、无偿提供，并在所提供的复印件上签章。

第四章 职业病诊断与职业病病人保障

第四十四条 医疗卫生机构承担职业病诊断，应当经省、自治区、直辖市人民政府卫生行政部门批准。省、自治区、直辖市人民政府卫生行政部门应当向社会公布本行政区域内承担职业病诊断的医疗卫生机构的名单。

承担职业病诊断的医疗卫生机构应当具备下列条件：

（一）持有《医疗机构执业许可证》；

（二）具有与开展职业病诊断相适应的医疗卫生技术人员；

（三）具有与开展职业病诊断相适应的仪器、设备；

（四）具有健全的职业病诊断质量管理制度。

承担职业病诊断的医疗卫生机构不得拒绝劳动者进行职业病诊断的要求。

第四十五条 劳动者可以在用人单位所在地、本人户籍所在地或者经常居住地依法承担职业病诊断的医疗卫生机构进行职业病诊断。

第四十六条 职业病诊断标准和职业病诊断、鉴定办法由国务院卫生行政部门制定。职业病伤残等级的鉴定办法由国务院劳动保障行政部门会同国务院卫生行政部门制定。

第四十七条 职业病诊断，应当综合分析下列因素：

（一）病人的职业史；

（二）职业病危害接触史和工作场所职业病危害因素情况；

（三）临床表现以及辅助检查结果等。

没有证据否定职业病危害因素与病人临床表现之间的必然联系的，应当诊断为职业病。

承担职业病诊断的医疗卫生机构在进行职业病诊断时，应当组织三名以上取得职业病诊断资格的执业医师集体诊断。

职业病诊断证明书应当由参与诊断的医师共同签署，并经承担职业病诊断的医疗卫生机构审核盖章。

第四十八条 用人单位应当如实提供职业病诊断、鉴定所需的劳动者职业史和职业病危害接触史、工作场所职业病危害因素检测结果等资料；安全生产监督管理部门应当监督检查和督促用人单位提供上述资料；劳动者和有关机构也应当提供与职业病诊断、鉴定有关的资料。

职业病诊断、鉴定机构需要了解工作场所职业病危害因素情况时，可以对工作场所进行现场调查，也可以向安全生产监督管理部门提出，安全生产监督管理部门应当在十日内组织现场调查。用人单位不得拒绝、阻挠。

第四十九条 职业病诊断、鉴定过程中，用人单位不提供工作场所职业病危害因素检测结果等资料的，诊断、鉴定机构应当结合劳动者的临床表现、辅助检查结果和劳动者的职业史、职业病危害接触史，并参考劳动者的自述、安全生产监督管理部门提供的日常监督检查信息等，作出职业病诊断、鉴定结论。

劳动者对用人单位提供的工作场所职业病危害因素检测结果等资料有异议，或者因劳动者的用人单位解散、破产，无用人单位提供上述资料的，诊断、鉴定机构应当提请安全生产监督管理部门进行调查，安全生产监督管理部门应当自接到申请之日起三十日内对存在异议的资料或者工作场所职业病危害因素情况作出判定；有关部门应当配合。

第五十条 职业病诊断、鉴定过程中，在确认劳动者职业史、职业病危害接触史时，当事人对劳动关系、工种、工作岗位或者在岗时间有争议的，可以向当地的劳动人事争议仲裁委员会申请仲裁；接到申请的劳动人事争议仲裁委员会应当受理，并在三十日内作出裁决。

当事人在仲裁过程中对自己提出的主张，有责任提供证据。劳动者无法提供由用人单位掌握管理的与仲裁主张有关的证据的，仲裁庭应当要求用人单位在指定期限内提供；用人单位在指定期限内不提供的，应当承担不利后果。

劳动者对仲裁裁决不服的，可以依法向人民法院提起诉讼。

用人单位对仲裁裁决不服的，可以在职业病诊断、鉴定程序结束之日起十五日内依法向人民法院提起诉讼；诉讼期间，劳动者的治疗费用按照职业病待遇规定的途径支付。

第五十一条 用人单位和医疗卫生机构发现职业病病人或者疑似职业病病人时，应当及时向所在地卫生行政部门和安全生产监督管理部门报告。确诊为职业病的，用人单位还应当向所在地劳动保障行政部门报告。接到报告的部门应当依法作出处理。

第五十二条 县级以上地方人民政府卫生行政部门负责本行政区域内的职业病统计报告的管理工作，并按照规定上报。

第五十三条 当事人对职业病诊断有异议的，可以向作出诊断的医疗卫生机构所在地地方人民政府卫生行政部门申请鉴定。

职业病诊断争议由设区的市级以上地方人民政府卫生行政部门根据当事人的申请，组织职业病诊断鉴定委员会进行鉴定。

当事人对设区的市级职业病诊断鉴定委员会的鉴定结论不服的，可以向省、自治区、直辖市人民政府卫生行政部门申请再鉴定。

第五十四条 职业病诊断鉴定委员会由相关专业的专家组成。

省、自治区、直辖市人民政府卫生行政部门应当设立相关的专家库，需要对职业病争议作出诊断鉴定时，由当事人或者当事人委托有关卫生行政部门从专家库中以随机抽取的方式确定参加诊断鉴定委员会的专家。

职业病诊断鉴定委员会应当按照国务院卫生行政部门颁布的职业病诊断标准和职业病诊断、鉴定办法进行职业病诊断鉴定，向当事人出具职业病诊断鉴定书。职业病诊断、鉴定费用由用人单位承担。

第五十五条 职业病诊断鉴定委员会组成人员应当遵守职业道德，客观、公正地进行诊断鉴定，并承担相应的责任。职业病诊断鉴定委员会组成人员不得私下接触当事人，不得收受当事人的财物或者其他好处，与当事人有利害关系的，应当回避。

人民法院受理有关案件需要进行职业病鉴定时，应当从省、自治区、直辖市人民政府卫生行政部门依法设立的相关的专家库中选取参加鉴定的专家。

第五十六条 医疗卫生机构发现疑似职业病病人时，应当告知劳动者本人并及时通知用人单位。

用人单位应当及时安排对疑似职业病病人进行诊断；在疑似职业病病人诊断或者医学观察期间，不得解除或者终止与其订立的劳动合同。

疑似职业病病人在诊断、医学观察期间的费用，由用人单位承担。

第五十七条 用人单位应当保障职业病病人依法享受国家规定的职业病待遇。

用人单位应当按照国家有关规定，安排职业病病人进行治疗、康复和定期检查。

用人单位对不适宜继续从事原工作的职业病病人，应当调离原岗位，并妥善安置。

用人单位对从事接触职业病危害的作业的劳动者，应当给予适当岗位津贴。

第五十八条 职业病病人的诊疗、康复费用，伤残以及丧失劳动能力的职业病病人的社会保障，按照国家有关工伤保险的规定执行。

第五十九条 职业病病人除依法享有工伤保险外，依照有关民事法律，尚有获得赔偿的权利的，有权向用人单位提出赔偿要求。

第六十条 劳动者被诊断患有职业病，但用人单位没有依法参加工伤保险的，其医疗和生活保障由该用人单位承担。

第六十一条 职业病病人变动工作单位，其依法享有的待遇不变。

用人单位在发生分立、合并、解散、破产等情形时，应当对从事接触职业病危害的作业的劳动者进行健康检查，并按照国家有关规定妥善安置职业病病人。

第六十二条 用人单位已经不存在或者无法确认劳动关系的职业病病人，可以向地方人民政府民政部门申请医疗救助和生活等方面的救助。

地方各级人民政府应当根据本地区的实际情况，采取其他措施，使前款规定的职业病病人获得医疗救治。

第五章 监督检查

第六十三条 县级以上人民政府职业卫生监督管理部门依照职业病防治法律、法规、国家职业卫生标准和卫生要求，依据职责划分，对职业病防治工作进行监督检查。

第六十四条 安全生产监督管理部门履行监督检查职责时，有权采取下列措施：

（一）进入被检查单位和职业病危害现场，了解情况，调查取证；

（二）查阅或者复制与违反职业病防治法律、法规的行为有关的资料和采集样品；

（三）责令违反职业病防治法律、法规的单位和个人停止违法行为。

第六十五条 发生职业病危害事故或者有证据证明危害状态可能导致职业病危害事故发生时，安全生产监督管理部门可以采取下列临时控制措施：

（一）责令暂停导致职业病危害事故的作业；

（二）封存造成职业病危害事故或者可能导致职业病危害事故发生的材料和设备；

（三）组织控制职业病危害事故现场。

在职业病危害事故或者危害状态得到有效控制后，安全生产监督管理部门应当及时解除控制措施。

第六十六条 职业卫生监督执法人员依法执行职务时，应当出示监督执法证件。

职业卫生监督执法人员应当忠于职守，秉公执法，严格遵守执法规范；涉及用人单位的秘密的，应当为其保密。

第六十七条 职业卫生监督执法人员依法执行职务时，被检查单位应当接受检查并予以支持配合，不得拒绝和阻碍。

第六十八条 安全生产监督管理部门及其职业卫生监督执法人员履行职责时，不得有下列行为：

（一）对不符合法定条件的，发给建设项目有关证明文件、资质证明文件或者予以批准；

（二）对已经取得有关证明文件的，不履行监督检查职责；

（三）发现用人单位存在职业病危害的，可能造成职业病危害事故，不及时依法采取控制措施；

（四）其他违反本法的行为。

第六十九条 职业卫生监督执法人员应当依法经过资格认定。

职业卫生监督管理部门应当加强队伍建设，提高职业卫生监督执法人员的政治、业务素质，依照本法和其他有关法律、法规的规定，建立、健全内部监督制度，对其工作人员执行法律、法规和遵守纪律的情况，进行监督检查。

第六章 法律责任

第七十条 建设单位违反本法规定，有下列行为之一的，由安全生产监督管理部门给予警告，责令限期改正；逾期不改正的，处十万元以上五十万元以下的罚款；情节严重的，责令停止产生职业病危害的作业，或者提请有关人民政府按照国务院规定的权限责令停建、关闭：

（一）未按照规定进行职业病危害预评价或者未提交职业病危害预评价报告，或者职业病危害预评价报告未经安全生产监督管理部门审核同意，开工建设的；

（二）建设项目的职业病防护设施未按照规定与主体工程同时投入生产和使用的；

（三）职业病危害严重的建设项目，其职业病防护设施设计未经安全生产监督管理部门审查，或者不符合国家职业卫生标准和卫生要求施工的；

（四）未按照规定对职业病防护设施进行职业病危害控制效果评价、未经安全生产监督管理部门验收或者验收不合格，擅自投入使用的。

第七十一条 违反本法规定，有下列行为之一的，由安全生产监督管理部门给予警告，责令限期改正；逾期不改正的，处十万元以下的罚款：

（一）工作场所职业病危害因素检测、评价结果没有存档、上报、公布的；

（二）未采取本法第二十一条规定的职业病防治管理措施的；

（三）未按照规定公布有关职业病防治的规章制度、操作规程、职业病危害事故应急救援措施的；

（四）未按照规定组织劳动者进行职业卫生培训，或者未对劳动者个人职业病防护采取指导、督促措施的；

（五）国内首次使用或者首次进口与职业病危害有关的化学材料，未按照规定报送毒性鉴定资料以及经有关部门登记注册或者批准进口的文件的。

第七十二条 用人单位违反本法规定，有下列行为之一的，由安全生产监督管理部门责令限期改正，给予警告，可以并处五万元以上十万元以下的罚款：

（一）未按照规定及时、如实向安全生产监督管理部门申报产生职业病危害的项目的；

（二）未实施由专人负责的职业病危害因素日常监测，或者监测系统不能正常监测的；

（三）订立或者变更劳动合同时，未告知劳动者职业病危害真实情况的；

（四）未按照规定组织职业健康检查、建立职业健康监护档案或者未将检查结果书面告知劳动者的；

（五）未依照本法规定在劳动者离开用人单位时提供职业健康监护档案复印件的。

第七十三条 用人单位违反本法规定，有下列行为之一的，由安全生产监督管理部门给予警告，责令限期改正，逾期不改正的，处五万元以上二十万元以下的罚款；情节严重的，责令停止产生职业病危害的作业，或者提请有关人民政府按照国务院规定的权限责令关闭：

（一）工作场所职业病危害因素的强度或者浓度超过国家职业卫生标准的；

（二）未提供职业病防护设施和个人使用的职业病防护用品，或者提供的职业病防护设施和个人使用的职业病防护用品不符合国家职业卫生标准和卫生要求的；

（三）对职业病防护设备、应急救援设施和个人使用的职业病防护用品未按照规定进行维护、检修、检测，或者不能保持正常运行、使用状态的；

（四）未按照规定对工作场所职业病危害因素进行检测、评价的；

（五）工作场所职业病危害因素经治理仍然达不到国家职业卫生标准和卫生要求时，未停止存在职业病危害因素的作业的；

（六）未按照规定安排职业病病人、疑似职业病病人进行诊治的；

（七）发生或者可能发生急性职业病危害事故时，未立即采取应急救援和控制措施或者未按照规定及时报告的；

（八）未按照规定在产生严重职业病危害的作业岗位醒目位置设置警示标识和中文警示说明的；

（九）拒绝职业卫生监督管理部门监督检查的；

（十）隐瞒、伪造、篡改、毁损职业健康监护档案、工作场所职业病危害因素检测评价结果等相关资料，或者拒不提供职业病诊断、鉴定所需资料的；

（十一）未按照规定承担职业病诊断、鉴定费用和职业病病人的医疗、生活保障费用的。

第七十四条 向用人单位提供可能产生职业病危害的设备、材料，未按照规定提供中文说明书或者设置警示标识和中文警示说明的，由安全生产监督管理部门责令限期改正，给予警告，并处五万元以上二十万元以下的罚款。

第七十五条 用人单位和医疗卫生机构未按照规定报告职业病、疑似职业病的，由有关主管部门依据职责分工责令限期改正，给予警告，可以并处一万元以下的罚款；弄虚作假的，并处二万元以上五万元以下的罚款；对直接负责的主管人员和其他直接责任人员，可以依法给予降级或者撤职的处分。

第七十六条 违反本法规定，有下列情形之一的，由安全生产监督管理部门责令限期治理，并处五万元以上三十万元以下的罚款；情节严重的，责令停止产生职业病危害的作业，或者提请有关人民政府按照国务院规定的权限责令关闭：

（一）隐瞒技术、工艺、设备、材料所产生的职业病危害而采用的；

（二）隐瞒本单位职业卫生真实情况的；

（三）可能发生急性职业损伤的有毒、有害工作场所、放射工作场所或者放射性同位素的运输、贮存不符合本法第二十六条规定的；

（四）使用国家明令禁止使用的可能产生职业病危害的设备或者材料的；

（五）将产生职业病危害的作业转移给没有职业病防护条件的单位和个人，或者没有职业病防护条件的单位和个人接受产生职业病危害的作业的；

（六）擅自拆除、停止使用职业病防护设备或者应急救援设施的；

（七）安排未经职业健康检查的劳动者、有职业禁忌的劳动者、未成年工或者孕期、哺乳期女职工从事接触职业病危害的作业或者禁忌作业的；

（八）违章指挥和强令劳动者进行没有职业病防护措施的作业的。

第七十七条 生产、经营或者进口国家明令禁止使用的可能产生职业病危害的设备或者材料的，依照有关法律、行政法规的规定给予处罚。

第七十八条 用人单位违反本法规定，已经对劳动者生命健康造成严重损害的，由安全生产监督管理部门责令停止产生职业病危害的作业，或者提请有关人民政府按照国务院规定的权限责令关闭，并处十万元以上五十万元以下的罚款。

第七十九条 用人单位违反本法规定，造成重大职业病危害事故或者其他严重后果，构成犯罪的，对直接负责的主管人员和其他直接责任人员，依法追究刑事责任。

第八十条 未取得职业卫生技术服务资质认可擅自从事职业卫生技术服务的，或者医疗卫生机构未经批准擅自从事职业健康检查、职业病诊断的，由安全生产监督管理部门和卫生行政部门依据职责分工责令立即停止违法行为，没收违法所得；违法所得五千元以上的，并处违法所得二倍以上十倍以下的罚款；没有违法所得或者违法所得不足五千元的，并处五千元以上五万元以下的罚款；情节严重的，对直接负责的主管人员和其他直接责任人员，依法给予降级、撤职或者开除的处分。

第八十一条 从事职业卫生技术服务的机构和承担职业健康检查、职业病诊断的医疗卫生机构违反本法规定，有下列行为之一的，由安全生产监督管理部门和卫生行政部门依据职责分工责令立即停止违法行为，给予警告，没收违法所得；违法所得五千元以上的，并处违法所得二倍以上五倍以下的罚款；没有违法所得或者违法所得不足五千元的，并处五千元以上二万元以下的罚款；情节严重的，由原认可或者批准机关取消其相应的资格；对直接负责的主管人员和其他直接责任人员，依法给予降级、撤职或者开除的处分；构成犯罪的，依法追究刑事责任：

（一）超出资质认可或者批准范围从事职业卫生技术服务或者职业健康检查、职业病诊断的；

（二）不按照本法规定履行法定职责的；

（三）出具虚假证明文件的。

第八十二条 职业病诊断鉴定委员会组成人员收受职业病诊断争议当事人的财物或者其他好处的，给予警告，没收收受的财物，可以并处三千元以上五万元以下的罚款，取消其担任职业病诊断鉴定委员会组成人员的资格，并从省、自治区、直辖市人民政府卫生行政部门设立的专家库中予以除名。

第八十三条 卫生行政部门、安全生产监督管理部门不按照规定报告职业病和职业病危害事故的，由上一级行政部门责令改正，通报批评，给予警告；虚报、瞒报的，对单位负责人、直接负责的主管人员和其他直接责任人员依法给予降级、撤职或者开除的处分。

第八十四条 违反本法第十七条、第十八条规定，有关部门擅自批准建设项目或者发放施工许可的，对该部门直接负责的主管人员和其他直接责任人员，由监察机关或者上级机关依法给予记过直至开除的处分。

第八十五条 县级以上地方人民政府在职业病防治工作中未依照本法履行职责，本行政区域出现重大职业病危害事故、造成严重社会影响的，依法对直接负责的主管人员和其他直接责任人员给予记大过直至开除的处分。

县级以上人民政府职业卫生监督管理部门不履行本法规定的职责，滥用职权、玩忽职守、徇私舞弊，依法对直接负责的主管人员和其他直接责任人员给予记大过或者降级的处分；造成职业病危害事故或者其他严重后果的，依法给予撤职或者开除的处分。

第八十六条 违反本法规定，构成犯罪的，依法追究刑事责任。

第七章　附　则

第八十七条 本法下列用语的含义：

职业病危害，是指对从事职业活动的劳动者可能导致职业病的各种危害。

职业病危害因素包括：职业活动中存在的各种有害的化学、物理、生物因素以及在作业过程中产生的其他职业有害因素。

职业禁忌，是指劳动者从事特定职业或者接触特定职业病危害因素时，比一般职业人群更易于遭受职业病危害和罹患职业病或者可能导致原有自身疾病病情加重，或者在从事作业过程中诱发可能导致对他人生命健康构成危险的疾病的个人特殊生理或者病理状态。

第八十八条 本法第二条规定的用人单位以外的单位，产生职业病危害的，其职业病防治活动可以参照本法执行。

劳务派遣用工单位应当履行本法规定的用人单位的义务。

中国人民解放军参照执行本法的办法，由国务院、中央军事委员会制定。

第八十九条 对医疗机构放射性职业病危害控制的监督管理，由卫生行政部门依照本法的规定实施。

第九十条 本法自 2002 年 5 月 1 日起施行。

违反和解除劳动合同的经济补偿办法

第一条 为了规范违反和解除劳动合同对劳动者的经济补偿标准，根据《中华人民共和国劳动法》的规定，制定本办法。

第二条 对劳动者的经济补偿金，由用人单位一次性发给。

第三条 用人单位克扣或者无故拖欠劳动者工资的，以及拒不支付劳动者延长工作时间工资报酬的，除在规定的时间内全额支付劳动者工资报酬外，还需加发相当于工资报酬百分之二十五的经济补偿金。

第四条 用人单位支付劳动者的工资报酬低于当地最低工资标准的，要在补足低于标准部分的同时，另外支付相当于低于部分百分之二十五的经济补偿金。

第五条 经劳动合同当事人协商一致，由用人单位解除劳动合同的，用人单位应根据劳动者在本单位工作年限，每满一年发给相当于一个月工资的经济补偿金，最多不超过十二个月。工作时间不满一年的按一年的标准发给经济补偿金。

第六条 劳动者患病或者非因工负伤，经劳动鉴定委员会确认不能从事原工作、也不能从事用人单位另行安排的工作而解除劳动合同的，用人单位应按其在本单位的工作年限，每满一年发给相当于一个月工资的经济补偿金，同时还应发给不低于六个月工资的医疗补助费，患重病和绝症的还应增加医疗补助费，患重病的增加部分不低于医疗补助费的百分之五十，患绝症的增加部分不低于医疗补助费的百分之百。

第七条 劳动者不能胜任工作，经过培训或者调整工作岗位仍不能胜任工作，由用人单位解除劳动合同的，用人单位应按其在本单位工作的年限，工作时间每满一年，发给相当于一个月工资的经济补偿金，最多不超过十二个月。

第八条 劳动合同订立时所依据的客观情况发生重大变化，致使原劳动合同无法履行，经当事人协商不能就变更劳动合同达成协议，由用人单位解除劳动合同的，用人单位按劳动者在本单位工作的年限，工作时间每满一年发给相当于一个月工资的经济补偿金。

第九条　用人单位濒临破产进行法定整顿期间或者生产经营状况发生严重困难，必须裁减人员的，用人单位按被裁减人员在本单位工作的年限支付经济补偿金。在本单位工作的时间每满一年，发给相当于一个月工资的经济补偿金。

第十条　用人单位解除劳动合同后，未按规定给予劳动者经济补偿的，除全额发给经济补偿金外，还须按该经济补偿金数额的百分之五十支付额外经济补偿金。

第十一条　本办法中经济补偿金的工资计算标准是指企业正常生产情况下劳动者解除合同前十二个月的月平均工资。

工资支付暂行规定

第一条 为维护劳动者通过劳动获得劳动报酬的权利，规范用人单位的工资支付行为，根据《中华人民共和国劳动法》有关规定，制定本规定。

第二条 本规定适用于在中华人民共和国境内的企业、个体经济组织（以下统称用人单位）和与之形成劳动关系的劳动者。

国家机关、事业组织、社会团体和与之建立劳动合同关系的劳动者，依照本规定执行。

第三条 本规定所称工资是指用人单位依据劳动合同的规定，以各种形式支付给劳动者的工资报酬。

第四条 工资支付主要包括：工资支付项目、工资支付水平、工资支付形式、工资支付对象、工资支付时间以及特殊情况下的工资支付。

第五条 工资应当以法定货币支付。不得以实物及有价证券替代货币支付。

第六条 用人单位应将工资支付给劳动者本人。劳动者本人因故不能领取工资时，可由其亲属或委托他人代领。

用人单位可委托银行代发工资。

用人单位必须书面记录支付劳动者工资的数额、时间、领取者的姓名以及签字，并保存两年以上备查。用人单位在支付工资时应向劳动者提供一份其个人的工资清单。

第七条 工资必须在用人单位与劳动者约定的日期支付。如遇节假日或休息日，则应提前在最近的工作日支付。工资至少每月支付一次，实行周、日、小时工资制的可按周、日、小时支付工资。

第八条 对完成一次性临时劳动或某项具体工作的劳动者，用人单位应按有关协议或合同规定在其完成劳动任务后即支付工资。

第九条 劳动关系双方依法解除或终止劳动合同时，用人单位应在解除或终止劳动合同时一次付清劳动者工资。

第十条 劳动者在法定工作时间内依法参加社会活动期间，用人单位应视同其提供了正常劳动而支付工资。社会活动包括：依法行使选举权或被选举权；当选代表出席乡（镇）、区以上政府、党派、工会、青年团、妇女联合会等组织召开的会议；出任人民法庭证明人；出席劳动模范、先进工作者大会；（工会法）规定的不脱产工会基层委员会委员因工会活动占用的生产或工作时间；其它依法参加的社会活动。

第十一条 劳动者依法享受年休假、探亲假、婚假、丧假期间，用人单位应按劳动合同规定的标准支付劳动者工资。

第十二条 非因劳动者原因造成单位停工、停产在一个工资支付周期内的，用人单位应按劳动合同规定的标准支付劳动者工资。超过一个工资支付周期的，若劳动者提供了正常劳动，则支付给劳动者的劳动报酬不得低于当地的最低工资标准；若劳动者没有提供正常劳动，应按国家有关规定办理。

第十三条 用人单位在劳动者完成劳动定额或规定的工作任务后，根据实际需要安排劳动者在法定标准工作日以外工作的，应按以下标准支付工资：

（一）用人单位依法安排劳动者在日法定标准工作时间以外延长工作时间的，按照不低于劳动合同规定的劳动者本人日或小时工资标准的150%支付劳动者工资；

（二）用人单位依法安排劳动者在休息日工作，而又不能安排补休的，按照不低于劳动合同规定的劳动者本人日或小时工资标准的200%支付劳动者工资；

（三）用人单位依法安排劳动者在法定休假节日工作的，按照不低于劳动合同规定的劳动者本人日或小时工资标准的300%支付劳动者工资。

实行计件工资的劳动者，在完成计件定额任务后，由用人单位安排延长工作时间的，应根据上述规定的原则，分别按照不低于其本人法定工作时间计件单价的150%、200%、300%支付其工资。

经劳动行政部门批准实行综合计算工时工作制的，其综合计算工作时间超过法定标准工作时间的部分，应视为延长工作时间，并应按本规定支付劳动者延长工作时间的工资。

实行不定时工时制度的劳动者，不执行上述规定。

第十四条 用人单位依法破产时，劳动者有权获得其工资。在破产清偿中用人单位应按《中华人民共和国企业破产法》规定的清偿顺序，优先支付欠付本单位劳动者的工资。

第十五条 用人单位不得克扣劳动者工资、有下列情况之一的，用人单位可以代扣劳动者工资：

（1）用人单位代扣代缴的个人所得税；

（2）用人单位代扣代缴的应由劳动者个人负担的各项社会保险费用；

（3）法院判决、裁定中要求代扣的抚养费、赡养费；

（4）法律、法规规定可以从劳动者工资中扣除的其他费用。

第十六条 因劳动者本人原因给用人单位造成经济损失的，用人单位可按照劳动合同的约定要求其赔偿经济损失。经济损失的赔偿，可从劳动者本人的工资中扣除。但每月扣除的部分不得超过劳动者当月工资的20%。若扣除后的剩余工资部分低于当地月最低工资标准，则按最低工资标准支付。

第十七条 用人单位应根据本规定，通过与职工大会、职工代表大会或者其他形式协商制定内部的工资支付制度，并告知本单位全体劳动者，同时抄报当地劳动行政部门备案。

第十八条 各级劳动行政部门有权监察用人单位工资支付的情况。用人单位有下列侵害劳动者合法权益行为的，由劳动行政部门责令其支付劳动者工资和经济补偿，并可责令其支付赔偿金：

（一）克扣或者无故拖欠劳动者工资的；

（二）拒不支付劳动者延长工作时间工资的；

（三）低于当地最低工资标准支付劳动者工资的。

经济补偿和赔偿金的标准，按国家有关规定执行。

第十九条 劳动者与用人单位因工资支付发生劳动争议的，当事人可依法向劳动争议仲裁机关申请仲裁。对仲裁裁决不服的，可以向人民法院提起诉讼。

第二十条 本规定自1995年1月1日起执行